MÍDIAS SOCIAIS
na
ORGANIZAÇÃO

MÍDIAS SOCIAIS na ORGANIZAÇÃO

Como Liderar Implementando Mídias Sociais e Maximizar os Valores de seus Clientes e Funcionários

ANTHONY J. BRADLEY
MARK P. McDONALD
GARTNER, INC.

M.Books do Brasil Editora Ltda.

Rua Jorge Americano, 61 - Alto da Lapa
05083-130 - São Paulo - SP - Telefones: (11) 3645-0409/(11) 3645-0410
Fax: (11) 3832-0335 - e-mail: vendas@mbooks.com.br
www.mbooks.com.br

Dados de Catalogação da Publicação

BRADLEY, A. J. e McDONALD, M. P.
Mídias Sociais na Organização: Como Liderar Implementando Mídias Sociais e Maximizar os Valores de Seus Clientes e Funcionários/ Anthony J. Bradley e Mark P. McDonald.

2013 – São Paulo – M.Books do Brasil Editora Ltda.

1. Mídias Sociais 2. Liderança 3. Administração

ISBN: 978-85-7680-197-9

Do original em inglês: The Social Organization: How to Use Social Media to Tap the Collective Genius of Your Customers and Employees
Publicado pela Harvard Business Review Press

©2011 Gartner, Inc.
©2013 M.Books do Brasil Editora Ltda.

Editor
Milton Mira Assumpção Filho

Tradução
Carolina Caires Coelho

Produção Editorial
Lucimara Leal

Coordenação Gráfica
Silas Camargo

Editoração e capa
Crontec

2013
M.Books do Brasil Editora Ltda.
Proibida a reprodução total ou parcial.
Os infratores serão punidos na forma da lei.
Direitos exclusivos cedidos à M.Books do Brasil Editora Ltda.

Elogios para *Mídias Sociais na Organização*

"Ótima leitura e soluções práticas sobre como inovar e criar soluções para o crescimento, utilizando uma ferramenta atual e interessante – a mídia social. Estou ansioso para colocar essas medidas em prática em minha empresa."

— Russell Evans, vice-presidente de marketing, Experian

"*Mídias Sociais na Organização* é um livro de ideias firmes e que incentivam a reflexão, oferecendo informações sobre como as empresas estão utilizando as mídias sociais para aumentar o ritmo da inovação. A pesquisa e as práticas emergentes do novo mundo da colaboração são extremamente interessantes. É leitura obrigatória e um ótimo manual para os líderes de TI."

— Mike Goodwin, vice-presidente e CIO, Hallmark Cards, Inc.

"O livro *Mídias Sociais na Organização* é incrível, pois afasta o medo de lidar com as novas tecnologias, mas também leva embora falsas expectativas a respeito do que essa nova mídia pode fazer por sua empresa. Independentemente de se tratar de um negócio ou uma comunidade, este livro oferece uma estrutura sólida para desenvolver ou remodelar sua estratégia de mídias sociais e o ajudará a evitar erros comuns já observados."

— Nuria Simo, CIO, Royal Frieslandcampina

De Anthony J. Bradley
Para a minha pequena estrutura social — Renee,
Emmie e Turin.

De Mark P. McDonald
Para a minha família, amigos e colegas, cujas ideias,
energia, experiência e interesse foram inspirações para
este livro.

Sumário

PREFÁCIO 13

1 Introdução..**17**
A Promessa das Organizações Sociais.......................................17

2 Colaboração em Massa **25**
A Essência da Questão 25
Três Componentes Essenciais da Colaboração em Massa.................26
Seis Princípios da Colaboração em Massa.....................................29
Como Funciona uma Comunidade Colaborativa 32
Novas Maneiras de as Massas Colaborarem.................................36
Colaboração em Massa e a Organização Social..............................40
Não É Fácil..41

3 Tornando-se uma Organização Social **43**
Uma Abordagem que Permita o Sucesso Frequente 46
Desenvolver uma Visão Organizacional Voltada para a
Colaboração em Comunidade 49
Desenvolva uma Estratégia Organizacional para a Colaboração
Comunitária 51
Cultive Comunidades Colaborativas..52
Adapte o Contexto Organizacional...54
Como Competir?...56

4 Formando uma Visão para a Colaboração Comunitária **59**
Compreenda quando a Colaboração Comunitária É Adequada.........61

Onde a Colaboração em Massa Tem mais Chance de Oferecer Valor 64

Aplicando e Entendendo os Objetivos e a Cultura de sua Organização 67

O Modelo de Atitudes "Seis Fs" das Mídias Sociais 68

Crie uma Visão Organizacional para a Colaboração Comunitária 71

5 Desenvolvendo uma Abordagem Estratégica à Colaboração Comunitária 77

O Que É uma Estratégia de Colaboração Comunitária? 79

A Importância do Propósito 79

Reforce a Colaboração Comunitária com o Modelo "Não, Ir, Crescer" 84

Administrando o Portfólio da Colaboração Comunitária 98

6 Definir o Propósito Construindo Planos de Objetivos 101

Por que Criar um Plano de Objetivos? 104

Uma Abordagem para Construir Planos de Objetivos 108

Construindo uma Razão de Negócios para uma Comunidade Colaborativa 117

Criando uma Justificativa 120

7 Lançando a Comunidade 125

Explore a Experiência do Participante 127

Crie um Ambiente de Colaboração Comunitária 130

Envolva a Comunidade 141

Estabelecer Alvos de Massa Crítica 142

Levar a Comunidade ao Ponto de Virada 144

8 Guiar no Meio 149

O Que Significa "Guiar do Meio"? 154

Transferir Poder para a Comunidade em Si 155

Incentive a Natureza Emergente das Comunidades 160

Mantenha a Comunidade Ligada à Organização 164

Crie Transparência Oferecendo Informação e Mantendo a
Visibilidade da Comunidade 165

O Que um Gerente Precisa Fazer para Guiar uma Comunidade 166

Use os Princípios de uma Organização Social como Guia 168

9 Guiando o Propósito da Comunidade 171

Guie a Comunidade de Acordo com seu Progresso e Direção 172

Reconheça Quando uma Comunidade Precisar de Ajustes 174

Ajuste o Propósito de Acordo com a Vitalidade e a
Produtividade da Comunidade 175

Facilite os Círculos Sociais para que Combinem
Participantes e Propósito 176

Ajude uma Comunidade *Spin-off* a Alcançar
um Novo Propósito 178

Reconheça Quando Restabelecer o Propósito
ou a Comunidade em Si 180

A colaboração Efetiva Exige Orientação da Comunidade 185

10 Adaptando a Organização 187

Torne a Organização Segura para a
Colaboração Comunitária 188

Crie Estruturas de Liderança Inter-relacionadas 191

Os Gerentes e Patrocinadores São Intermediários entre
a Administração e a Comunidade 193

Trabalhe com Finanças para Apoiar as
Comunidades Colaborativas 195

Trabalhe com os Recursos Humanos para Apoiar as
Comunidades Colaborativas 197

Avalie e Recompense o Desempenho em um Ambiente
de Colaboração 201

Trabalhe com a TI para Criar a Experiência Certa Customizando
as Ferramentas da Comunidade 203

Segurança: Instigue um Senso Pessoal de Responsabilidade 206

Forme Laços entre a Comunidade e os
Processos Organizacionais 207

12 Mídias Sociais na Organização

Expanda a Inovação da Comunidade na Transformação
da Empresa 209

A Autoridade Eficiente Estabelece a Base
para a Organização Social.. 211

11 O Caminho para se Tornar uma Organização Social..........213
Indo de um Ponto a Outro 215

Todo o Mundo Está se Tornando Social, Inclusive Você 226

Epílogo..229
O Futuro Social 229

Sindicatos Sociais.. 230

Grupos Sociais... 232

O Empreendimento Estendido 234

Novos Mercados e Modelos 236

A Era da Transparência em Massa 238

Anexo...241
Orientações para Participação nas Mídias Sociais.................................. 241

Glossário 245

Notas...257

Índice 265

Agradecimentos...291

Sobre os Autores 295

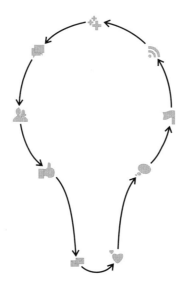

PREFÁCIO

Já existem muitos livros a respeito das mídias sociais e de histórias sobre como as empresas as estão empregando. Sem dúvida, enquanto você lê este, muitos outros estarão surgindo. Então, por que escrever ou ler outro?

Porque apesar dos muitos livros publicados a respeito das mídias sociais, ainda há grande lacuna a respeito do assunto. Como uma empresa deve fazer uso delas? Como identificar, catalisar, capacitar e obter valor de uma comunidade? Como um líder ou gerente pode ajudar sua organização a construir competência no uso das mídias sociais para criar a colaboração produtiva... com seus clientes, fornecedores, funcionários, entre outros, da cadeia de valor?

Responder a essas perguntas exige mais do que oferecer a tecnologia mais moderna ou descrever como "Facebook, LinkedIn, YouTube, Twitter e os blogues" entraram em sua empresa. Responder a essas perguntas e oferecer conselhos práticos para gerentes exige uma explicação completa de como as empresas podem conseguir colaboração em grande escala, continuamente guiando essa colaboração, e prepará-la para o sucesso dos negócios.

14 Mídias Sociais na Organização

Há muitos livros que demonstram a importância das mídias sociais com diversas facetas e que abordam partes do desafio, como *crowdsourcing* e marketing nas mídias sociais.

Este livro procura responder de modo abrangente à pergunta: *Como uma empresa pode conseguir sucesso amplo e sustentável usando as mídias sociais?* Ele aborda a liderança, a administração e as capacidades operacionais que devem ser nutridas para conseguir valor significativo, repetido com essas novas tecnologias poderosas. Este livro foi criado com base na ampla experiência de trabalho com os líderes de negócios pelo mundo por meio da observação de seus sucessos e fracassos nas mídias sociais.

Mídias Sociais na Organização não é uma obra de introdução às mídias sociais. Ele se destina a quem já tem conhecimento básico sobre o assunto e seu valor potencial, e agora está interessado em aplicá-lo estrategicamente para valorizar seus negócios.

Na Gartner, tivemos muitas conversas com os clientes a respeito de como escolher e empregar as mídias sociais para ampliar os negócios. Em 2009, demos início a um estudo abrangente com mais de quatrocentas iniciativas de mídia social para explorarmos e analisarmos ainda mais as descobertas feitas nas interações comuns com os clientes. Essa análise se concentrou em responder duas perguntas fundamentais: em primeiro lugar, como as organizações estão usando as mídias sociais para conseguir resultados tangíveis e substanciais? Em segundo lugar, podemos identificar práticas comuns que distinguem os sucessos dos fracassos?

Nosso estudo incluiu organizações de todas as partes do mundo e de todas os grandes setores, e avaliou os diferentes usos das mídias sociais. Nós nos concentramos em como as empresas "tradicionais" (em outras palavras, sem atuação na *web*) estão usando as mídias sociais para criarem comunidades colaboradoras que incluem seus clientes e seus funcionários.

Evitamos, intencionalmente, iniciativas que usaram essas ferramentas tecnológicas simplesmente como canais adicionais de comunicação de marketing. Não quer dizer que a comunicação virtual não seja importante para os negócios. Mas um valor muito maior vem da colaboração em massa – tanto dentro quanto fora da empresa – que as mídias sociais agora tornam possível.

Nossa abrangência para o estudo foi intencionalmente ampla, e também analisamos mais a fundo para selecionar organizações que estão aplicando as mídias sociais e a colaboração em massa de modo mais estratégico e com maior impacto em seus objetivos e operações. As análises mais profundas verificaram as dificuldades que as organizações e seus líderes enfrentam, desde como eles guiaram a colaboração em massa até como ela foi implantada, medida e coordenada dentro da empresa.

Trabalhamos diretamente com as organizações – ministrando *workshops* de estratégia, reunindo estudos de caso detalhados e consultando os líderes que estavam diretamente envolvidos na criação de comunidades colaborativas nas mídias sociais. Acreditamos que estas três camadas – milhares de interações de clientes, centenas de implementações analisadas e uma série concentrada de análises detalhadas e a colaboração direta de líderes-chave – oferecem uma base forte para as nossas conclusões e recomendações.

Nossa conclusão e a inspiração para este livro é:

O sucesso organizacional com as mídias sociais é, fundamentalmente, um desafio de liderança e administração, não uma implementação tecnológica. Alcançar esse sucesso cria colaboração em massa que dá às empresas capacidades únicas para criarem valores para seus clientes, funcionários e stakeholders.

Este livro é voltado para líderes e gerentes de negócios. Por quê? Porque depende totalmente da empresa o valor que ela agrega ao negócio por meio das mídias sociais.

Ferramentas específicas de mídias sociais e de tecnologias vêm e vão. A Web 2.0 vai se tornar Web 3.0, e a bolha técnica das mídias sociais vai estourar. Mas nada disso importa tanto quanto o valor intrínseco e sustentável criado quando se torna uma organização social altamente colaboradora que consegue trazer à tona o melhor de seus clientes e funcionários.

Nosso objetivo é dar orientação, além das técnicas e ferramentas para acelerar seu progresso e aumentar drasticamente as suas chances de sucesso ao liderar a sua empresa para se tornar uma organização social.

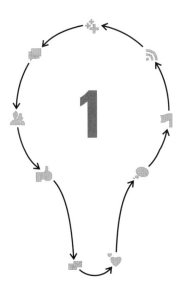

Introdução
A Promessa das Organizações Sociais

Todos nós conhecemos histórias de *start-ups* que começaram com algumas pessoas trabalhando juntas em uma sala, em contato diário umas com as outras e com os clientes, usuários, fornecedores e todas as outras pessoas importantes para seu sucesso. Todos participam das grandes decisões porque a empresa pode ser gerenciada naturalmente como um empreendimento colaborativo.

Mas o sucesso traz crescimento; o crescimento traz mais pessoas; e logo estas têm empregos formais com tarefas específicas definidas e responsabilidades. Logo, a empresa precisa de gerentes e de hierarquia e departamentos repletos de especialistas, juntamente com processos para contratar, avaliar, planejar, investir e dezenas de outras atividades corporativas que exigem muita política e procedimentos. Por fim, tudo o que resta desse passado colaborativo, no qual todos estavam juntos, são histórias nostálgicas contadas pelos poucos sortudos que estavam ali.

Há muito tempo, os líderes reconheceram as penalidades impostas pela crescente divisão do trabalho e especialização que as organizações exigem conforme se tornam mais complexas. As contribuições das pessoas se limitam, em grande parte, às áreas nas quais elas atuam; e os principais *players*, como clientes e perspectivas de negócios, são deixados totalmente de lado.

Pense nas possibilidades e no entusiasmo, se sua empresa pudesse obter todo talento, criatividade, experiência e paixão de todas as pessoas que alcançasse – funcionários em todos os níveis e locais, clientes e parceiros em qualquer ponto de sua cadeia de valor. E se você pudesse minimizar os limites impostos por especialização e compartimentalização?

E se conseguisse reter ou capturar alguns dos benefícios, humanos e organizacionais, sem perder a base que atualmente mantém a organização em pé?

Isso, em termos mais amplos, é a promessa das mídias sociais. Não é à toa que tantas empresas no mundo estão se apressando para usá-las. Desenvolvido apenas nos últimos anos, o *software* social tem permitido o que nunca antes foi possível: a habilidade de muitas pessoas do mundo trabalharem juntas de modo produtivo e contribuírem com todo seu talento, criatividade e energia.

A onda é assustadora, claro, mas as organizações de hoje estão realmente entrando em um dos momentos "inéditos na história...". Nunca antes centenas, milhares – até milhões – de pessoas foram capazes de construir simultânea e colaborativamente grandes documentos, criarem enormes repositórios de conteúdo ou tomarem decisões coletivas. É a escala de colaboração possível hoje – *colaboração em massa* – que é nova e transformadora.

Logo que as mídias sociais apareceram, nós, da Gartner, temos estudado como as empresas as estão empregando em suas organizações e os resultados que estão obtendo. Realizamos milhares de conversas e *workshops* com empresas que buscam as mídias sociais e analisamos com cuidado cerca de quatrocentas implementações em empresas no mundo todo. A partir dessa vasta base, criamos uma boa ideia de onde e para quais propósitos as mídias sociais estão sendo usadas.

Uma de nossas descobertas mais surpreendentes é que a maior parte das iniciativas nas mídias sociais falha. Ou elas não atraem qualquer interesse ou nunca agregam valor aos negócios. Um motivo principal para o fracasso é a série de conceitos equivocados que surgiram nessa área, muitos perpetuados por livros e artigos, que levam a práticas ineficazes. Os principais conceitos equivocados são:[1]

- **As mídias sociais não oferecem valor real aos negócios e podem contribuir para o desperdício de tempo do funcionário.** Verdade. Elas *podem* oferecer pouco valor e desperdiçar tempo, mas não se forem usadas como descrevemos neste livro.

- **As mídias sociais oferecem riscos inaceitáveis à privacidade, proteção de IP, regulamentação, infração de RH, atendimento a clientes e mais.** Sim, mas se forem feitas de modo errado, muitas coisas se tornam arriscadas. Com as mídias sociais, os riscos podem ser eliminados e gerenciados.

- **As mídias sociais são apenas mais um canal de marketing. Abra uma conta no Facebook ou no Twitter, dê um blogue a seu CEO e, talvez, divulgue muitos vídeos bacanas no YouTube e pronto.** Não é verdade. É preciso muito mais do que isso para aproveitar todo o potencial real.

- **Só é preciso oferecer as mídias sociais e o resto acontecerá sozinho. Afinal, é assim que as coisas acontecem na Internet.** Errado. Essa abordagem comum é quase a receita certa para o fracasso. O sucesso exige mais do que tecnologia.

- **Não é necessário uma justificação de negócios para as mídias sociais porque elas são baratas e não é possível prever nem medir os benefícios.** Errado. *É possível* calcular os benefícios. E isso é bom, porque é mais caro do que parece e você vai precisar de mais do que fé e expectativas para ganhar o apoio dos líderes das organizações.

Ao longo do livro, abordaremos todas essas ideias perigosas em detalhes e descreveremos o que é preciso fazer para evitá-las.

20 Mídias Sociais na Organização

Sabemos que isso é possível porque aprendemos que algumas empresas vão além da onda do momento e das ideias erradas para vencer. Na verdade, já vimos algumas empresas passarem à frente de outras no uso abrangente e eficiente dessas novas tecnologias. Elas estão usando-as para criar valor substancial e tangível para os negócios – em muitos casos, valor que não poderia ter sido criado de nenhuma outra maneira – e estamos começando a entender os motivos para o sucesso delas. Considere estas empresas específicas:

- Xilinx, uma empresa de semicondutores de U$2,4 bilhões, usou as mídias sociais para conectar seus quinhentos engenheiros a clientes para quem eles criam *chips* personalizados. O resultado: um aumento de 25% em produtividade, projetos de qualidade superior e maior satisfação dos clientes.[2]

- FICO, uma empresa analítica que criou o crédito FICO® de padrão industrial, podia, pelas regulamentações do governo, a dizer aos clientes seus pontos de créditos e os principais fatores que determinavam esses pontos, mas não podia dar conselhos sobre como aumentar a pontuação. Para oferecer essa informação, eles catalisaram uma comunidade de clientes em seus fóruns FICO[3] para compartilharem técnicas entre eles a fim de melhorar as pontuações.[4]

- CEMEX, uma empresa multibilionária de cimento e materiais para construção, investiu diretamente em mais de dezoito mil de seus funcionários para criar um progresso nunca antes visto, muito mais rapidamente do que eles esperavam com as estratégias-chave para o futuro da empresa.[5]

- Quando a Ford Motor Company apresentou a tecnologia SYNC, ela reconheceu a necessidade de criar um mecanismo de suporte ao cliente que fosse tão sofisticado quanto a tecnologia em si. Então, envolveram uma comunidade de clientes para que todos se ajudassem a responder perguntas sobre como usar e aproveitar ao máximo as capacidades do SYNC.[6]

- A Schwab Trading Community colabora para que comerciantes ativos ajudem uns aos outros na troca mais eficiente de informações, com o objetivo de aumentar o lucro de participantes individuais. Apesar de a Schwab não mirar diretamente nos lucros com as mídias sociais, o envolvimento dos novos clientes cria a oportunidade para a diferenciação competitiva.

A Schwab tem mais de dez mil participantes da comunidade que, em média, completam 360 negociações por ano, contra 200 negociações por ano realizadas para não participantes.[7]

Mas tais números não são reais. Algumas dessas organizações agora estão indo além dos esforços únicos e criando uma competência corporativa estratégica envolvendo as mídias sociais. Elas estão se transformando em exemplos do que chamamos de *organizações sociais*.

Uma organização social é aquela que estrategicamente aplica a colaboração em massa para abordar desafios importantes e oportunidades. Seus líderes reconhecem que se tornar uma empresa social não tem a ver com melhoria incremental. Eles sabem que isso exige uma nova maneira de pensar e, assim, estão indo além das atitudes táticas e se esforçando para alcançar maior impacto nos negócios por meio de uma abordagem bem pensada e planejada para aplicar as mídias sociais. Assim, uma organização social é capaz de ser mais ágil, produzir melhores resultados, e até desenvolver maneiras totalmente novas de funcionar que só são alcançáveis por meio da mobilização do talento coletivo, da energia, das ideias e dos esforços das comunidades.

Em uma organização social, os funcionários, clientes, fornecedores e todos os outros *stakeholders* podem participar diretamente na criação de valor. Eles contribuem, revisam e comentam qualquer fase do trabalho da empresa. Em muitos casos, até participam diretamente para obter maior valor dos negócios. São partes essenciais de como a empresa faz seu trabalho, e eles atuam juntos para alcançar o mais alto valor nos produtos e serviços da empresa.

Vemos empresas, como aquelas mencionadas anteriormente, que estão ampliando suas capacidades por meio da colaboração em massa. Elas

22 Mídias Sociais na Organização

transformaram funcionários e clientes em forças de vendas e de marketing; clientes em equipes de apoio ao cliente, conseguiram transformar possíveis membros das equipes de design de produto e transformaram grandes grupos de engenheiros em mecanismos de inovação.

Vejamos a CEMEX, que está usando as mídias sociais como um elemento-chave de sua iniciativa estratégica global para mudar fundamentalmente como a empresa funciona e age. No fim dos anos 2000, a CEMEX embarcou em uma mudança transformadora para lidar com o resultado da crise financeira mundial. Os executivos pensaram em usar a mesma abordagem de cima para baixo que havia funcionado tão bem alguns anos antes, mas logo perceberam que a empresa e seus desafios tinham mudado drasticamente. Os lucros haviam aumentado – principalmente por meio de aquisições – de US\$4,3 bilhões, em 1999, para US\$14,5 bilhões em 2009 – e a CEMEX se tornou uma das maiores empresas de materiais de construção do mundo, com mais de 47 mil funcionários em uma centena de países.

"Mais da metade dos executivos se uniu à empresa nos últimos anos como resultado das fusões e aquisições", afirma o diretor de inovação, Miguel Lozano. "E devido ao crescimento em mercados emergentes, estamos ficando mais jovens – cerca de 30% de nossos funcionários são da Geração X"[8].

Além disso, apesar de as aquisições terem fragmentado a empresa, seus objetivos estratégicos exigiram uma reação global coordenada, que a CEMEX mal podia esperar para desenvolver e empregar em cada país. "Precisávamos ligar ideias, pessoas e talentos de novas maneiras, e criar uma cultura diferente", afirma Gilberto Garcia, diretor de inovação.[9] Dadas as circunstâncias, os executivos perceberam que a transformação realizada de cima para baixo seria lenta, cara e irregular, e eles enfrentavam desafios que exigiam velocidade, flexibilidade e impacto global.

Consequentemente, a CEMEX deu início a um programa chamado SHIFT, que usou as mídias sociais para criar uma comunidade ao redor de cada uma das iniciativas estratégicas da empresa:

- Sustentabilidade

- Novas estratégias de mercado e canais

- Eficiência energética e de combustível

- Criação de uma empresa moderna

- Transformação global das práticas de colaboração

No total, a SHIFT envolveu 18 mil usuários ativos. Cada iniciativa usou as mídias sociais para criar uma comunidade mundial e online aberta a qualquer funcionário. Dois executivos, um concentrado nos negócios e o outro nas questões técnicas, apoiavam cada comunidade, que era responsável por definir sua iniciativa em detalhes, identificando e implementando melhorias operacionais, criando um plano abrangente e colocando-o em prática. A equipe principal de apoio à inovação da SHIFT se responsabilizou pelo ambiente colaborativo, ofereceu ajuda às comunidades e facilitou seus processos de controle.

A SHIFT ficou designada a envolver a comunidade toda na discussão, no debate e na ação a respeito das iniciativas estratégicas da empresa. Como Lozano explicou: "Operacionalmente, trabalhamos como países individuais, regiões ou mercados. O desafio é envolver a todos, independentemente de local, função ou idioma. A SHIFT possibilita o desenvolvimento de iniciativas a uma velocidade incrível tirando a estrutura da empresa – e o lugar de uma pessoa na organização – da discussão, de modo que possamos trabalhar juntos e agir com mais rapidez. A SHIFT criou uma organização realmente global". Com base nesse sucesso, Lozano disse: "Com a SHIFT, sei que podemos mobilizar a empresa mais depressa e de modo mais efetivo".[10]

O que começamos a ver na CEMEX e em algumas outras empresas é a realização que as mídias sociais e a colaboração em massa permitem. Nessas organizações, a colaboração em massa está começando a trazer certos benefícios para as empresas iniciantes colaborativas, as quais mencionamos anteriormente.

Essas organizações sociais pioneiras não são bem-sucedidas em alguns pontos no uso da tecnologia social. Na verdade, elas aplicam a colaboração em massa em tudo que fazem. Faz parte da maneira como trabalham; é como pensam. Elas desenvolvem habilidades corporativas complexas para fazer bom uso da colaboração em massa. Além disso, são capazes de usá-la muitas vezes para oferecer real valor aos negócios, tanto dentro quanto fora da organização, ao longo da cadeia de valor. Estão sempre analisando problemas e oportunidades, e aplicando o talento, a experiência, a inovação e a intensidade das pessoas, mais do que as organizações tradicionais são capazes de fazer.

Independentemente de ser o CEO ou o gerente em algum ponto da cadeia de valor de sua empresa, nosso objetivo neste livro é oferecer o conhecimento necessário para levar sua empresa a se tornar uma organização social. Começamos descrevendo o motor dessa revolução social, a colaboração em massa em si: seus componentes-chave, suas características definidoras, a maneira como funciona e está sendo usada. Depois, delineamos uma abordagem para desenvolver as capacidades de uma organização social e exploramos com profundidade cada um dos passos básicos nessa evolução. Esta é a parte principal do livro – uma descrição do que sua empresa deve fazer para progredir e se tornar uma organização social. Por fim, o ajudaremos a avaliar como sua empresa está hoje e o que deve ser feito daqui em diante.

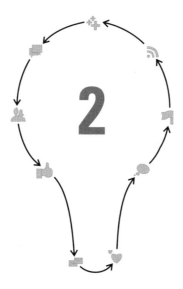

Colaboração em Massa
A Essência da Questão

Agora que explicamos o potencial das mídias sociais e as vantagens de se tornar uma organização social, podemos falar mais especificamente a respeito de como alcançar esse objetivo. Primeiro e mais relevante: o importante aqui não é a mídia social, mas o que ela permite. As mídias sociais são um caminho para um determinado fim, não o fim em si mesmo. Elas permitem a *colaboração em massa*, na qual um grupo grande e diverso de pessoas que pode não ter conexões pré-existentes busca um propósito mútuo que crie valor. O grupo de pessoas envolvidas na colaboração em massa é chamado de *comunidade colaborativa*. É por meio de comunidades construídas ao redor de uma colaboração em massa que uma organização social consegue relacionar os interesses, o conhecimento, o talento e a experiência de todos ao longo de sua cadeia de valor para criar resultados que excedam aqueles possíveis, usando processos tradicionais e a colaboração de pequenos grupos.

Três Componentes Essenciais da Colaboração em Massa

O que é exatamente colaboração em massa?

A maioria das pessoas sabe ser produtiva. Os gerentes afirmam saber como tornar as equipes produtivas. Mas como tornar comunidades inteiras produtivas? Como definir, crescer, mobilizar, resolver problemas e obter valor para os negócios de uma comunidade como um todo? Simplesmente oferecer mídia social não basta. Um ingrediente principal – o propósito – é essencial. A mídia social, a comunidade e o propósito são componentes indispensáveis que, juntos, produzem a colaboração em massa (veja a figura 2-1).[1]

Mídia Social

Mídia social é um ambiente online criado com o propósito da colaboração em massa. É onde a colaboração em massa ocorre, não a tecnologia *per se*. Por exemplo, o Facebook é um ambiente de mídia social construído com a tecnologia do *networking* social, e a Wikipédia é um ambiente de mídia social construído com a tecnologia Wiki.

FIGURA 2-1.

Componentes da colaboração em massa

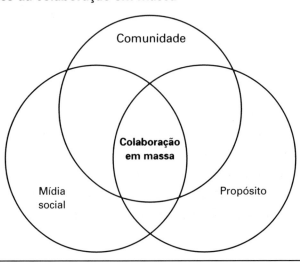

A tecnologia deve ter um propósito, uma finalidade, para se tornar uma mídia social. Sem um objetivo específico (como a Enciclopédia Wikipédia), é apenas tecnologia. Apesar de ser possível fazer muitas coisas com as mídias sociais, como interações particularizadas e comunicações em massa, seu valor real e único vem da colaboração – não apenas de qualquer colaboração, mas da colaboração *em massa*. As mídias sociais são fortalecidas por um novo conjunto de tecnologias que permitem a colaboração em massa. Essas tecnologias envolvem uma série de comunicação em grupo, autoria e ferramentas organizacionais que possibilitam a grandes grupos de pessoas colaborarem – incluindo meios como Wikis, blogues, microblogues, *networking* social, *bookmarking* social, computação em nuvem, *feedback* social, fóruns de discussão, ferramentas de ideias, fóruns de respostas e mundos virtuais.

As ferramentas para promover a colaboração existem há décadas. Mas as mídias sociais, como as relacionadas há pouco, favorecem a colaboração em uma escala muito maior. Elas permitem que centenas, milhares, até milhões de pessoas criem conteúdo, dividam experiências, construam relacionamentos e tenham outras formas de trabalho produtivo.

Comunidade

Comunidade é um conjunto de pessoas que se unem em busca de um propósito comum. Unida por seu objetivo comum, uma comunidade pode reunir um grupo diverso de pessoas de dentro e de fora de uma organização e também de todos os níveis dentro da organização.

A capacidade de grandes números de pessoas formarem uma comunidade com um propósito e de contribuírem de modo eficiente e efetivo ao esforço coletivo é o que torna a colaboração em massa das mídias sociais única. Sem uma comunidade, não existe colaboração em massa.

Propósito

Propósito é o que une as pessoas em uma comunidade. É o assunto sobre o qual as pessoas discutem, o elo que transforma os indivíduos em membros de uma comunidade. O propósito define uma comunidade. É o que leva os membros a compartilhar seu conhecimento, suas experiência e ideias. Propósito é a maneira de avaliar a eficiência da comunidade, a sustentabilidade das tecnologias sociais escolhidas, o valor dos objetivos do negócio e a eficiência da administração.

Na verdade, o propósito tem duas funções. Um propósito forte atrai as pessoas a criarem e a contribuírem para uma comunidade. Oferece valor pessoal e profissional, e esse valor é o que motiva a empresa a adotar as mídias sociais e a unir-se ou patrocinar as comunidades colaborativas.

Com frequência ouvimos que: "as comunidades na Internet parecem surgir e crescer espontaneamente até ganharem milhões de participantes sem um propósito óbvio e explícito". Pode parecer isso, mas quase todos os sites sociais bem-sucedidos da rede começaram com um propósito definido e uma abrangência limitada. O Facebook começou na Harvard como uma maneira de os alunos e os formandos manterem contato.[2] O Craigslist foi lançado em São Francisco como um lugar onde os engenheiros de *software* podiam dividir informações sobre eventos da região.[3] A participação do MySpace só decolou depois de o site mirar as bandas e os clubes de música em Los Angeles, e passou a crescer então.[4] Na verdade, outros sites populares nunca se expandiram além de seu propósito original. O YouTube ainda se concentra principalmente em permitir que os usuários compartilhem vídeos pessoais. E o Wikipédia continua a se concentrar em formar uma enciclopédia online.

Pense nos três componentes da seguinte maneira: a comunidade são as pessoas *que* colaboram. As mídias sociais são o *meio pelo qual* elas colaboram. E o propósito é *por que* elas colaboram. Mídias sociais + comunidade + propósito criam a colaboração em massa. E o sucesso extensivo, repetido com a colaboração em massa em comunidades colaborativas, caracteriza uma organização social. Simples. Mas como muitas coisas nas organizações, essa ideia simples pode ser difícil de ser bem executada.

Seis Princípios da Colaboração em Massa

O prefeito de uma pequena cidade do Texas se opunha ardentemente ao uso das mídias sociais. Ele colocou um endereço de e-mail no site da cidade e pediu aos residentes que dessem ideias para melhorar os serviços da cidade. O fluxo de respostas foi maior do que os funcionários conseguiam dar conta e a maioria era de pessoas de fora da cidade e também de fora do Texas. A conclusão dele: "As mídias sociais são um desperdício incontrolável de recursos". Sua experiência foi mesmo muito ruim. Mas como os outros esforços que vemos em muitas organizações, o que ele fez não foi mídia social e certamente não foi colaboração em massa.

A colaboração em massa é definida por seis princípios fundamentais ou características definidoras.[5] Participação, coletividade, transparência, independência, persistência e emergência, combinadas, fazem com que ela se distancie de outros meios de comunicação e colaboração. A implementação das mídias sociais que não apresente todos esses princípios não permitirá a colaboração em massa.

- *Participação:* Para obter benefícios importantes com as mídias sociais, é preciso mobilizar uma comunidade para contribuir. Costuma-se dizer que "o usuário é o aplicativo", o que quer dizer que todo o valor das mídias sociais vem da participação do usuário. Em ambientes de mídia social mais eficientes, a maioria do conteúdo vem dos participantes da comunidade. Isso quer dizer que não se pode capturar a sabedoria de multidões se as multidões não participarem.

  Muitas organizações ignoram esse princípio e consideram as mídias sociais apenas mais um canal para divulgar as comunicações corporativas. Imagine a Wikipédia, YouTube, Craigslist, Facebook, MySpace, LinkedIn ou qualquer outro site de conexões sociais sem o conteúdo gerado pelos usuários. Todos seriam cascas sem conteúdo.

- *Coletividade:* Em uma comunidade colaborativa, os participantes "se reúnem" voluntariamente com um propósito unificador.

As pessoas se reúnem no Facebook para ficarem ligadas às pessoas que elas conhecem e para fazer novas conexões. As pessoas se reúnem no Wikipédia para criar conexões de enciclopédia. Elas se reúnem no YouTube para compartilharem vídeos. Nesses exemplos, e em todas as mídias sociais, os participantes contribuem com o todo em vez de criar conteúdo e distribuí-lo individualmente – por meio, por exemplo, do e-mail. Esse esforço coletivo, que está sendo criado e expandido constantemente por meio de uma série de contribuições independentes, é o que chamamos de colaboração em massa. O princípio coletivo distingue as abordagens da colaboração em massa das baseadas na distribuição e nas tecnologias, como e-mail, transferência de arquivo e meios de divulgação.

- *Transparência:* Para criar a colaboração em massa, uma solução de mídia social deve oferecer transparência, o que significa que todos os participantes veem as contribuições uns dos outros. Eles conseguem ver, usar, reutilizar, aumentar, validar, criticar e avaliar o que todos acrescentam ao coletivo. Sem a transparência, não pode existir colaboração da participação no conteúdo. Executada corretamente, a transparência dá à comunidade a informação necessária para organizar as contribuições dos membros e dar sentido ao que poderia se tornar facilmente um conteúdo inutilizável. Por causa da transparência, a comunidade consegue aplicar o conteúdo de modo mais inteligente, além de melhorar o conteúdo, unificar a informação, autogerir-se, autocorrigir-se e evoluir – e disso podem surgir o consenso da comunidade, as decisões e outros resultados.

Ver as contribuições dos outros costuma ser o que atrai os participantes e os inspira a contribuir. A transparência distingue a colaboração em massa de outras formas de compartilhamento de conteúdo, como pesquisas, diretórios compartilhados, ferramentas de busca, administração do conteúdo da rede e a administração tradicional do conhecimento.

E, ainda, a transparência cria confiança que alimenta ainda mais a participação. A implementação na cidade do Texas falhou totalmente no princípio de transparência. As pessoas foram incapazes de analisar, comentar e validar as contribuições umas das outras.

- **Independência:** A independência traz colaboração *a qualquer momento, em qualquer lugar e de qualquer membro*, o que significa que qualquer participante pode contribuir, independentemente dos outros. Os participantes podem colaborar não importa onde eles estejam ou quem possa estar fornecendo conteúdo no momento; não é exigida nenhuma coordenação de colaboração nem relacionamentos preexistentes. A participação não é predeterminada por uma lista de e-mail ou por qualquer outro mecanismo de relação explícito. Não existe mecanismo de fluxo de trabalho nem processo de verificação que possa limitar a escala de colaboração. Por exemplo, a tecnologia Wiki tem dado certo principalmente por conta de sua facilidade de edição, permitindo atualizações em qualquer momento, em qualquer lugar e por qualquer pessoa.

- **Persistência:** As contribuições dos participantes são captadas e mantidas para que os outros vejam, dividam e aumentem. Tal persistência distingue a colaboração em massa das conversas sincrônicas nas quais grande parte da troca de informações se perde ou é mantida apenas parcialmente. As organizações que usam a colaboração em massa permitida pelas mídias sociais determinam quanta persistência querem. Entender qual informação deve persistir, por quanto tempo ela deve ser mantida e como captá-la da maneira menos problemática são preocupações significativas para as soluções de mídia social.

- **Emergência**: Os comportamentos em colaboração em massa não podem ser moldados, feitos, otimizados ou controlados como sistemas tradicionais. Eles simplesmente aparecem com o tempo por meio da interação dos membros da comunidade. A emergên-

cia permite às comunidades colaborativas criarem novas maneiras de trabalhar ou novas soluções para problemas aparentemente
sem solução; é a fonte de inovação conforme boas ideias aparecem e se destacam por meio da colaboração. O que surge varia
com cada comunidade e seu propósito e pode incluir relacionamentos latentes ou escondidos, *expertise*, novos processos de
trabalho, novas maneiras de organizar o conteúdo e muito mais.
Das contribuições da Wikipédia, por exemplo, está surgindo uma
rede farta de informação criada quando os colaboradores relacionam seu conteúdo ao dos outros dentro e fora da Wikipédia.

Uma organização social é altamente habilidosa na aplicação desses
princípios essenciais para garantir que as comunidades consigam praticar
a colaboração em massa. Podemos percebê-los na maneira como as comunidades colaborativas atuam.

Como Funciona uma Comunidade Colaborativa

Como mil, dez mil ou um milhão de pessoas conseguem fazer o trabalho
e produzir algo significativo para elas mesmas e útil para uma organização? Como tantas pessoas juntas não provocam o caos? Acredita-se que
uma organização de mil pessoas, mesmo que estabelecidas em um lugar,
precisa de divisão de trabalho, hierarquia e administração para ser produtiva. Acima de tudo, claro, uma comunidade colaborativa precisa de
um objetivo em comum, além dos seis princípios ou características da
colaboração em massa que acabamos de citar.

Mas, mesmo assim, como algo útil é realizado?

Por trás dessa série ampla e crescente de tecnologias sociais e aplicativos hoje disponíveis, existe um metaciclo de atividade mais ou menos
comum à toda a colaboração em massa. São quatro ações ou estágios básicos: contribuições, *feedback*, avaliação e mudança, como mostramos na
Figura 2-2.

FIGURA 2-2

O ciclo fundamental da colaboração

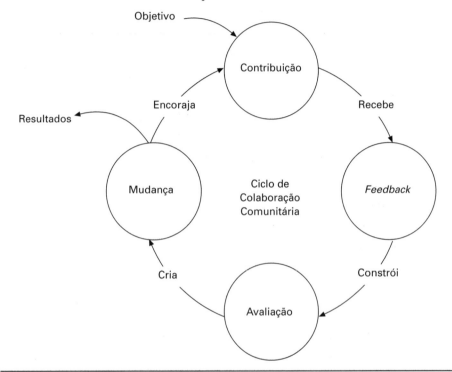

- ***Contribuições:*** O processo todo começa com as contribuições os membros da comunidade – ideias, pensamentos, opiniões, sugestões, e até questões ou problemas. As contribuições são a base – o material cru – para todo o resto.

- ***Feedback:*** Quando os membros contribuem, outros membros oferecem *feedback*; eles visitam, avaliam, comentam e expressam sua opinião a respeito do valor da contribuição, melhorando-a com a opinião coletiva da comunidade. Em muitas comunidades, o valor das contribuições é diretamente avaliado pelos seus membros. Também é possível avaliar o conteúdo como inadequado (abusivo, ofensivo, e assim por diante, com base nos padrões da comunidade).

34 Mídias Sociais na Organização

- **Avaliação:** Por meio de conversas e diversos meios de obtenção de *feedback*, as contribuições são avaliadas pela comunidade. Essa confirmação fortalece o *status* e a reputação das contribuições e dos colaboradores. As boas contribuições e os bons colaboradores podem ganhar pontos, literalmente ou em sentido figurado, elevando seu *status* e visibilidade. Resumindo, por meio do *feedback* agregado a um tipo de avaliação, a comunidade separa o que vale a pena do que não vale, o útil do inútil. Por meio de um processo coletivo de avaliação, as contribuições consideradas mais valiosas pela comunidade virão à superfície.

  Se uma comunidade não tiver meios transparentes de julgar pelo voto, quadros de líderes ou quaisquer outros recursos, não haverá colaboração em massa – apenas uma enorme "caixa de sugestão" sem controle . As organizações costumam deixar isso de fora e depois reclamam: "Recebemos um monte de ideias e opiniões que não conseguimos analisar e usar".

- **Mudança:** O *feedback* transparente e a avaliação levam a participação a direções desejáveis conforme os membros veem quais contribuições e comportamentos são considerados valiosos ou não.

Os membros pensam: "Como posso entrar no quadro do líder?" ou "Não quero ser 'tachado' de agressivo. Como evitar isso?". Se tudo isso for benfeito, os membros imitarão o bom, evitarão o ruim e elevarão a produtividade da comunidade e da organização a níveis mais altos para alcançar melhores resultados. Esses novos comportamentos e mudanças, então, influenciam os outros membros em geral, além das contribuições subsequentes, e o ciclo se repete.

Esses passos representam como as comunidades aprendem sozinhas, autogerenciam-se e autodirecionam-se.

Em muitos fracassos nas mídias sociais, vemos condições que impedem o perfeito funcionamento desse ciclo. Uma organização social, por outro lado, sabe promover o ciclo e manter sua saúde. Quando está funcionando bem, o ciclo é a base para uma comunidade produtiva e autossustentável.

Nas comunidades ativas, o fluxo contínuo de conteúdo dá partida a iterações diversas, simultâneas e geralmente rápidas desse ciclo. O ciclo fica bom quando, na verdade, parece caótico na prática, principalmente nos primeiros estágios da vida de uma comunidade. A mágica da colaboração em massa permitida pela tecnologia é que desse caos aparente podem surgir resultados produtivos por meio de um tipo de avaliação agregada que acabamos de descrever.

Para ver como isso funciona, analisemos a CEMEX e a comunidade que ela criou para envolver diretamente mais de quinhentos de seus funcionários ao redor do mundo em uma de suas iniciativas estratégicas: o uso mais intenso de combustíveis alternativos em suas fábricas. Esse é seu propósito, sua causa. Progrediu repetindo o ciclo diversas vezes.[6]

- **Primeira repetição:** As primeiras contribuições e *feedback* rapidamente se concentraram na pergunta: "Qual é a primeira coisa que devemos fazer?". Entre diversas opções, uma resposta surgiu: analisar todas as fábricas para encontrar aquelas que no momento mais usam combustíveis alternativos e ver o que se pode aprender com elas.

- **Segunda repetição:** Isto é verdade — todas as fábricas forneceram dados a respeito de seu uso de combustíveis. As perguntas são feitas e as questões são levantadas e abordadas. Dentro de algumas semanas, o *feedback* da comunidade identificou as fábricas mais eficientes.

- **Terceira repetição:** Os gerentes das melhores fábricas realizam *webcasts** explicando à comunidade o que fizeram e como fizeram. A comunidade postou perguntas, comentários e *feedback*: "Tentamos, e deu certo" ou "Tentamos a sua abordagem, mas aqui

---

* *Webcast* é a transmissão de áudio e vídeo utilizando a tecnologia *streaming media*, pode ser utilizada por meio da internet ou de redes corporativas, como a intranet, para distribuição deste tipo de conteúdo. (N. R.)

estão os resultados que conseguimos". Por meio desse *feedback* e dessa discussão, os melhores procedimentos foram ainda mais aperfeiçoados e as melhores práticas surgiram e reconheceram as diferenças entre as fábricas. Conforme eles foram entendendo as práticas, os engenheiros das fábricas começaram a mudar como operavam suas próprias instalações até as melhores práticas serem adotadas com o resultado do uso crescente de combustíveis alternativos por parte da CEMEX.

E se a administração da CEMEX tivesse adotado uma abordagem mais tradicional de (1) montar uma equipe para fazer a auditoria de todas as fábricas para identificar as práticas das melhores e então (2) determinar outras fábricas para adotar essas práticas? Teria demorado muito mais tempo, apresentado menor alcance, e enfrentado enormes desafios para a adoção. Provavelmente, os administradores de dezenas de fábricas teriam batido o pé e dito: "Não podemos fazer isso aqui". No fim, a administração disse que os engenheiros haviam alcançado em seis semanas, usando a colaboração em massa, o que normalmente demorariam dois anos.

Novas Maneiras de as Massas Colaborarem

Com base no ciclo de quatro estágios, as comunidades colaborativas realizam uma série de tarefas diferentes, como gerar ideias inovadoras, resolver desafios difíceis, criar e melhorar produtos, aumentar a demanda do produto, construir conscientização da marca, ter melhor *insight* de mercado, criar memória corporativa, gerenciar documentação complexa e assim por diante. Na verdade, estamos observando as maneiras como as comunidades de massa colaboram para alcançar resultados maiores, mais rápidos e melhores.[7]

Inteligência Coletiva

A *inteligência coletiva* é a reunião de contribuições pequenas e incrementais da comunidade em um corpo de conhecimento coerente e útil. Os participantes postam conteúdo, criam, categorizam, avaliam e o relacionam a outros conteúdos. Blogues, Wiki, *media sharing* e fóruns de discussão são tecnologias das mídias sociais mais prevalentes que apoiam a inteligência coletiva. Por exemplo, uma empresa que faz limpeza de janelas de arranha-céus acreditava que seu negócio dependia muito de alguns líderes que sabiam como lidar com andaimes sofisticados. Ela criou uma comunidade de líderes que atuavam juntos para criar uma base de conhecimento multimídia sobre técnicas de cordame.

Localizar uma *Expertise*

Localizar uma expertise é encontrar o especialista, a solução, a ideia, a inovação e o cliente interessado certos, e assim por diante em uma grande comunidade. Essa localização se concentra na inteligência *seletiva*, ao contrário da inteligência coletiva, e o objetivo não é reunir e separar pequenas contribuições das massas, mas sim encontrar nas massas exatamente o conhecimento e a fonte necessários. O *crowdsourcing*, um fenômeno das mídias sociais, é uma maneira de localizar uma *expertise*.

Um bom exemplo é a empresa de eletrônicos que descobriu vários clientes (entre milhões) que eram apaixonados e profundos conhecedores dos produtos da empresa e estavam dispostos a responder às perguntas dos outros clientes. Um executivo da empresa disse que as pessoas que mais conheciam seus produtos eram os engenheiros de produtos – e estes não trabalhavam no *call center*. Ao contar com esses clientes, a empresa drasticamente melhorou as resoluções imediatas e também reduziu significativamente os custos com suporte.

Estruturas Emergentes

Estruturas emergentes são processos, esquemas de categorização de conteúdo, redes organizacionais, equipes virtuais escondidas e coisas do tipo que são desconhecidas ou não planejadas antes das interações sociais, mas surgem por meio de um ciclo de colaboração de quatro fases. O objetivo para procurar ou seguir estruturas emergentes é uma melhor

38 Mídias Sociais na Organização

compreensão de "como as coisas funcionam" – como as organizações se comportam informalmente e alcançam os objetivos. Os membros da comunidade não contribuem explicitamente oferecendo essa informação, claro. Ela surge, geralmente, por meio do uso de tecnologias sociais específicas como vimos anteriormente – análise de redes sociais, mecanismos de ideias, mercados de resposta, mercados de previsão, marcação social, *bookmarking* social e análise social. Por exemplo, usando a análise social da rede, uma empresa de manufatura analisou o trabalho de mais de 400 funcionários de pesquisa e desenvolvimento em 38 países para identificar aqueles que trabalhavam em projetos parecidos e assim poder facilitar a colaboração deles.[8]

Manutenção do Interesse

A *manutenção do interesse* é voltada para reunir pessoas e conteúdo acerca de um interesse comum com o objetivo de aumentar a comunidade e o nível de compromisso. Os participantes divulgam informações a respeito do que gostam e os outros avaliam suas preferências e incluem suas opiniões.

As preferências mais cotadas e ativas ganham destaque e se tornam fáceis para os outros descobrirem. As organizações que buscam a manutenção do interesse usam mídias sociais, como blogues, fóruns de discussão, publicações sociais e *feedback* social.

A Barnes & Noble oferece um ótimo exemplo de manutenção do interesse. Ela assume uma abordagem de múltiplos canais às mídias sociais, usando seus fóruns barnesandnoble.com, Facebook, Twitter, e blogues para cultivar comunidades acerca de um interesse em comum. A B&N Community no site barnesandnoble.com tem cerca de 5 bilhões de visitantes e 20 mil postagens por mês.[9] As páginas B&N e Nook no Facebook também têm uma boa atividade. Por exemplo, a página da B&N no Facebook tem mais de 670 mil pessoas que a "curtem" (pessoas que afirma gostar das páginas) e quase 600 tópicos de discussão, com diversas postagens dentro dos tópicos.[10] O número de fãs da Barnes & Noble no Facebook cresce de 30 a 50% por trimestre. As pessoas se unem a comunidades para discutir sobre livros e gêneros literários; elas postam perguntas, respostas e recomendações; e ajudam umas às outras a encontrar um bom livro. Os membros e os fãs das comunidades se envolvem uns com os outros e com a empresa – e costumam ser clientes mais fieis e gerar maior valor.

Coordenação de Massa para uma Resposta Rápida

A *coordenação de massa* envolve organizar com rapidez uma grande comunidade de pessoas por meio da troca em massa de mensagens curtas, que costumam se espalhar de modo viral.

Os participantes enviam mensagens curtas a grupos de "seguidores" e rapidamente avisam as pessoas a respeito de um acontecimento ou um evento. A mais conhecida forma de coordenação de massa é o *flash mobbing*. Um bom exemplo foi o "flashdance" promovido pelo Facebook na estação de trem Liverpool, onde milhares de dançarinos encheram a estação e dançaram juntos. Outro exemplo: em 2010, houve um movimento significativo realizado pelas mães no Twitter (@motrinmoms) e no You-Tube contra um anúncio da Motrin mostrando bebês como acessórios de moda que causam dores nas costas.

O uso organizacional da coordenação em massa está crescendo – por exemplo, para uma resposta rápida à falta de materiais e de funcionários, acidentes e previsão do tempo. Uma rede de hotéis a usa para anunciar rapidamente as melhores práticas para economia de dinheiro.

Influência nos Relacionamentos

A *influência nos relacionamentos* é a prática de manter e obter valor de um prestigioso número de relacionamentos. É motivada principalmente pelos blogues e pelas ferramenta de *networking*. Os participantes expressam suas opiniões, esperando que elas sejam iguais às de outras pessoas e geram um grupo de seguidores. Por exemplo, Bill Marriot, CEO do Marriot Hotels and Resorts, usa um blogue para ter contato com milhões de pessoas que se sentem ligadas a ele por terem afinidade em determinados assuntos. Como precisa responder a relativamente poucos comentários, ele consegue manter um número enorme de relacionamentos com pouco esforço.[11]

Colaboração em Massa e a Organização Social

Uma organização se torna social quando descobre o poder da colaboração em massa e desenvolve as habilidades corporativas necessárias para abordar desafios, criando pronta e repetidamente comunidades colaborativas.

Fazer isso exige uma mentalidade nova e diferente. As pessoas em uma organização social não pensam mais totalmente em termos de hierarquia e administração tradicional. Elas não reagem automaticamente ao desafio designando sua resolução a alguma pessoa ou grupo ou criando um processo estruturado com o qual lidar. Como integraram a colaboração comunitária à maneira como agem e pensam todos os dias, eles perguntam: "Uma comunidade pode ser melhor? Podemos formar uma comunidade que lide de modo mais eficiente com isso?". Se a resposta for sim, será usada essa abordagem.

Consequentemente, a maneira como uma organização social gerencia seus sistemas de trabalho e como seus funcionários pensam é diferente de como as organizações têm trabalhado tradicionalmente.

Os benefícios são reais e cada vez mais óbvios. Mobilizar comunidades colaborativas pode ajudá-lo a responder mais rapidamente às mudanças no ambiente de operação, avaliar mais rapidamente o que está funcionando e o que não está, e determinar como reagir e influenciar resultados. Envolver a comunidade não apenas oferece decisões mais inteligentes, mas também incentiva a adoção mais rápida da mudança, uma vez que a comunidade já se sente envolvida e preparada.

Ao mobilizar comunidades constante e efetivamente, uma organização social pode ganhar vantagem competitiva em qualquer aspecto de seus negócios que envolvam pessoas. Por exemplo, envolver pessoas que usam um produto, serviço ou processo produzirá um resultado superior, aumentando as chances de satisfazer as necessidades dos usuários. Em todos os estágios da cadeia de valor, as pessoas costumam usar e obter valor de algo que ajudaram a criar. Uma organização social reconhece que esse ato de ouvir e incentivar a participação não apenas produz melhores resultados, mas também motivas relações mais próximas e constantes, e cria um modelo de operação mais eficiente. É uma abordagem com a qual todos ganham.

Resumindo, a capacidade de participar de modo produtivo do conhecimento total, do talento, da inovação e da energia de grandes grupos de pessoas – algo que nunca foi possível antes – pode tornar a empresa mais rápida, inovadora, ágil, receptiva ao mercado e mais concentrada. Por fim, é possível levar um empreendimento a um novo nível de realização.

Não É Fácil

"Somos uma organização social" não é algo que uma empresa pode simplesmente declarar ou afirmar. Tornar-se uma organização social exige uma abordagem estratégica, uma escolha livre, uma intenção certa conforme a organização passa por uma evolução do modo de pensar e das habilidades com base no uso de comunidades colaborativas e na obtenção de benefício tangíveis. No entanto, isso também exige uma orientação bem pensada da administração para manter as comunidades concentradas em propósitos valorizados e valorizáveis e para mantê-las ligadas produtivamente à organização como um todo.

Escolher a colaboração comunitária no lugar de abordagens tradicionais desafiará a organização e os gerentes individuais dentro dela. As empresas que preferem operar por meio de processos prescritos estão sempre definindo papéis e responsabilidades com grande detalhe, e dão muita importância à hierarquia formal, estas terão dificuldade para se tornarem organizações sociais. Os gerentes que consideram a autoridade formal a principal ferramenta à sua disposição para influenciar os outros lutarão com seus papéis e funções ao administrarem uma comunidade.

E todos os gerentes precisarão reconciliar a tensão entre a responsabilidade contínua pelos resultados com sua incapacidade de ter controle sobre o que uma comunidade colaborativa produzirá.

Apesar desses desafios, as empresas estão, cada vez mais, usando comunidades colaborativas, encontrando benefícios reais e concluindo, nas palavras de Miguel Lozano, diretor de inovação da CEMEX: "Agora que fizemos isso dessa maneira... nunca mais voltaremos ao modo antigo".[12]

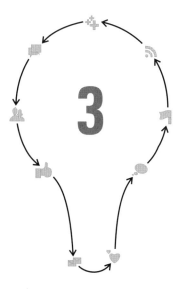

Tornando-se uma Organização Social

Uma empresa de bens de consumo vê as tendências e os alardes das mídias sociais e se interessa em participar. Assim, ela entra e redireciona milhares de dólares de propaganda em um esforço para fazer parte das mídias sociais na esperança de aumentar suas vendas. Uma grande comunidade se forma e interage como a empresa pretendia. Ainda assim, a empresa não vende mais produtos. Quando a promoção termina, isso contribui para que a comunidade se dissipe.

Enquanto isso, a empresa fica sabendo que seus distribuidores estão usando as mídias sociais ao conhecer suas histórias de sucessos e fracassos, aqui e ali, mas sente-se desconfortável, porque não sabe ao certo o que está havendo. Então, ela coloca em ação uma política de networking restritiva. Mas a força de vendas dá um passo para trás e diz que precisa de flexibilidade na Web para poder vender de modo eficiente. As relações públicas e o marketing também resistem, e assim a empresa cria uma segunda política, e depois uma terceira. Um funcionário irritado posta no Twitter que seu chefe é um cretino e que ele está cansado da cultura de liderança abusiva da empresa. Essa pequena mensagem é retuitada 672.324 vezes. A empresa demite o

44 Mídias Sociais na Organização

funcionário, que a processa por demissão sem causa, alegando falta de liberdade de expressão, política conflitante e diz que o Twitter é um microblogue, não uma rede social.

Enquanto tudo isso está acontecendo, o departamento de TI, querendo participar das mídias sociais, substitui o diretório corporativo por uma rede social. A adoção é pequena porque ninguém usa o diretório corporativo nem se importa se ele for substituído. Então, a TI tenta de novo e coloca uma Wiki para ver o que acontece. As pessoas começam a usá-la, incluem vários pedidos para mais funcionalidades e começam a telefonar para perguntar sobre problemas técnicos.

A TI não contava com esse problema, e agora precisa de mais recursos ou sofrerá mais um golpe que afetará sua imagem. Então, o RH informa o CEO que uma grande comunidade de funcionários se formou na Wiki, protestando pelos novos planos de saúde e exigindo mudanças. O CEO já estava preocupado a respeito das relações entre os funcionários e a administração. Essa informação vem apenas um dia depois de a equipe de inteligência competitiva ter falado para a equipe executiva sobre a pressão que o maior concorrente da empresa está sofrendo por causa de seus inovadores esforços de mídia social.

Parece familiar? Essa história – um pesadelo das mídias sociais repleto de problemas de Recursos Humanos, oportunidades perdidas, fracassos silenciosos, possíveis ameaças e sucessos escondidos – é um pouco exagerada, mas há uma versão menos dramática dela ocorrendo em muitas empresas, se não na maioria. De fato, todas essas coisas aconteceram em empresas reais. Esses desafios surgem a partir de uma única causa: as empresas não tinham uma abordagem clara das mídias sociais e da colaboração comunitária, por isso estão limitadas a medidas reativas conforme as coisas aparecem.

Infelizmente, em circunstâncias assim, a maioria das empresas reage com política em vez de estratégia. Sem uma abordagem bem pensada, os problemas de mídia social só piorarão.

Ao contrário do que alguns defensores afirmam, as mídias sociais raramente produzem bons resultados espontaneamente. Como vimos no Capítulo 1, essa foi a primeira e mais óbvia conclusão que tivemos de nosso estudo de mais de 400 empresas. A maioria das organizações que examinamos simplesmente oferece acesso às mídias sociais e espera que a mágica da colaboração simplesmente aconteça – uma prática que chamamos de *oferecer e rezar*.

Nossa pesquisa indica que apenas 10% de tais práticas são bem-sucedidas. A maioria (cerca de 70%) não consegue porque a adesão é insignificante e nenhuma comunidade ativa surge. Os outros 20% fracassaram porque, apesar de uma comunidade se formar, ela nunca oferece valor real à organização.

A partir de todos os casos que temos estudado, identificamos alguns motivos comuns para o fracasso:

- As iniciativas de mídia social costumam falhar sobretudo porque as organizações se concentram nas tecnologias quando deveriam se concentrar em obter um propósito com os novos comportamentos coletivos que essas tecnologias possibilitam. Novos comportamentos voltados para o propósito, e não a tecnologia, oferecem valor aos negócios. A tecnologia das mídias sociais é um componente crucial, mas é um capacitor com pouco ou nenhum valor sozinho. Seu valor surge do que vale a pena.

- Elas fracassam porque a organização não tem o conhecimento dos princípios básicos da colaboração em massa. Nem mesmo uma ótima tecnologia salvará os esforços que ignoram ou omitem as características básicas das iniciativas sociais bem-sucedidas.

- Elas fracassam porque nem todos os desafios são bem adequados à colaboração de massa. As organizações precisam conhecer onde as comunidades coletivas têm maior chance de oferecer valor real. Usar a colaboração em massa em ambientes nos quais não é apropriado desperdiça o tempo das pessoas e o dinheiro da empresa e pode até expor as organizações à possibilidade de gerenciar informações importantes de modo inadequado.

- Por fim, elas fracassam porque os executivos da empresa e os gerentes não têm a confiança para designar propósitos interessantes às comunidades e então permitem que elas encontrem uma maneira de satisfazer seus propósitos. Os gerentes motivam interferindo excessivamente e, quando a comunidade inova, não têm como transformar essas ideias em mudanças organizacionais.

Quando as organizações apenas disponibilizam as mídias sociais e nada de significativo acontece além disso, elas culpam as ferramentas, concluem que as mídias sociais não agregam valor ao negócio ou que as empresas simplesmente não estão prontas. Mas, geralmente, a verdade é mais simples: elas não fizeram direito. Não levaram a sério. Não investiram nem se prepararam adequadamente. Trataram as mídias sociais como um tipo de panaceia de colaboração guiada pela tecnologia tão naturalmente atraente, que podia ser bem-sucedida sozinha.

Aqui está a má notícia: as mídias sociais têm sucesso sozinhas apenas de vez em quando. Mas também há uma boa notícia: existem práticas de colaboração de massa e técnicas que têm sido usadas de modo bem-sucedido em organizações de todos os tamanhos.

Uma Abordagem que Permita o Sucesso Frequente

Neste livro, oferecemos uma abordagem de vários passos que reúne as práticas e técnicas em um todo coerente (veja a Figura 3-1). Essa abordagem não garante sucesso, mas aumentará as chances a seu favor. Ela se baseia em práticas comuns entre esforços bem-sucedidos que, reunidos, constituem uma maneira como uma empresa pode usar a colaboração em massa estrategicamente para se tornar uma organização social.

Sabemos que a ideia de uma abordagem prescrita agrada a muitos defensores das mídias sociais. Ela envolve a administração, e eles a consideram contrária à essência e ao espírito da colaboração em massa. Do ponto de vista dos defensores das mídias sociais, a administração envolve controles e limites rígidos sobre a criatividade e a espontaneidade. A administração é a mão fria que detém a maioria das empresas e esfria o calor humano.

É claro, esses defensores são as mesmas pessoas que aconselham as empresas a oferecer a tecnologia e observar as comunidades se formarem misteriosamente e criarem soluções brilhantes para problemas complexos. Seria bom se o mundo fosse dessa maneira, e se você e sua empresa podem sustentar um acerto em cada dez tentativas com a ideia de que um grande sucesso compensa uma série de fracassos, podem considerar o "oferecer e rezar". Mas se você não age assim, leve em conta a abordagem apresentada aqui.

FIGURA 3-1

O Processo para se Tornar uma Organização Social

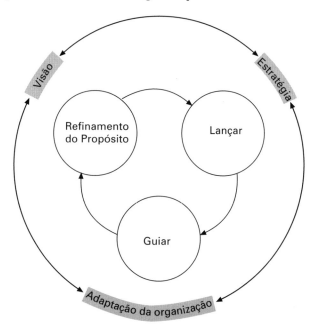

Queremos deixar claro que existem tipos diversos de administração. Usar uma abordagem definida para gerenciar as mídias sociais *pode* reprimir a inovação e a criatividade. *Pode* tornar as mídias sociais apenas mais um meio de comando e controle. *Pode* criar uma colaboração ruim. Mas se for benfeita, a administração pode criar uma cultura organizacional e um contexto nos quais a colaboração comunitária se desenvolva. O segredo, claro, é gerenciar as mídias sociais de uma maneira a evitar o lado ruim e alimentar o lado bom.

Apesar dos perigos, existem motivos para se usar uma abordagem definida. Ela pode:

48 Mídias Sociais na Organização

- *Aumentar a possibilidade de sucesso* quando criamos comunidades colaborativas. Como listas de checagens usadas por pilotos antes da decolagem, uma abordagem definida pode ajudá-lo a ter certeza de que está cuidando de todos os itens básicos. Em especial, pode aumentar as chances de que as comunidades colaborativas produzam resultados que ajudem a organização a alcançar sua missão e seus objetivos.

- *Melhorar o impacto dos negócios de sucesso* direcionando a colaboração comunitária para desafios importantes dos negócios e para oportunidade e não para comunidades aleatórias com essa finalidade.

- *Oferecer transparência* a todos os envolvidos se for feito corretamente. Eles sabem quem está fazendo o que e por que, e compreendem seus próprios papéis.

- *Ajudar a passar de sucessos exíguos a uma competência consistente* que produza sucessos repetidos. Estes levarão seu empreendimento a um novo nível de capacidade e criarão uma organização social que aprende e melhora o tempo todo. Sem uma abordagem definitiva, não há como entender o que funcionou e o que aumentou o sucesso e minimizou os desafios.

- *Garantir que as pessoas certas estejam envolvidas.* A mídia social deve ser um esforço guiado pelos negócios. Ainda que seja permitido pela tecnologia – e, desse modo, a TI deve estar envolvida – a TI deveria ser participante, e não líder, principalmente nos primeiros estágios do esforço. Concentrar-se na tecnologia cedo demais seria um erro básico e até catastrófico. As mídias sociais devem ser vistas como possibilidades de negócio, não um projeto de TI.

A abordagem que sugerimos é uma estrutura flexível – um guia à ação, não uma série de medidas altamente específicas que devem ser realizadas exatamente como descritas e na ordem dada. De fato, algumas das atividades que delineamos podem ser realizadas juntas quando fizer sentido.

Certos passos em algumas situações devem ser repetidos; assim, a abordagem se repetirá. E tudo deve ser adaptado – de modo cuidadoso, bem pensado – de acordo com os detalhes de sua organização e seus objetivos para a colaboração em comunidade.

A formação de competência de qualquer tipo exige prática – começando com pequenos passos e aumentando aos poucos até obter sucesso. Isso é essencial na colaboração em massa porque a confiança necessária, juntamente com a disposição para compartilhar e trabalhar junto, exige tempo e prática para ser construída e garantida.

Uma abordagem definida, então, pode atuar como um ciclo de aprendizado – *fazer, rever, aprender, fazer de novo* – que uma organização repete sem parar para ter competência e confiança em desafios maiores.

O objetivo da abordagem é garantir o sucesso repetido com a colaboração em massa. No resumo a seguir e no restante do livro, vamos passar pelas principais atividades da abordagem, como foi descrito na Figura 3-1: visão, estratégia, propósito refinamento, lançamento, guia e adaptação da organização.

Desenvolver uma Visão Organizacional Voltada para a Colaboração em Comunidade

Para tornar a colaboração em massa uma capacidade organizacional, os líderes devem desenvolver uma visão de empreendedorismo na qual a colaboração em comunidade crie valor para a organização. Desenvolver tal visão envolve quatro atividades:

- *Entender quando a colaboração comunitária é adequada:* As comunidades não são a resposta para todos os desafios de colaboração. As organizações podem se expor a um risco significativo se aplicarem a colaboração em massa de modo inadequado. Ao desenvolver uma visão, as organizações precisam entender claramente os tipos de problemas e oportunidades nos quais a colaboração em comunidade pode acrescentar valor.

- *Saber onde a colaboração em comunidade costuma agregar mais valor:* Ao criar uma visão para a colaboração em comunidade, comece com um pouco da história sobre como ela já foi bem-sucedida (veja a discussão no Capítulo 2 sobre empresas com interesses comuns que a usam hoje). Isso trará mais conhecimento sobre áreas de maior e menor risco. Você deve saber se está explorando um território novo ou muito conhecido. Além disso, uma ideia do que está acontecendo com outras empresas pode lançar luz em áreas de vantagem e de necessidade competitiva.

- *Aplique a conhecimento a respeito dos objetivos e da cultura de sua organização:* Uma organização social pode sempre aplicar a colaboração comunitária como uma competência corporativa básica para abordar importantes desafios e oportunidades de negócios. Para chegar a esse nível de capacidade, analise seus objetivos organizacionais e relacione-os explicitamente com os esforços de colaboração de sua comunidade. Também é importante, desde o começo, entender a cultura de sua organização e, em especial, as estratégias para implementação das mídias sociais. Você precisará ajustá-las com o tempo.

- *Finalmente, crie uma visão organizacional para a colaboração comunitária:* Para criar uma visão organizacional, é preciso desenvolver *afirmações de oportunidade de colaboração comunitária* que identifiquem áreas específicas nas quais ela pode apoiar o sucesso de sua organização. Essas afirmações são a essência de sua visão, uma vez que elas dão às pessoas um senso tangível de como a colaboração pode mudar a maneira como a organização corre atrás de seus objetivos. Elas também oferecem uma visão de um futuro possível no qual a empresa atue mais como organização social.

Ao final do estágio de visão do processo, você terá um documento com duas partes relacionadas: a primeira será formada por uma declaração na qual a liderança reconheça explicitamente o potencial de colaboração em comunidade; a segunda será formada por um conjunto de afirmações que identifiquem áreas de oportunidade nas quais a colaboração em massa possa ajudar a organização a alcançar seus objetivos. De modo geral, a visão esboça uma imagem parcial, porém vívida de um futuro no qual a colaboração comunitária seja a norma.

Desenvolva uma Estratégia Organizacional para a Colaboração Comunitária

Esteja preparado ao publicar a visão, porque ela pode liberar uma enxurrada de pedidos por mais comunidades colaborativas. Isso pode ser paralisante – ou uma oportunidade de transformação. Dependerá do fato de sua organização conseguir, rápida, sistemática e prudentemente decidir quais esforços de colaboração comunitária deve seguir, onde e como investir recursos neles, e como começar o caminho para se tornar uma organização social de modo que não sobrecarregue a empresa. Esse é o papel da *estratégia*.

A estratégia organizacional para a colaboração comunitária envolve planejamento contínuo que identifique onde será aplicada a colaboração em massa para criar comunidades colaborativas que agreguem real valor ao negócios. A construção depois da estratégia é realizada em três etapas principais:

- Estabelecer como selecionar com inteligência, entre uma série de possibilidades de colaboração comunitária, aquelas que a organização deve perseguir.

- Determinar onde e quando investir, ou continuar investindo, em comunidades colaborativas específicas.

- Criar uma justificativa de negócios para selecionar as comunidades colaborativas.

Essas atividades ocorrem no nível da organização toda, para poder administrar o investimento de modo holístico em um portfólio de comunidades colaborativas.

Cultive Comunidades Colaborativas

Agora, o processo parte para o cultivo real de comunidades *individuais* e os três passos exigidos para se refinar o propósito, o lançamento e guiá-los (veja a Figura 3-2).

Refinar o Propósito Criando um Plano Objetivo

Um propósito é o motivo pelo qual as pessoas colaboram, a causa pela qual elas "brigam". Ele motiva os membros da comunidade a interagir e a contribuir. Mas ainda que uma comunidade comece com um único propósito geral, este não será suficiente. As comunidades terão muitos propósitos ao longo do tempo. Desenvolver propósitos dá gás às comunidades e as mantêm vibrantes. Se esse combustível acabar, a comunidade para. É para isso que servem os mapas de propósitos. Um *plano de obje-*

FIGURA 3-2

Para criar e sustentar uma comunidade colaborativa, três passos são necessários

tivos é um conjunto de propósitos relacionados que fluem em direção ao futuro a partir do propósito original; são alinhados com o tempo e identificam opções sobre como a comunidade pode se desenvolver. O mapa serve como guia para o desenvolvimento, crescimento e manutenção da comunidade. No Capítulo 6, descrevemos como criar um plano de objetivos, o que oferecerá as informações de planejamento e as justificativas essenciais necessárias para começar o lançamento.

Lançar a Comunidade

Esta etapa leva a comunidade da oportunidade e do propósito para a realidade e inclui uma série de atividades, principalmente:

- *Definir a experiência de colaboração comunitária:* Descreva claramente como os membros da comunidade devem interagir uns com os outros e como o ambiente oferecerá uma experiência tranquila, útil e significativa. Explore o que motivará os membros a se envolverem profundamente e com frequência. A partir de então, entenda e defina os comportamentos que espera dos participantes.

- *Planejar o comportamento da comunidade:* Você precisará de um *plano de virada* que descreva como obter atenção, convocar a participação e colocar a comunidade no ponto de virada – quantidade de participantes com a qual a comunidade obtém crescimento viral e se torna autossustentável. As comunidades bem-sucedidas não crescem lentamente com o tempo, elas alcançam o ponto de virada rapidamente.

- *Ofereça um ambiente de colaboração comunitária:* Aqui, concentre-se no desenvolvimento do ambiente das mídias sociais em si, em suas características e capacidades, como funciona e, acima de tudo, a experiência que oferece ao usuário. Isso também inclui decidir se e como participar em um ambiente existente como alternativa para criar algo novo.

54 Mídias Sociais na Organização

Ao completar esse estágio, você terá feito tudo o que pôde para incentivar a criação de uma comunidade colaborativa bem-sucedida.

Guie a Comunidade

Aqui é onde a comunidade colaborativa se forma e faz seu trabalho. É onde cria valor para si e para a organização. E onde a administração tradicional pode comprometer os princípios da colaboração de massa. Em uma organização social, a administração guia a colaboração em massa, em vez de dirigi-la ou controlá-la.

O termo *guiar* se refere ao papel dos gerentes que patrocinam uma comunidade e são responsáveis pelos resultados. Na realidade, a preparação que precede esse passo é "planejar para deixar o controle". Quando a iniciativa é lançada e uma comunidade se forma, ela assume vida própria e, em grande parte, se torna mestre de seu próprio destino. Nesse momento, o controle deixará de ser da organização e passará a ser da comunidade e daqueles que estão no controle até agora e que assumirão um papel de guiar em vez de direcionar ou controlar. Pense nisso como "gerenciamento a partir do meio". É uma mudança difícil para alguns gerentes.

Guiar é um processo contínuo e seu principal objetivo é manter uma comunidade funcionando bem e focada em um propósito produtivo. O desafio aqui para os gerentes é aplicar bons princípios de liderança e resistir ao desejo de reduzir a incerteza com a microgestão, que sufocará uma comunidade.

Adapte o Contexto Organizacional

As comunidades colaborativas não podem se desenvolver e chegar a seu potencial do nada. Assim, apesar de o *guia* se concentrar no funcionamento interno de uma comunidade, os gerentes também devem garantir que a organização mais ampla, o contexto dentro do qual as comunidades operam, apoie a colaboração em massa.

O problema é que o encaixe das organizações formais e das comunidades colaborativas às vezes pode ser incerto. Para entender a diferença entre os dois, relembre a discussão no Capítulo 1, onde contrastamos a natureza aberta e colaborativa de uma *start-up* com uma estrutura mais formal que normalmente surge em virtude do aumento de tamanho. Imagine tentar combinar os dois e terá uma ideia das tensões que podem existir entre uma comunidade colaborativa livre e uma hierarquia cuidadosamente definida, prescritiva.

É trabalho da administração intermediar essa relação e fazer isso de dois modos principais:

- *Os gerentes oferecem a ligação diária e constante entre cada comunidade e a organização formal:* Para ter sucesso e alcançar seus propósitos, as comunidades colaborativas precisam de recursos organizacionais – humanos, financeiros e outros – juntamente com a atenção da administração e o acesso a sistemas e processos corporativos. Tais necessidades geralmente não são satisfeitas espontaneamente. Alguém – os gerentes – deve criar o tecido conectivo que une as partes e forma um todo. As comunidades que existem isoladas são *ilhas sociais*, grupos colaborativos relativamente pequenos isolados do restante da organização. Essas ilhas podem ser bem-sucedidas dentro de si mesmas, mas oferecem bem menos valor do que se estivessem conectadas com o empreendimento. Sem essas conexões, os resultados e as recomendações que eles geram continuarão sendo regionais e de valor limitado.

- *Os gerentes também devem incentivar as mudanças organizacionais que facilitam o trabalho de comunidades colaborativas:* Às vezes, o necessário vai além das relações do dia a dia sobre as quais acabamos de falar. Criar um contexto de apoio para a colaboração pode pedir mudanças mais fundamentais na maneira como a liderança, a cultura, os sistemas e as funções operam. Por exemplo, o RH pode precisar se adaptar ao modo como os funcionários são avaliados considerando as contribuições individuais feitas à comunidade, ou o departamento de Finanças pode ter de adaptar suas regras para avaliar propostas de projetos – ou seja, as comunidades não podem prever os resultados de seu trabalho. Os gerentes responsáveis pelo sucesso das comunidades colaborativas devem identificar essas mudanças e pressionar para que sejam adotadas.

A maioria dos esforços para criar uma colaboração em massa nas mídias sociais não consegue produzir nenhum valor. Com esse processo, é possível evitar grandes fracassos: as comunidades não têm um propósito que atrai a participação e oferece valor organizacional; os executivos não veem o valor e controlam seu apoio; a colaboração é vista apenas como um desafio tecnológico – outro projeto de TI; cultura organizacional, sistemas, processos e políticas reprimem a colaboração; e as comunidades continuam sendo ilhas sociais que, na melhor das hipóteses, criam valor para si mesmas e não para a organização.

O restante deste livro explorará em detalhes cada parte do processo que definimos aqui. Usar esse processo para construir novos níveis de competência corporativa pode elevar sua empresa ao nível de organização social, aquela que opera a um nível mais alto de capacidade ao longo da colaboração em massa.

Como Competir?

A abordagem de múltiplos passos para se tornar uma organização social apresentada aqui é essencial por um motivo. É como usamos a colaboração em massa para criar a vantagem estratégica. Você pode se sentir tentado a pensar que, como a mídia social pode ser usada por qualquer organização, ela não pode oferecer diferenciação competitiva. Não caia nessa armadilha. Usar a colaboração em massa em seu empreendimento exige um alto nível de habilidade corporativa que a maioria das empresas procurará desenvolver durante muitos anos. Algumas não conseguem avançar quando seus concorrentes se tornam organizações sociais.

Diante dessa realidade, saiba o que você e todos os outros gerentes devem perguntar: o que acontece quando mais e mais empresas tradicionais descobrem o segredo da colaboração em massa e começam a demonstrar as capacidades superiores de uma organização social? As organizações que não incorporam essa nova capacidade em suas operações terão dificuldades para competir. Por quê? Porque as organizações sociais atrairão mais pessoas unindo-as em comunidades colaborativas que inovam e resolvem seus problemas mais difíceis. Elas são capazes de ter maior impacto no mercado, criando comunidades produtivas de clientes. Em resumo, elas conseguem delegar trabalho a comunidades, repetidas vezes, de um modo que significativa e rapidamente expande o valor organizacional.

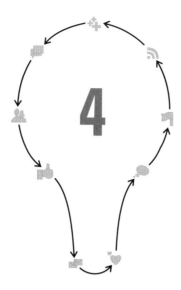

Formando uma Visão para a Colaboração Comunitária

Entre 2009 e 2010, os líderes do Marshall Space Flight Center (MSFC), da NASA, souberam que seu programa espacial com seres humanos estava chegando a um momento decisivo. Os planos para que um veículo substituísse a nave espacial haviam estagnado, e a nave estava chegando ao fim de sua vida. O programa Constellation do MSFC e os foguetes Ares eram muito criticados por cientistas e engenheiros de fora. O público não mais apoiava o programa espacial como antes. O Congresso e o presidente estavam reavaliando o futuro do programa espacial e criando mudanças significativas que pudessem diminuir o envolvimento da NASA em prol da privatização.

Conforme os líderes do MSFC começaram a repensar a natureza e o valor da missão espacial, reconheceram a importância de envolver mais pessoas – dentro e fora da NASA – no processo de lidar com essas questões fundamentais. E, assim, começaram a imaginar como a colaboração comunitária poderia ajudá-los a realizar essa missão e aumentar a consciência do valor que a NASA e o MSFC oferecem ao mundo.[1] Jonathan Pettus, chefe de informação do MSFC, disse:

60 Mídias Sociais na Organização

"Acreditamos que as mídias sociais poderiam ter um impacto importante em como realizamos nossa missão. Usá-las poderia nos ajudar a colaborar de novas maneiras para construirmos foguetes melhores. Mas não se pode simplesmente usar essa tecnologia e esperar grandes resultados. Não é tão fácil assim. Ainda não chegamos ao fim, mas estamos direcionando nossos objetivos, e nosso foco na visão e no propósito tem nos dado uma base para o progresso contínuo"[2]. Os passos que eles deram nos ajudarão a entender e a explorar o importante papel de uma visão colaborativa.

Apenas recentemente as organizações começaram a empregar as mídias sociais para a colaboração comunitária, e ainda estão aprendendo a usá-las de modo eficiente. A maioria tenta de modo esporádico e temeroso. Mas algumas organizações, como o MSCF, estão reconhecendo o poder de envolver comunidades mais direta e profundamente em suas missões e operações.

As organizações sociais ampliam sua visão de mídia social e de comprometimento da comunidade para abordar questões estratégicas. Mas as reações em relação às mídias sociais variam muito e continuam a se desenvolver, em muitos casos de negativas a neutras e, por fim, a positivas. Por ainda ser relativamente nova para a maioria das empresas, nós as aconselhamos a começar com uma declaração de visão oficial de seus possíveis benefícios para a organização.

Então, ao preparar sua declaração de visão, comece-a com uma expressão geral de crença na importância estratégica da colaboração comunitária, seguida por uma lista de áreas na organização nas quais a colaboração pode oferecer benefícios importantes. Seja específico ao se referir às áreas e a como a colaboração pode ser usada em cada uma delas. Abranger essas áreas representa o próximo passo na evolução de sua empresa, para que ela se torne uma organização social altamente colaborativa. Finalize a sua declaração com um alerta para a ação, e informe as fontes para mais informações ou auxílio.

Uma declaração de visão tem dois propósitos. Primeiro, articular a crença da liderança na importância e no valor da colaboração com base na comunidade. Em segundo lugar, identificar de modo concreto as oportunidades importantes para a empresa na qual a colaboração possa acrescentar valor ajudando a organização a se aproximar de seus objetivos. Os dois propósitos são importantes. A ausência de um diminuirá o impacto do outro. Por si só, uma declaração geral de apoio para a colaboração será considerada um pouco além de retórica vã. E apenas relacionar as áreas nas quais a colaboração pode ajudar simplesmente fará com que surjam reações do tipo: "E daí?" e "Quem disse?". Uma declaração de visão benfeita oferece clareza e direção, estratégia de orientação, melhora a aceitação e inspira a participação.

Para desenvolver uma declaração de visão adequada, é preciso:

- Compreender quando a colaboração comunitária é adequada.

- Saber onde a colaboração comunitária tem mais chances de oferecer valor.

- Compreender os objetivos e a cultura de sua organização.

- Criar e difundir uma visão organizacional para a colaboração comunitária.

Desenvolver uma visão é uma atividade criativa, e o *brainstorming* desempenha um papel importante. Assim como todos os processos criativos, chegar a um resultado valioso, inteligente e inspirador pode ser um desafio. Será preciso ter paciência e envolver-se com pessoas capazes e que entendam do assunto.

Compreenda quando a Colaboração Comunitária É Adequada

Nem toda colaboração é apropriada para as massas. Nem todos os desafios se dão bem com a colaboração comunitária. O mau uso das mídias sociais pode expor sua organização a altos índices de fracasso, resultados medíocres e riscos de administração de informações importantes. Para evitar esses problemas, é necessário compreender quando a colaboração comunitária se faz adequada e onde ela pode acrescentar mais valor.[3] A Figura 4-1 mostra situações nas quais a colaboração comunitária é mais adequada e onde é menos apropriada.

FIGURA 4-1

Adequação para a colaboração comunitária

Onde a Colaboração Comunitária É mais Adequada

A colaboração comunitária é mais adequada quando grandes grupos de pessoas atuam de modo independente para contribuir e compartilhar informações abertas que se agregam bem a uma imagem mais ampla e resulta em atitudes que levam à maior performance. O objetivo nessa situação é acumular uma diversidade de informações – por exemplo, perspectivas divergentes, percepções díspares de grupo e diversas áreas de especialidade – o que tem mais chance de produzir ideias inovadoras ou compreensão mais ampla. A colaboração comunitária é ainda melhor para reunir informações e conhecimento diretamente a partir das partes afetadas e não por um intermediário.

A autêntica colaboração comunitária é um trabalho de adaptação. É mais aberto, diverso, livre de regras e emergente que o trabalho operacional do dia a dia. Seu objetivo é captar ou minar o valor de um grupo de pessoas que se organizaram, normalmente de modo informal, ao redor de um ponto colaborativo, como um interesse compartilhado, uma ideia, um conceito, uma opinião, um design de produto, uma posição política, uma experiência comum ou problemas de saúde.

Onde a Colaboração em Comunidade É Menos Adequada

A colaboração comunitária é menos adequada para desafios que exijam profunda análise, nos quais a informação é mais bem fornecida pelos mediadores que costumam ser especialistas reconhecidos e que influenciam uns aos outros. Além disso, se a informação for delicada e exigir sigilo, dividi-la com as massas se torna menos apropriado. Uma multidão não costuma ser muito boa em analisar informações conflitantes e separar claramente o fato da ficção. Conseguir consenso e acordo generalizado de um grande grupo também é difícil, assim como tentar melhorar algo ainda mais quando a tarefa exige conhecimento profundo de seus processos internos.

Normalmente, essas situações são mais bem atendidas por equipes definidas ou por grupos que atuam de acordo com um conjunto de tarefas, orçamentos, agendas, estruturas, fluxos de trabalho, regras, segurança e têm autoridade de decisão. No entanto, em alguns casos, como a Electronic Arts e a CEMEX (como discutiremos nos Capítulos 8 e 9, respectivamente), a natureza da comunidade e os propósitos muito bem definidos podem permitir que as organizações levem a colaboração em massa a desafios que exigem profunda análise por parte de uma comunidade de especialistas.

O intervalo entre as situações que são adequadas para a colaboração comunitária e aquelas que não o são formam, na verdade, um *continuum*. Raramente um padrão ficará em um extremo ou em outro. Um desafio não precisa localizar-se à direita na Figura 4-1 ("mais adequada") para se beneficiar da colaboração comunitária. Na maioria dos casos, o uso da colaboração comunitária será um apelo de avaliação com base nos objetivos particulares e na natureza específica do desafio. Além disso, para abordar por completo um desafio organizacional, talvez seja necessário misturar a colaboração comunitária com um pouco de colaboração em equipe e outras formas de colaboração, comunicação, poder de decisão e técnicas de controle para promover e manter a mudança organizacional. É preciso saber quando a colaboração comunitária deve ser complementada com outras formas de execução.

Para contrapor aspectos que tornam a situação menos adequada para a colaboração comunitária, acrescente alguns controles de processo ou de função. Por exemplo, a Wikipédia se esforçou, no começo, para resolver informações conflitantes e estabelecer fatos porque não tinha estruturas de controle. Para lidar com esse problema, a liderança da Wikipédia formulou um conjunto de regras que define o que forma um artigo aceitável e atraiu uma comunidade de mais de mil editores para interpretarem e reforçarem as regras. Da mesma maneira, apesar de o YouTube oferecer informações abertamente, ele ainda deve lidar com questões de *copyright*, que exigem certos controles. A mesma coisa se aplica ao Facebook e à privacidade. Na verdade, a maioria dos ambientes de mídia social deve impor um tipo de controle de informação porque poucas situações permitirão a colaboração em massa completamente aberta.

Onde a Colaboração em Massa Tem mais Chance de Oferecer Valor

Ao criar uma visão e estratégia, você deve entender, de modo geral, onde as organizações costumam ter sucesso com a colaboração comunitária. Muitas organizações começaram a monitorar as redes sociais para entender as comunidades emergentes e as tendências que podem ter impacto em seus negócios. Algumas também reúnem e analisam informações (ou contratam um provedor de serviços para isso) para acompanhar sua reputação na rede. A administração da reputação na

Web pode não se aplicar a todas as organizações em todos os setores, mas, de modo geral, as organizações sociais "escutam" o que está acontecendo nas redes sociais para avaliarem o impacto em sua visão e estratégia. Isso pode ajudá-lo a determinar como é possível se envolver com comunidades existentes em vez de tentar formar a sua própria (falaremos mais sobre isso no Capítulo 7).

Ao longo de 2009 e 2010, analisamos mais de 400 empresas nos Estados Unidos (88%) e na Europa (12%) para determinar padrões básicos a respeito de como as empresas aplicam as mídias sociais para criar o valor dos negócios. Abatemos esse número em mais de duzentos casos nos quais a colaboração comunitária era o principal objetivo (*versus* comunicações de marketing, comunicações de funcionários, colaboração em equipe, e assim por diante). Aqui estão as descobertas.[4]

Por setor. Encontramos um pouco da colaboração comunitária em muitos setores, e estes se encaixavam em três categorias de atividades. O laço maior de adoção engloba varejo, governo, imprensa, TI e produtos de consumo. Cada um desses setores representava de 12 a 13% dos casos que encontramos. São setores que adotaram essa opção desde cedo e alcançaram sucesso.

Uma segunda categoria inclui os serviços bancários e finanças, transporte, saúde, serviços farmacêuticos e de manufatura. Cada um representava de 5 a 6% dos casos.

A terceira categoria, com níveis baixos de adoção, inclui e viagens e hospedagem, educação, alimentos e bebidas, produtos químicos, construção civil e engenharia, eletrônica, energia, seguros, recursos naturais e minerais, serviços profissionais e de utilidade pública.

Por público-alvo. Pouco mais da metade dos casos foi direcionada externamente, para comunidades de clientes. Mais de um terço se voltou para comunidades enfrentando a força de trabalho que inclui funcionários atuais e antigos. E os casos restantes, cerca de 10%, se voltaram para a rede de fornecimento e prestadores de serviços.

Por categoria de valor dos negócios.[5] Colocamos cada caso em uma ou mais das sete categorias de valor dos negócios. *Eficiência de vendas* e *eficiência operacional* foram os líderes; cada um deles era o objetivo em quase 40% de todos os casos. *Reação do cliente, reação do mercado* e *desenvolvimento de produto/serviço* foram os objetivos em cerca de 20% dos casos. Em quase nenhum caso, os objetivos foram *melhorar a eficiência do fornecedor* ou *reação regulatória.*

Por uso do negócio. Atribuímos os casos aos diversos motivos de negócios pelos quais as empresas usam a colaboração em massa para conseguir valor de negócios. A *fidelidade da marca,* com 18%, foi o uso mais amplo da colaboração comunitária. *Serviços ao cliente, execução de operações, fornecimento de produto/serviço, engenharia de produto/ serviço,* e *relações humanas* representaram, individualmente, entre 7 e 12% de todos os casos. *Aprendizado social, inovação, gerenciamento de projetos e vendas* mostraram menos atividade, cada uma delas com menos de 5% dos casos. A diversidade dos casos de uso dos negócios na qual a colaboração comunitária tem demonstrado valor é notável. Revela que as mídias sociais capacitam uma mudança positiva em muitas áreas de operações de negócios.

Por tipo de colaboração em massa. No Capítulo 2, descrevemos os tipos de colaboração em massa que as comunidades realizam usando as mídias sociais. Examinamos os padrões de adoção por esses tipos e descobrimos que a *inteligência coletiva* e a *busca por habilidade,* eram os tipos dominantes de colaboração em massa com 67 e 50%, respectivamente. O *cultivo de interesse,* com 26%, e a *igualdade de relacionamento,* com 15%, formaram uma segunda categoria. A *coordenação em massa* e as *estruturas emergentes* estavam menos maduras e apareceram em menos de 5% de todos os casos.

Aplicando e Entendendo os Objetivos e a Cultura de sua Organização

Para fazer a colaboração comunitária passar de um sucesso único para uma competência de transformação, a organização deve usá-la para aumentar seus objetivos e estratégias básicos. É a chave para que a colaboração ofereça valor substancial aos negócios.

Criar elos explícitos e fortes entre a colaboração comunitária e os objetivos organizacionais imediatamente transformará as mídias sociais, que deixarão de ser uma distração inconveniente, movidas à tecnologia, e passarão a ser uma ferramenta importante para o sucesso do negócio. Diversos benefícios importantes surgem de tais elos:

- Permitir que se beneficie do apoio organizacional existente para seus objetivos, incluindo defensores potenciais em diversos níveis e infraestrutura existente em programas e projetos estabelecidos.

- Ajudar a garantir a atenção do executivo sênior, que pode se mostrar valiosa para a obtenção de fundos adequados e outros recursos.

- Ajudar a combater a percepção prejudicial de que as mídias sociais são um passatempo e não um investimento nos negócios.

Mesmo que não se tenha um conjunto oficial de objetivos organizacionais, é importante desenvolver uma compreensão compartilhada do que é importante para o sucesso futuro da empresa. Procure oportunidades de colaboração comunitária nesses objetivos.

Também é importante, mesmo nesse primeiro estágio, analisar a cultura comunitária organizacional e de meta e como ela pode afetar a adoção da colaboração comunitária. A *cultura* se refere às crenças compartilhadas, às normas e aos valores mantidos por membros de um grupo, incluindo aqueles que participarão de comunidades colaborativas. A cultura é um importante aspecto do contexto no qual você atuará.

Por exemplo, se a divisão de informação e a colaboração, de modo geral, não forem valorizadas, será necessário tomar medidas extras para

68 Mídias Sociais na Organização

incentivar a participação em qualquer comunidade colaborativa que for criada. A cultura deve influenciar onde e como se escolhe focar seus esforços. Esteja preparado para estabelecer um equilíbrio entre suas ambições para a colaboração comunitária e a realidade cultural. A cultura é complexa e pode variar radicalmente entre regiões, grupos educacionais, indústrias, níveis organizacionais, papéis e até unidades organizacionais díspares. Analise a cultura da organização e a comunidade-alvo, assim como o risco da adoção.

No entanto, descobrimos em nosso trabalho que, apesar de a cultura ser importante, não existem regras inflexíveis e radicais – por exemplo, evitar certos países, setores ou tipo de pessoas. Descobrimos que o propósito é fundamental. Se conseguir analisar o que há de importante para eles, poderá cultivar uma comunidade bem-sucedida a partir de grupos culturalmente desafiadores. O poder do propósito adequado pode mitigar, de modo significativo, o risco associado às atitudes culturais. Nunca é cedo demais para começar a abordar esse desafio durante a formulação da visão.

O Modelo de Atitudes "Seis Fs" das Mídias Sociais

Nossa pesquisa tem revelado um espectro de seis atitudes organizacionais básicas – *folly, fearful, flippant, formulating, forging* e *fusion* (insensatez, medo, indiferença, formulação, desenvolvedora e fusão) – a respeito das mídias sociais.[6] Esses *seis* Fs podem desempenhar um papel importante no sucesso de seus esforços de colaboração. Na verdade, as atitudes dentro de uma grande organização provavelmente variarão de uma unidade para outra. Cuidado ao identificar e compreender essa variação.

Insensatez

Os insensatos consideram as mídias sociais uma fonte de entretenimento com pouco ou nenhum valor. Os líderes com essa atitude costumam ignorar as mídias sociais. No entanto, como a organização não as proíbe de modo ativo, o valor dos negócios pode surgir de movimentos populares que se voltam para tecnologias prontamente disponíveis no espaço público. A organização não oferece orientação a respeito de como os funcionários ou outros em sua cadeia de valor podem participar.

Onde prevalece a insensatez, sua visão deve enfatizar o valor direto e específico dos negócios. Evite afirmações nebulosas sobre valor a respeito da colaboração maior e das relações mais fortes. Em vez disso, procure focar os benefícios tangíveis ligados explicitamente a objetivos ou desafios organizacionais bem conhecidos ou reconhecidos.

Medo

Onde o medo das mídias sociais predomina, as pessoas a veem primeiramente como uma ameaça à produtividade, ao capital intelectual, à privacidade, à autoridade administrativa ou às regras. Com essa atitude, a organização normalmente toma uma atitude específica: desestimula e até proíbe o uso das mídias sociais. Essa abordagem reduz o comportamento indesejável – isto é motivo para restrição –, mas também reprime qualquer valor do negócio que possa ser derivado do uso tradicional das mídias sociais.

Para combater o medo, a visão da colaboração comunitária deve se concentrar em iniciativas de baixo risco, mesmo que outras oportunidades de maior risco ofereçam maior valor ao negócio.

Indiferença

Com uma atitude indiferente, as pessoas deixam de temer as mídias sociais, mas não a levam a sério, tampouco. As empresas que assumem essa abordagem simplesmente as disponibilizam, com algumas orientações básicas sobre política, na esperança de que comunidades produtivas se formem espontaneamente e ofereçam valor à organização. Como já dissemos, essa abordagem raramente tem sucesso. As organizações com uma atitude indiferente tratam as mídias sociais e a colaboração comunitária como táticas, e não estratégicas.

Um CIO de uma grande empresa de investimento do Reino Unido disse que a empresa estava finalizando uma política de respeito do uso das mídias sociais. Quando perguntaram o que pretendia fazer para que a organização deixasse de ser reativa e tática e passasse a ser mais proativa e estratégica, ele disse: "As mídias sociais são como planilhas. Não faço ideia de como poderão ser usadas. Assim, meu trabalho é oferecer a tecnologia e alguma política a respeito de como usá-la". Infelizmente, essa postura é recorrente dentro dos departamentos de TI. Essa organização está saindo de seu estágio de medo e entrando no estágio de indiferença, no qual a prática do "oferecer e rezar" existe.

As organizações indiferentes costumam tratar as mídias sociais como uma plataforma de tecnologia e não como uma capacitadora de soluções de negócios. A menos que essa atitude mude, elas terão muitas dificuldades para levar a colaboração comunitária a uma oportunidade estratégica. Uma visão de colaboração comunitária bem formada e clara fará muito para superar uma atitude indiferente. Claramente, ela mostrará que os líderes da organização acreditam que uma abordagem estratégica às mídias sociais pode oferecer valor substancial aos negócios.

Formulação

Com essa atitude, a liderança organizacional reconhece o valor da colaboração comunitária e a necessidade de ser mais organizado e estratégico em seu uso. Em quase todos os casos que vimos, as organizações chegaram ao estágio de formulação depois de progredir pela abordagem indiferente com pouco ou nenhum sucesso. Simplesmente, oferecer acesso às mídias sociais agora abre espaço ao planejamento ativo voltado para propósitos bem definidos. Para uma organização nesse nível, a visão das mídias sociais deve enfatizar o valor estratégico da colaboração comunitária, reconhecer a importância de esforços tradicionais sancionados, e posicionar esses passos no início de um esforço para construir uma forte competência organizacional na colaboração.

Desenvolvedora

Em uma organização com uma atitude desenvolvedora, as pessoas estão começando a integrar a colaboração comunitária produtiva em sua rotina de trabalho. Mas não apenas os indivíduos estão fazendo isso – a organização toda está começando a desenvolver competência para construir, cuidar e agregar valor ao negócio de comunidades, usando a colaboração das mídias sociais. Práticas bem-sucedidas e recorrentes estão surgindo, e está na hora de transformá-las em uma competência organizacional total. O valor dos negócios foi provado, e os líderes estão dispostos a expandir esses esforços.

Quando uma organização tem uma atitude desenvolvedora, a visão deve reconhecer sucessos anteriores e aumentar o progresso. Deve-se defender uma evolução contínua e destacar investimentos atuais e futuros se tornar uma organização social.

Fusão

A fusão é a atitude mais avançada, e é rara. As organizações em fusão tratam a colaboração comunitária como uma parte integral de seu trabalho; está enraizado no modo como pensam e se comportam. Essa é a atitude de uma organização social, e nas organizações sociais, a necessidade de uma visão e estratégia explícita desaparece. Toda a estratégia e a execução dos negócios já inclui a colaboração da comunidade sempre que adequado.

Um de nossos objetivos é ajudá-lo a evitar ou combater as atitudes insensatas, medrosas e indiferentes e passar diretamente para a formuladora e desenvolvedora, na qual o valor estratégico da colaboração comunitária é amplamente reconhecido.

Crie uma Visão Organizacional para a Colaboração Comunitária

É essencial envolver as pessoas certas na criação da visão. Este deve ser um esforço guiado pelos negócios. A equipe envolvida precisa incluir líderes de grandes unidades do negócio, principalmente aqueles que já acreditam nos benefícios da colaboração comunitária. Esses líderes garantirão que o foco continue nos benefícios para os negócios. Falar sobre tecnologia cedo demais no processo é um erro básico e, geralmente, catastrófico. O CIO e os principais funcionários devem participar, claro, mas as mídias sociais não devem ser administradas como um esforço de tecnologia. Sejamos claros: *se a TI, por si só, lidera o esforço, você já terá saído do caminho para o sucesso.* Liderança dos negócios é essencial. O ideal é que os líderes não apenas participem; mas lideram o desenvolvimento de uma visão para a colaboração comunitária.

Quando a organização desenvolve sua visão para a colaboração comunitária, ela prepara o palco e enfatiza o valor dos negócios, avaliando os objetivos e as estratégias organizacionais. Chega ao ponto de colocar tais objetivos estratégicos à mostra. Lembre a todos que a colaboração comunitária pode se mostrar adequada apenas para alguns dos objetivos. Seu foco nessa reunião é, em primeiro lugar, identificar os objetivos nos quais a colaboração se faz adequada e, em segundo lugar, articular, em altos níveis, como a colaboração comunitária pode criar o progresso para alcançá-los. Além dos objetivos, você pode usar atividades do negócio e desafios de colaboração significativos para incentivar o debate de ideias.

Quando os objetivos, as grandes atividades e os desafios de colaboração forem identificados e esclarecidos para todos da empresa, aplique o exercício "Pessoas-Preocupações-Pessoas" para gerar ideias. Veja na Figura 4-2 um exemplo dessa abordagem, que foi usada pelos líderes do programa Marshall Space Flight Center (MSFC), da NASA.

Levando em conta os objetivos organizacionais, relacione as preocupações associadas. As preocupações costumam ser de três tipos: desafios de colaboração conhecidos, objetivos de negócios atuais ou grandes processos de negócios/atividades (estas se refletem no exemplo do MSFC). Em seguida, relacione os grupos de pessoas envolvidas nos dois lados dessa questão – os que *fazem* e os que se *beneficiam*. Relacione os grupos internos relevantes à esquerda e os grupos externos à direita. E, então, pergunte: Como a colaboração comunitária dentro e entre esses grupos acrescenta valor a uma ou mais das questões relacionadas no meio? Avaliar os tipos de comportamento de colaboração comunitária apresentados no Capítulo 2 (inteligência coletiva, localização da especialidade, estruturas emergentes, coordenação em massa, cultivo do interesse e desenvolvimento do relacionamento) pode ajudar as pessoas presentes a pensarem de modo mais concreto e a gerarem ideias e discussões.

Enquanto os líderes do MSFC, na NASA, discutiam a aplicação da colaboração comunitária nas três grandes atividades organizacionais, eles começaram a identificar as principais pessoas envolvidas e as ideias a respeito de como a colaboração comunitária podia ajudar. Por exemplo: como os engenheiros e cientistas dentro do MSFC podem colaborar com engenheiros de fora da organização no design de um veículo substituto para a nave espacial? Como esses líderes do MSFC, e os cientistas, colaboram com os negócios privados para liderar a descoberta científica e aumentar o valor geral da MSFC ao mundo?

O objetivo nesse estágio é desenvolver um conjunto de *afirmações de oportunidades de colaboração comunitária* capazes de captar onde a colaboração comunitária pode apoiar o sucesso de sua organização. Recomendamos que você se mantenha fiel a um determinado formato para cada área de oportunidade e inclua esta informação: *quem, colaborando com o que, oferecerá benefícios para si mesmo e valor para a organização?* O *quem* são os participantes da comunidade-alvo que colaboram com um propósito tangível e concreto que oferece benefícios óbvios para os participantes e para a organização. Aqui estão exemplos de afirmações de oportunidade criadas por meio do debate de ideias para inclusão na visão organizacional do MSFC.[7]

FIGURA 4-2

Debate de ideias "Pessoas-Preocupações-Pessoas" para o programa MSFC da NASA.

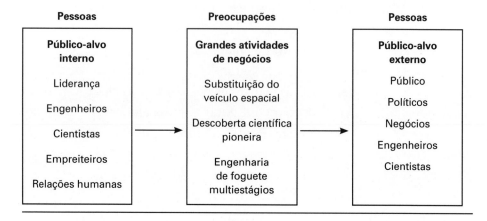

- "Permitir que os departamentos de ciência e engenharia do MSFC colaborem com o público em geral nas inovações dos projetos. Isso ajudará a reduzir o tempo de duração entre o atual e o programa de substituição de veículo".

- "Permitir que a força de trabalho, a liderança e os Recursos Humanos do MSFC colaborem com a transição de habilidades e conhecimento do programa de veículos para futuros programas/projetos ou outros possíveis esforços. Podemos reutilizar a especialidade do programa de veículos, facilitar a transição dos funcionários de um trabalho a outro e garantir a excelência na execução contínua da missão".

- "Permitir que os engenheiros e gerentes do MSFC colaborem continuamente uns com os outros e com parceiros nos projetos de engenharia para produtos que passam por estágios de engenharia. Podemos dirigir projetos de maior qualidade, diminuir o tempo e os custos deles".

- "Criar uma comunidade na qual os engenheiros, os cientistas e o departamento de relações públicas do MSFC, e também o públi-

Formando uma Visão para a Colaboração Comunitária **75**

co em geral (cientistas e tecnólogos públicos), colaborem com a utilização das invenções da NASA. O objetivo é levar a evolução/ invenção da tecnologia mundial e promover a contribuição geral da NASA para a ciência e a tecnologia".

O debate de ideias deve produzir diversos rascunhos com afirmações. Seja estratégico. Procure por áreas que acredite que terão grande impacto em seus maiores desafios. As afirmações de oportunidade podem representar uma mistura de comunidades de funcionários, clientes, fornecedores, mercados ou mesmo do público em geral, dependendo dos objetivos e do foco da organização. Ao mesmo tempo, sempre cuide para que a colaboração comunitária seja parte genuína da solução. Mas as afirmações não devem abordar canais ou tecnologias específicas de mídia social. Tais afirmações oferecerão o material para a visão final da colaboração comunitária.

Para esclarecer o que surgiu do debate de ideias e criar a visão final, elimine as afirmações até reunir um conjunto coerente e gerenciável. Elimine repetições. Combine as frases parecidas e que fazem sentido. O debate de ideias pode ser confuso, e assim é possível ter afirmações que não sejam exatamente baseadas na colaboração comunitária. Outras podem não ser desejáveis por razões evidentes. Por exemplo, elimine aquelas que não sejam factíveis ou que apresentem riscos importantes. Priorize as frases restantes e relacione-as claramente aos objetivos da organização. Escolha algumas para incluir na visão que representa o período (curto, médio ou longo) que se pretende alcançar. Escreva tudo, faça uma revisão final, e divulgue a declaração de visão.

Como dissemos antes, uma declaração de visão pode não ser necessária para uma organização social plenamente desenvolvida porque a colaboração em massa simplesmente pode ser "a maneira como fazemos negócios". Mas no começo, as comunidades colaborativas precisam tanto do reforço amplo quanto da especificidade da declaração de visão que descrevemos. Trata-se de um passo necessário para as empresas em via de se tornarem organizações sociais.

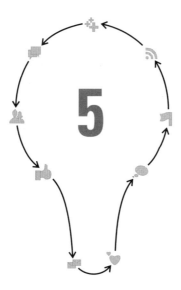

Desenvolvendo uma Abordagem Estratégica à Colaboração Comunitária

Um líder global em venda, marketing e distribuição de produtos alimentícios a restaurantes, hospitais, escolas e outras organizações havia crescido de modo significativo por meio de aquisições e passara a ter muito mais do que cem distribuidores.

Em 2010, a liderança da empresa reconheceu que as mídias sociais estavam sendo usadas na organização entre os funcionários e entre estes e os clientes. Eles conheceram sucessos e fracassos nesses esforços, mas, na verdade, sabiam pouco a respeito de como a organização estava aplicando as mídias sociais ou seu efeito nos negócios. A empresa as via como um risco em potencial e também como uma grande oportunidade, e queria maximizar as oportunidades e minimizar o risco. Ao perceber que o sucesso não aconteceria por acaso, a empresa passou a ter uma abordagem proativa e a construir uma estratégia.

> Ao mesmo tempo, o poder das comunidades originais também foi reconhecido e decidiu-se inovar junto aos torcedores. Na verdade, eles queriam igualar os sucessos da mídia anunciando-os rapidamente a outros distribuidores.
>
> Assim, uma parte importante da estratégia da empresa foi incentivar os esforços valiosos e buscar iniciativas de colaboração comunitária de cima para baixo.

A abordagem dupla é uma boa prática em uma organização social, e neste capítulo analisaremos como chegamos à mistura certa das duas abordagens, inteligente e estrategicamente.

As chances são altas de as pessoas já estarem usando as mídias sociais em sua empresa, uma tendência que certamente surgirá com ou sem a sua permissão ou apoio. Independentemente do que podem ou não fazer, os funcionários participam de tais ambientes, como LinkedIn e Facebook e acessam *softwares* como serviço (SaaS) na nuvem, onde criam seus próprios ambientes sociais – e tudo isso gera dois problemas: eles expõem a organização a um risco em potencial, e a organização perde uma oportunidade de fazer da colaboração comunitária uma valiosa competência da empresa.

Estamos lidando com o que é inevitável, mas algumas organizações ignoram o fato. Outras tentam espalhá-lo. Algumas escrevem regras para contê-lo. Mas as organizações sociais constroem uma estratégia para obter ganho nos negócios.

Estabelecer uma visão para a colaboração comunitária, como discutimos no Capítulo 4, é o primeiro passo para conseguir certo controle. Uma visão diz às pessoas que a colaboração comunitária é valorizada e será ativamente perseguida. Divulgar uma visão pode liberar um fluxo de ideais de pessoas por toda organização para novos usos das mídias sociais. E surgirão ambientes de colaboração comunitária procurando validação corporativa.

É preciso misturar os esforços de cima para baixo identificados em sua declaração de visão com esforços de baixo para cima. Uma vez que não é possível e não se deve tentar fazer tudo, será necessário decidir quais esforços de colaboração comunitária devem avançar e quais não devem. Tomar tais decisões é a função da parte estratégica de nossa abordagem.

O Que É uma Estratégia de Colaboração Comunitária?

Uma estratégia organizacional para a colaboração comunitária explicitamente identifica as comunidades que a empresa investigará, sancionará e apoiará; quando e como vai apoiá-las; os comportamento colaborativos desejados que eles exibirão; e os benefícios organizacionais que são esperados. Como explicamos neste capítulo, é necessário adotar uma abordagem de gerenciamento do portfólio ao tomar decisões de estratégia e investimento a respeito dos esforços de colaboração comunitária.

Para criar a estratégia, são necessárias duas atividades. A primeira é estabelecer os meios para selecionar de modo inteligente, entre diversas possibilidades de colaboração comunitária, aquelas que devem ser adotadas. A segunda é determinar onde e quando investir, ou continuar investindo, em comunidades colaborativas específicas.

Inclua nessas atividades *todos* os esforços de colaboração comunitária. Independentemente do público-alvo, localização geográfica, setor ou outro elemento que escolher, os passos de estratégia descritos aqui se aplicam da mesma maneira.

A estratégia sempre começa com o propósito. De fato, o planejamento é baseado no propósito, porque este oferece a inteligência necessária para escolher de modo sábio. O propósito guia todas as outras considerações sobre a estratégia. As organizações sociais compreendem o papel principal do propósito. Nada é mais importante para o sucesso.

A Importância do Propósito

"Experimente esta nova comunidade para poder trabalhar de modo mais colaborativo, rápido e com mais qualidade."

Se recebeu essa mensagem de seu chefe, você aproveitaria a chance de participar? Provavelmente não.

"Colabore com outras pessoas em [sua cidade] e com seus produtos para podermos atendê-lo melhor."

Se você recebesse esse aviso de uma empresa da região, sentiria vontade de colaborar? É improvável.

Ainda assim, as organizações buscam a colaboração comunitária com convites genéricos e simples como esses e, então, ficam decepcionadas quando descobrem que a adesão é pequena, quase inexistente. Os gerentes interessados nas mídias sociais costumam perguntar: Como podemos fazer para que nossos funcionários mais capacitados colaborem mais para fazer um trabalho melhor? Oferecendo algo além de tecnologia. E com um propósito muito convidativo e difícil de esquecer. Para ter sucesso, é preciso ir mais fundo e definir o que espera que as pessoas façam e por quê.

As pessoas precisam de uma causa maior. A contribuição delas deve ter um propósito, e este deve ser significativo para elas, caso contrário, não participarão. Sem um propósito bem direcionado, específico e envolvente, a participação se torna pouco provável. Se as pessoas se unirem, será apenas porque a comunidade encontrou seu propósito. Isso parece bom, e pode ser que seja. Mas pode não ser. Esse propósito aleatório se alinhará com os objetivos da empresa? Quem sabe? Sem um propósito que as pessoas considerem interessante *e* que ofereça benefícios organizacionais específicos, o valor dos negócios ficará ao acaso e, pior, a comunidade pode até criar riscos desnecessários para a organização.

Um exemplo: uma prestadora de serviços profissionais ofereceu consultoria com uma ferramenta de *networking* para aumentar a colaboração e a coordenação. Mas a administração não ofereceu orientação a respeito de como e por que os consultores devem colaborar, uma vez que teme restringi-los. A administração queria ver quais benefícios de colaboração surgiriam de modo espontâneo.

O que surgiu foi, essencialmente, um site de relacionamento empresarial. O departamento de recursos humanos foi notificado de que os consultores estavam usando a ferramenta para encontrar namoradas. O departamento de recursos humanos fez um alerta, e a empresa fechou a rede de *networking*. Como consequência, aqueles na organização que se opunham às mídias sociais ganharam as armas para bloquear outros esforços de colaboração comunitária, o que prejudicou a empresa de modo significativo em comparação com as ferramentas que alguns de seus concorrentes estavam desenvolvendo.

Esse esforço não fracassou por falta de um propósito. Ele existia, mas não combinava com o objetivo geral. O esforço fracassou por falta de estratégia. A empresa não especificou um propósito para a comunidade e os benefícios que ela esperava serem criados.

Outro exemplo ocorreu de modo diferente. Uma empresa de serviços profissionais globais percebeu que estava perdendo uma importante oportunidade de obter o máximo benefício de seu trabalho com os clientes. Milhares de consultores estavam desenvolvendo novos produtos e serviços para os clientes, mas os consultores não conseguiam identificar outros clientes no mundo que precisassem dos mesmos produtos e serviços. Por outro lado, milhares de outros consultores que conheciam as necessidades de seus clientes não sabiam que a empresa já havia criado um produto ou serviço que satisfaria tais necessidades. A empresa queria implementar um novo negócio oferecendo uma comunidade de consultores que colaboraria ligando as necessidades do cliente aos recursos em qualquer ponto da empresa.

Para abordar esse propósito, a liderança pediu aos consultores responsáveis por gerenciar grandes projetos e prospectar novos negócios para criarem três perfis: um da equipe e de suas ofertas, outro do trabalho realizado para os clientes, e o último das necessidades dos clientes. A empresa, em seguida, usou a tecnologia de análise das redes sociais e a tecnologia de pesquisa manual para criar conexões entre os consultores. A empresa conseguiu encontrar o número de conexões automatizadas, o número de conexões manuais, quantas conexões levaram a uma proposta e como tais propostas levaram a um novo negócio. Como o propósito foi claro e específico, a empresa pôde direcionar e medir o valor do negócio.

Um propósito bem formado aborda um problema reconhecido e é específico o suficiente para motivar um público-alvo identificável para participar. Também articula claramente os benefícios a membros da comunidade e o valor dos negócios à organização. A solução, com menos de um parágrafo, responde quatro perguntas básicas:

- Quem são os participantes principais?

- Qual é a natureza ou o foco da colaboração deles?

- O que os participantes encontrarão?

- Que valor a empresa satisfará?

As declarações de valor são parecidas no formato com as de oportunidade que você desenvolveu enquanto criava uma visão organizacional para a colaboração comunitária. A principal diferença está no foco de cada uma.

As declarações de oportunidade são mais genéricas e descrevem uma possibilidade de negócio, enquanto as declarações de propósito são mais específicas para uma comunidade (e não a uma área dos negócios) e servem para se identificar fortemente com os membros dessa comunidade.

Aqui estão três declarações de propósito bem formadas de diversos setores e localidades geográficas que abordam diferentes públicos (clientes, funcionários e parceiros):

Envolver os clientes de nosso produto XXX para que proponham usos inovadores, aumentando assim o valor e a satisfação dos clientes, e conquistar sua lealdade para que nos ofereça informações essenciais sobre a evolução do produto. (Empresa de eletrônicos norte-americana)

Envolver nossos engenheiros mecânicos para colaborarem em problemas automotivos que temos a respeito do desempenho em ambientes de grande estresse (calor e areia) para aumentar o desempenho do produto, diminuir os erros onerosos e aumentar a satisfação do cliente. (Empresa automotiva europeia que atende a indústria de defesa, entre outras)

Envolver gestores de bacias hidrográficas dos Estados Unidos a fim de compartilhar as melhores práticas para conseguir o engajamento dos cidadãos na execução de seus planos de administração para aumentar a qualidade da água e o orgulho dos moradores da região pela administração.[1] (Comunidade Watershed Management do U.S. Environmental Protection Agency)

É possível determinar o poder e o valor potencial de um propósito avaliando-o em relação às seguintes características:[2]

- **Magnetismo:** O propósito deve atrair as pessoas naturalmente para que participem. A questão principal é "Isto é bom para mim?". Se é necessário criar interesse, principalmente por meio de incentivos onerosos, então este é o propósito errado.

- **Alinhado com os negócios:** O propósito deve ter um alinhamento claro com os objetivos do negócio. A questão principal é "Isto é bom para os negócios?".

- **Baixo risco para a comunidade:** Escolha baixo risco, e não recompensa alta. O propósito, principalmente no começo no uso de colaboração comunitária, não deve ir contra a cultura atual na comunidade ou empresa. Não tente mudar a cultura com um *software* social. É uma prática ruim. Por mais interessante que seja a recompensa nos negócios, sempre se concentre em atrair a participação em primeiro lugar.

- **Mensurável:** Você deve conseguir medir o sucesso de um bom propósito. Principalmente no começo, quando as pessoas de sua organização podem ter mais dúvidas a respeito das mídias sociais, escolha propósitos nos quais o valor dos negócios e da comunidade possa ser avaliado de modo claro e tangível.

- **Aprimoramento do ambiente:** Escolha propósitos com os quais você e a comunidade possam se engajar. Alguns propósitos mais

84 Mídias Sociais na Organização

naturalmente costumam criar emergência e levam a outros propósitos. (Voltaremos a esses importantes critérios no Capítulo 6).

Um propósito de alta qualidade terá todas essas características.

Reforce a Colaboração Comunitária com o Modelo "Não, Ir, Crescer"

Novos propósitos podem ser concebidos de cima para baixo, vindos de líderes conforme a organização busca oportunidades identificadas em sua declaração de visão para a colaboração comunitária. Os propósitos também podem surgir de baixo para cima, a partir de funcionários ou mesmo de clientes. Também podem surgir de comunidades existentes. Com propósitos vindos de todas as direções, é preciso reunir, avaliar e tomar decisões a respeito de quais propósitos renunciar, quais perseguir e quais explorar ainda mais. Como decidir quais propósitos aprovar? E qualquer decisão de seguir em frente implicará em outra: quando deseja alcançar um esforço de colaboração, deve-se decidir como proceder. Uma comunidade colaborativa consegue ter sucesso com um esforço básico? Se não consegue, ela merece o investimento corporativo, o tempo e a atenção da administração? Para tomar essas decisões estratégicas, oferecemos o modelo de decisão *Não, Ir, Crescer* (veja a Figura 5-1), um plano para ajudar a determinar se e como um esforço de colaboração comunitária deve seguir em frente.[3]

Apesar de mostrarmos o modelo como um fluxograma linear, é possível recuar a qualquer momento se precisar de mais informação para uma decisão.

O Estágio do Não

Este estágio é o primeiro problema que todas as comunidades colaborativas devem superar – tanto aquelas identificadas na declaração de visão original quanto aquelas propostas subsequentemente por pessoas e grupos da organização. As perguntas principais neste estágio são: "Existe um propósito claro e desejável para a comunidade?" e "A colaboração em massa é adequada para o propósito e para a comunidade?".

FIGURA 5-1

O modelo de decisão "Não, Ir, Crescer" para a colaboração comunitária

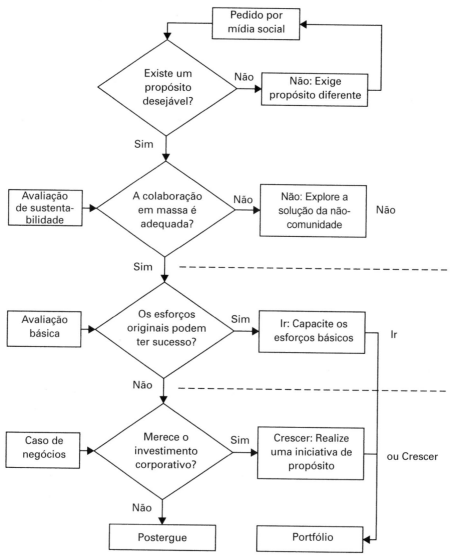

Fonte: Anthony J. Bradley, "Use a Gartner Governance Model to More Safely Empower Grassroots Social Media Efforts", Gartner Inc., 9 de outubro de 2009.

86 Mídias Sociais na Organização

Os esforços baseados nas mídias sociais frequentemente começam com um pedido por tecnologia. Quando alguém lhe diz: "Eu preciso de uma wiki", responda perguntando "Por que você precisa de uma Wiki? Qual é o seu propósito?". Se não houver propósito, ajude o solicitante a articular uma razão (ou qualquer outro tecnologia social).

Se uma comunidade básica de mídia social já existir, explore e avalie os propósitos ao redor dos quais a comunidade se formou. Com um pouco de apoio corporativo, a comunidade pode ser um bem importante para a empresa.

Mas independentemente de qual seja a fonte da ideia para a comunidade, se não houver um propósito bem formado ou um que não seja desejável, isso deverá produzir um Não, e nesse caso pode ser que a ideia precise ser fechada ou guiada para melhorar seu propósito.

Quando um propósito claro e desejável aparecer, decida se a colaboração comunitária é a abordagem correta. Para ajudar nessa avaliação, use o modelo de sustentabilidade mostrado na Figura 4-1. Se o propósito não valer a pena, a organização pode explorar outras soluções baseadas na colaboração que não seja em massa. Se a colaboração comunitária for adequada, leve o propósito ao estágio do Ir.

O Estágio do Ir

A decisão de Ir depende do fato de uma comunidade com potencial colaborativo ter a chance de ser bem-sucedida sozinha com um esforço básico ou com o mínimo de apoio organizacional. Se as chances de sucesso de um esforço básico forem aceitáveis, a organização deve apoiar e oferecer, ou continuar oferecendo, acesso às mídias sociais. Se a comunidade já estiver formada, ela se tornará reconhecida, aprovada e monitorada. Nos dois casos, ela fará parte do portfólio de colaboração comunitária da organização.

A avaliação e a aprovação das comunidades colaborativas básicas é essencial para que uma organização se torne social. Por quê? Porque as comunidades básicas aumentam substancialmente o ritmo de transformação e criam uma cultura que valoriza a colaboração da comunidade. A organização pode investir em muitos esforços de cima para baixo. Além disso, perseguir apenas iniciativas de cima para baixo cria uma cultura de comodismo que vai contra o espírito do movimento de colaboração.

Em uma organização social já desenvolvida, o número de comunidades básicas aprovadas e monitoradas pode ser muito maior do que o número de esforços de cima para baixo. E os esforços de cima para baixo costumam ser aqueles com mais impacto nos negócios porque estão mais relacionados a objetivos específicos do empreendimento. Uma organização social mistura esforços de cima para baixo e básicos em seu portfólio de colaboração.

Perceba a importante diferença entre decidir Ir e a prática de "oferecer e rezar" sobre a qual falamos no Capítulo 3. Com o "oferecer e rezar", a organização oferece acesso às mídias sociais sem entender como estas serão usadas. Uma decisão de Ir, no entanto, só é tomada depois de determinar que:

1. existe um propósito desejável e bem formado.

2. o propósito é adequado para a mídia social e para a colaboração em massa.

3. as características do propósito sugerem fortemente que um esforço básico pode ser bem-sucedido em si.

Quais são as características que indicam que uma comunidade colaborativa pode ser bem-sucedida sozinha como um esforço básico? Estas características ajudarão a determinar se uma comunidade colaborativa pode ter sucesso sozinha:[4]

- Formação da comunidade

- Magnetismo de participação

- Necessidades de investimento

- Envolvimento da administração

- Política e segurança

88 Mídias Sociais na Organização

A importância de cada critério vai variar, dependendo do propósito da comunidade proposta e das prioridades da organização.

Formação da comunidade. Qual será a dificuldade de se formar uma comunidade? Para determinar isso, pergunte:

- A comunidade é prontamente identificável?

- A comunidade já existe offline?

- A comunidade já existe online?

- Existe um histórico de colaboração?

- A cultura da comunidade-alvo já conduz à colaboração comunitária e às mídias sociais?

Uma comunidade básica tem mais chance de obter sucesso se ela já existir e se já estiver colaborando, e simplesmente precisar de um conjunto melhor de ferramentas de tecnologia.

Sem uma comunidade já existente, você deve avaliar a clareza com que a comunidade em potencial pode ser identificada e como será natural para seus membros colaborarem. É possível que adotem o propósito? Há interesse no propósito, ainda que este tenha diferentes pontos de vista? Uma comunidade claramente identificada de membros propensos a dividir interesses aumenta a possibilidade do sucesso básico.

Uma cultura preexistente de colaboração aumentará as chances de sucesso com um esforço básico.

Ainda que a comunidade-alvo seja definida, a falta de uma cultura colaborativa e de um histórico de interação podem indicar um risco de adoção. Para que um esforço básico ocorra, a comunidade-alvo deve ter uma inclinação, ou pelo menos pouca resistência à uma colaboração mais ampla e às mídias sociais. As pessoas que são conhecidas por acumular informação ou preferirem trabalhar sozinhas não são boas candidatas ao esforço básico. Se precisar tomar atitudes proativas para superar a resistência cultural, então a comunidade não é adequada para um esforço básico e pode fracassar se for tratada dessa forma. Para chegar a esse aspecto importante, pergunte: Os participantes serão naturalmente motivados, ou precisarão de incentivos para participar? Os incentivos sociais, como *status* na comunidade, serão suficientes? Ou serão necessários incentivos externos?

A necessidade por incentivos – como prêmios, presentes, bônus, reconhecimento, avaliações de desempenho e esforços de marketing – não condizem com os movimentos básicos. As comunidades que os exigem também precisam do envolvimento da liderança, do investimento organizacional e da administração da mudança, que são avaliados como parte da decisão de Crescer.

> *A compatibilidade com as práticas organizacionais e sistemas existentes aumentarão as chances de sucesso com um esforço básico da comunidade.*

Quão confortável e familiar a comunidade-alvo estará com o tipo de interação social exigida para atingir seu propósito? Em alguns grupos, tais comportamentos podem entrar em conflito com práticas e sistemas existentes. Assim, os membros-alvos podem se mostrar relutantes em participar, devido à simples aversão à mudança, confusão a respeito do que seria um comportamento adequado, medo de quebrar as regras, preferência por uma prática existente, desejo de evitar esforços repetidos e diversas outras razões.

Compare o comportamento necessário para conseguir um propósito com as práticas e sistemas atuais. Quanto mais próximo o alinhamento, mais altas as chances de sucesso – porque a menos que exista uma insatisfação forte e generalizada com a situação atual, é difícil mudar o comportamento das pessoas.

Maior mudança exige maior investimento em novos sistemas. De modo geral, quanto maior o distanciamento de práticas estabelecidas, maior o investimento exigido. Um investimento importante é mais condizente com a tomada da decisão de Crescer e uma abordagem de cima para baixo.

Magnetismo da participação. O magnetismo é a atração natural do propósito de uma comunidade colaborativa exercida sobre os participantes em potencial. Um propósito altamente magnético aumentará as chances de sucesso em qualquer comunidade, mas é obrigatório para um esforço básico. Os membros potenciais da comunidade devem compreender com facilidade o que há para eles e sentir vontade de participar. Isso acaba com a necessidade de incentivos externos ou marketing extensivo, divulgação, liderança e outros investimentos mais associados a iniciativas de cima para baixo.

As perguntas que devem ser feitas aqui: Com que intensidade o propósito vai reverberar no público-alvo? Estes reconhecerão imediatamente como a participação vai beneficiá-los? O propósito é uma causa inspiradora na qual a comunidade se apoiará? O crescimento da associação "contagiosa", ou viral, – que acontece quando um propósito é tão forte que os membros recrutam outros participantes – é resultado do magnetismo forte. Um propósito pouco magnético, mas que não tem o potencial para criar crescimento contagioso, ainda assim pode ter sucesso. Mas exigirá investimentos de marketing em propaganda, eventos, incentivos e coisas do tipo, que o tornará mais adequado para algum nível de apoio de cima para baixo. Para que uma comunidade básica tenha sucesso sozinha, seu propósito deve inspirar a associação contagiosa.

Por exemplo, uma grande editora norte-americana, cujos sistemas de computação eram *mainframes*, enfrentou uma situação na qual muitos de seus funcionários de TI estavam chegando à idade de se aposentar. Era um problema em potencial porque os aplicativos de *mainframe* da empresa estavam, na maior parte, sem registro, ou seja, a empresa dependia do conhecimento que existia apenas na mente dos funcionários. A empresa instalou uma Wiki e pediu aos funcionários que documentassem os detalhes dos aplicativos. No entanto, os funcionários não percebiam que vantagem teriam com aquele propósito, por isso não contribuíram. Alguns até acreditavam que podiam se aposentar e então fazer um trabalho terceirizado para a empresa. O propósito da empresa na Wiki não foi magnético o suficiente para gerar participação básica. Para satisfazer esse propósito, a empresa teria de oferecer um bônus de partida àqueles que contribuíssem com conteúdo em quantidade e qualidade aceitáveis. Esse desafio exige envolvimento de cima para baixo; agora, depois do fracasso do "oferecer e rezar", a empresa está reavaliando o esforço.

Necessidade de investimento. Ao analisar uma comunidade básica potencial, observe com cuidado quanto investimento em dinheiro, esforço e outros recursos serão necessários. Os esforços básicos são esperados por sua natureza de progredir sem investimento corporativo ou com pouco.

A necessidade por investimento de capital em infraestrutura de TI diminuirá as chances de sucesso.

Os sites de redes sociais, como Facebook, YouTube e Twitter, juntamente com as ferramentas e *softwares* com base em SaaS, são grandes capacitadores de comunidades básicas. Eles oferecem acesso fácil de aplicar e barato a ambientes e tecnologia de mídias sociais. Além disso, alguns esforços internos começam modestamente. Por exemplo, a Blue Shirt Nation, da Best Buy, uma forte comunidade de funcionários da empresa que se reúne com regularidade para compartilhar conhecimento, melhores práticas, frustrações e aspirações, teve sucesso quando uma implementação foi iniciada por dois funcionários com um único servidor embaixo de uma de suas mesas.[5]

No entanto, se construir e lançar uma comunidade colaborativa exigirá investimento de capital em infraestrutura, confiabilidade ou flexibilidade, não é adequado como um esforço básico. O investimento de infraestrutura organizacional é mais consistente com uma abordagem de cima para baixo.

Uma exigência significativa para a integração de sistema reduzirá as chances de sucesso de uma comunidade básica.

Um esforço organizacional que exija até mesmo uma integração modesta com os sistemas organizacionais existentes, como administração de relacionamento com o cliente (CRM), administração de conteúdo e sistemas de fluxo de trabalho tem menos chances de ser bem-sucedido. Apesar dos recentes avanços em tecnologia terem tornado a integração menos complexa, os participantes da comunidade normalmente não têm vontade, acesso, recursos ou habilidades para assumir o trabalho sozinhos.

A necessidade de integração com sistemas existentes sugere uma necessidade de apoio à tecnologia e investimento organizacional mais adequados para um esforço de cima para baixo.

Uma exigência importante para a criação de conteúdo reduzirá as chances de sucesso com um esforço voltado para o básico.

Um ambiente comunitário deve oferecer valor imediato aos participantes. Isso quer dizer que o conteúdo e as interações devem estar disponíveis antes da adoção ocorrer. Em um esforço básico bem-sucedido, um subgrupo de participantes preencherá o ambiente com conteúdo e atividade que atrairão "usuários em massa". Resumindo, a comunidade em si oferece, desde o começo, todo o valor que liderará a adesão em massa. Se uma comunidade precisar criar conteúdo básico por parte da organização antes da adoção, então, provavelmente, não será bem-sucedida como um esforço básico. Por exemplo, com o http://www.regulations.gov/exchange/, o governo norte-americano teve de colocar regras no site antes de os participantes da comunidade poderem contribuir com *feedback* a respeito de tais regras. A comunidade não pôde ser produtiva sem esse conteúdo e não podia postá-lo por si própria. Assim, como o esforço intenso é exigido para colocar tal conteúdo no ambiente, não foi adequado ser tratado como um esforço básico.

Envolvimento da administração. Para que um esforço de baixo para cima tenha sucesso, ele deve oferecer liderança própria.

A necessidade por uma liderança externa reduzirá as chances de um esforço básico ter sucesso.

Compreender, onde, se e até que ponto a liderança externa é necessária e se aparecerá é importante para avaliar o possível sucesso de longo prazo de um esforço básico. Para chegar a tais assuntos, faça perguntas assim: Qual é a necessidade da liderança? De onde a liderança sairá na formulação e crescimento da comunidade? Existem líderes básicos que podem competir com outros, orientar o comportamento, liderar o propósito e aumentar, assim, os resultados e facilitar o alcance do objetivo? Os gerentes da organização precisarão liderar e participar para que o programa tenha sucesso?

Se uma comunidade básica exigir mais do que uma liderança mínima de fora da comunidade, então, por definição, não se trata de um movimento básico.

Um alinhamento direto entre os objetivos dos negócios e os benefícios dos membros aumenta a chance de sucesso com um esforço básico.

Sempre existe a possibilidade de que qualquer comunidade colaborativa, especialmente uma básica, se forme e cresça, mas não ofereça valor aos negócios. Para ser bem-sucedida, uma comunidade básica deve ser valiosa para os membros da comunidade e produtiva para a organização. Assim, é importante perguntar a respeito de um esforço básico: O valor ao empreendimento se materializará aqui com pouco ou nenhum envolvimento organizacional?

A resposta tem mais chance de ser positiva quando os benefícios para a comunidade forem os mesmos que, ou muito alinhados, os benefícios para a organização. Por exemplo, um ambiente no qual os engenheiros colaboram ao resolver desafios de projeto beneficia os participantes e a organização. Esse tipo de alinhamento direto tornará a avaliação do valor dos negócios muito mais fácil.

No entanto, um esforço básico no qual os benefícios não estejam alinhados – aos participantes e à organização não sejam os mesmos – pode ser problemático. Por exemplo, a Procter & Gamble oferece uma comunidade na qual as mulheres jovens podem dividir experiências sobre o processo de envelhecimento.[6] O benefício aos participantes é o apoio pessoal, enquanto o valor para a P&G surge da marca e dos benefícios de marketing. Os benefícios para a comunidade estão indiretamente alinhados aos benefícios para a P&G. Em virtude desse alinhamento indireto, o marketing da P&G deve estar envolvido para encontrar maneiras de criar benefícios para a organização vindos das interações da comunidade.

Política e segurança. Todas as comunidades de seres humanos, online ou não, correm o risco de sofrer com o mau comportamento de seus membros. Esse risco pode assumir duas formas: o risco do comportamento disfuncional, que destrói ou limita a habilidade da comunidade de colaborar, e o risco de que as atitudes dos membros exponham a organização a ações legais, perda de informações particulares ou danos à sua reputação.

De qualquer modo – o comportamento disfuncional, antissocial ou falhas de segurança – um alto nível de risco diminui as chances de um esforço básico ser bem-sucedido.

Quanto mais prejudicial forem as consequências possíveis – por exemplo, a perda de informação relacionada à vantagem competitiva –, maior será a necessidade de autoridade. Avalie o propósito e volte-se para a comunidade envolvida em um esforço básico para determinar o potencial de um mau comportamento ocorrer, e também seu nível de risco. (Veja o Capítulo 10 para conhecer de forma mais aprofundada a autoridade).

Um alto potencial de risco apresentará problemas reais. Uma comunidade básica pode reagir de modo negativo a restrições, uma vez que as comunidades básicas costumam preferir comandar a si mesmas. Se o potencial para o mau comportamento for inicialmente alto, a comunidade precisará de ajuda para incentivar o bom comportamento e desestimular o ruim. Tal esforço costuma envolver ferramentas, juntamente com pessoas para moderar as interações da comunidade. Mais uma vez, se uma comunidade precisar desse nível de autoridade, ela se torna menos adequada para um esforço básico.

Deve-se evitar qualquer esforço básico que crie e compartilhe informações sensíveis. Segurança de informação, autoridade, proteção de privacidade e outras exigências regulatórias necessitam de uma abordagem de cima para baixo. Poucas organizações estão dispostas a deixar a administração da segurança para os participantes da comunidade, mesmo se os riscos de segurança forem moderados.

Se os riscos forem altos, o propósito pode não ser adequado para qualquer tipo de abordagem da colaboração comunitária. Algumas organizações usam a segurança e a política como uma razão geral para conter toda ou a maior parte da colaboração comunitária; fazendo pouco ou nenhum esforço para realizar uma avaliação de retorno de riscos. Outras acreditam que se puderem acabar com o risco, mais uma vez terão vantagem competitiva. Mas aquelas que encaram o desafio não deixam a administração da segurança para os esforços básicos.

Um dos esforços de colaboração do governo de mais alto nível e mais bem-sucedido é o Intellipedia, criado pela comunidade de inteligência dos Estados Unidos. O Intellipedia permite que milhares de analistas de inteligência em 16 organizações dividam informações. Iniciado em 2005, depois de quatro anos, abrigou mais de 900 mil páginas editadas por 100 mil usuários.[7] Se a comunidade de inteligência dos Estados Unidos se concentrasse apenas no risco, então esse meio essencial de coordenar informações importantes nunca teria saído do papel.

Ao avaliar os movimentos básicos, raramente uma situação clara será encontrada, é preciso aplicar a avaliação caso a caso. Depois de avaliar os cinco critérios, tome a decisão de Ir ou Crescer. Os propósitos que podem ter sucesso como esforços básicos com mínimo investimento administrativo ou organizacional (além de oferecer tecnologia de mídia social) recebem sinal verde e são somados ao portfólio da colaboração comunitária como esforços básicos. A partir desse ponto, os esforços básicos sancionados passam para o estágio de lançamento do ciclo de cultivo da comunidade. As atividades de lançamento para eles costumam ser mínimas porque, por definição, elas só precisam de acesso a uma tecnologia de mídia social adequada. (Será necessário determinar até que ponto se quer ou se precisa guiar essas comunidades depois do lançamento).

O Estágio de Crescimento

Uma grande construtora na Ásia, especializada na construção de escritórios e complexos residenciais estava perdendo milhões, todos os anos, com desperdício de materiais. Muitos materiais velhos permaneciam em um local, expostos ao tempo, até se tornarem inúteis. A empresa criou uma comunidade colaborativa na qual os gerentes de projeto (PMs) podiam vender seus materiais excedentes uns aos outros e compartilhar as melhores práticas para combater o desperdício. O gerente de projeto que comprava conseguia materiais mais baratos do que no mercado aberto, e o gerente de projeto que vendia não tinha que arcar com o custo do desperdício. Este era um propósito sólido que daria benefícios tanto para os participantes da comunidade quanto para a empresa. No entanto, os gerentes de projeto não tinham uma cultura de colaboração, e muitos eram contrários à TI e às mídias sociais. Nessa situação, um alto nível de participação se fazia necessário para a comunidade alcançar seu propósito, e uma abordagem básica não faria isso. Então, com um esforço de cima para baixo, a empresa mirou um subgrupo de gerentes de projeto que tinha maior probabilidade de participar e que era reconhecido, e até deu bônus a alguns que participavam com afinco. Isso chamou atenção dos gerentes mais relutantes, que começaram a participar. A empresa recuperou seu investimento na comunidade dentro do primeiro ano e espera diminuir as perdas com desperdício em 50% até o fim do segundo ano.

Este é um bom exemplo da necessidade de incentivos para unir uma comunidade na qual uma abordagem básica pode fracassar. As propostas de colaboração que não recebem o sinal verde passam para o estágio do *Crescimento*. Um propósito de comunidade que passa para esse estágio pode dar valor à comunidade e à organização, mas apenas com mais apoio formal. Aqui, é preciso decidir se o propósito merece investimento e um esforço de construção da comunidade de cima para baixo. Uma organização só pode investir em um número limitado de comunidades, e assim, essa decisão exige justificativa com base nos objetivos e necessidades do negócio. Alguns propósitos podem ser totalmente rejeitados como não válidos para o investimento.

Esses esforços de crescimento em avanço entram no portfólio da colaboração comunitária como projetos. Uma avaliação de crescimento é apenas uma decisão de levar um esforço de colaboração comunitária em potencial à frente como um projeto de cima para baixo. A execução desse esforço de cima para baixo acontece na fase de propósito do ciclo de cultivo da comunidade, que abordaremos no Capítulo 6. Da mesma maneira, os processos de decisão Ir e Crescer também alimentam esforços básicos de Ir aprovados no portfólio e eles passam para a fase de lançamento do ciclo e cultivo da comunidade (veja a Figura 5-2).

FIGURA 5-2

Progredindo da decisão para o portfólio para a realidade

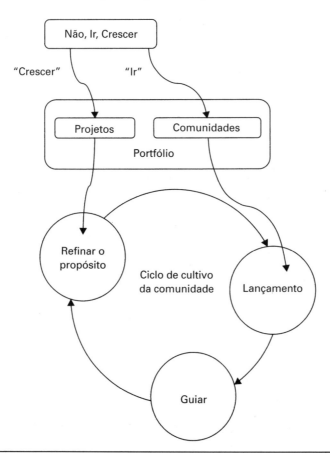

Administrando o Portfólio da Colaboração Comunitária

A administração do portfólio de colaboração comunitária é um método para analisar e administrar de modo coletivo um grupo de esforços da colaboração comunitária atual ou futuro com base em características-chave.

O principal objetivo da administração do portfólio é determinar o conjunto, a combinação e a sequência ideais de esforços de colaboração comunitária para alcançar os objetivos gerais da organização – normalmente expressados em termos de medidas econômicas e resultados nos negócios – ao mesmo tempo que honra as limitações impostas pela administração ou por fatores externos.

A maioria das empresas de médio e grande porte tem uma série de comunidades de colaboração, mas não estão registradas e, assim, não se tornam visíveis nem gerenciáveis como um todo. Se você realmente quer que sua empresa de torne uma organização social com colaboração comunitária como sua competência principal, precisa administrar seus esforços de mídias sociais de modo mais formal conforme um portfólio coerente de comunidades com propósitos. *O portfólio é o principal resultado da estratégia da colaboração comunitária de uma organização.*

Assumir uma abordagem de portfólio, o que quer dizer administrar o conjunto de esforços de colaboração comunitária como um grupo, e não individualmente, o ajudará a lidar com a diversidade de assuntos. Onde a organização deve focar seus esforços? Onde existe uma sobreposição? Peça aos engenheiros que participem de duas ou três comunidades diferentes que buscam dois ou três propósitos diferentes. É algo bom? Será que isso pode sobrecarregá-los? Nesse caso, onde eles deveriam se concentrar? Apenas uma abordagem com base no portfólio oferecerá a visão necesária para tratar a colaboração comunitária como uma capacidade organizacional eficiente e de baixo custo.

A administração de portfólio envolve acompanhar os esforços de colaboração comunitária e suas principais características na organização para tomar decisões importantes de investimento, como:

- Quais esforços de colaboração comunitária de cima para baixo serão realizados e quando?

- Quais comunidades colaborativas básicas, de cima para baixo, recebem recursos e quanto?

- Quais esforços constantes recebem mais recursos para expandir com o sucesso atual?

- Quais são as interdependências entre os esforços de colaboração comunitária?

- Quais esforços constantes estão tendo sucesso – e, assim, deveriam deixar de ser apoiados?

- Quais áreas dos negócios recebem pouca colaboração comunitária e merecem ser mais observadas a respeito de como entregam valor?

- Onde uma nova comunidade proposta se sobrepõe com um esforço existente, e como este esforço pode ser alavancado?

- Um público-alvo pode estar tão saturado de colaboração comunitária a ponto de se tornar candidato à fadiga das mídias sociais?

- A colaboração comunitária tem um impacto forte no sucesso da organização?

Para responder a essas perguntas e tomar importantes decisões, mantenha pelo menos a seguinte informação em seu portfólio para cada comunidade de colaboração:

- Breve descrição da comunidade (incluindo os propósitos)

- Público-alvo

- Se é de cima para baixo ou se tem esforços básicos

- Maturidade dos esforços — há quanto tempo está estabelecida?

- Meta ou objetivos organizacionais relacionados

- Principais dependências

100 Mídias Sociais na Organização

- Investimento atual (patrocínio de projeto ou operações constantes)

- Sucesso atual (em termos de medidas de negócios usadas para justificar sua formação)

- Investimento adicional exigido

- Justificativa do investimento adicional

Como vimos, um *portfólio de comunidades de colaboração é o principal produto de seus esforços para desenvolver uma estratégia para a colaboração em massa*. Uma abordagem de portfólio permite administrar investimentos em colaboração comunitária como capacidades organizacionais e influencia quais esforços seguem adiante, o índice de mudança, e o impacto em outras operações e sistemas de negócios. A empresa deve abordar uma coisa por vez, e abrir as comportas para a colaboração comunitária pode criar um índice indesejável e perturbador de mudança.

Os clientes e os funcionários costumam ter muito mais ideias inovadoras do que uma organização consegue digerir. Algumas dessas ideias também podem entrar em conflito com o modelo operacional da empresa e seu objetivo. Nem toda mudança é boa.

A administração de portfólio permite que a empresa influencie onde a mudança acontece, quando e quanto acontece. É o mecanismo-chave para equilibrar a emergência e o investimento. O portfólio se desenvolverá continuamente. As organizações sociais consideram a administração de portfólio uma competência essencial. Se sua empresa já tem as habilidades e os processos para a administração de portfólio – talvez desenvolvidos da administração e aplicação deles –, adapte-os e use-os para administrar seu portfólio de comunidades colaborativas.

O modelo de decisão Não, Ir, Crescer o ajudará a desenvolver seu portfólio de modo inteligente. As decisões de Ir acrescentam comunidades básicas que, quando aprovadas, exigem pouco esforço além da autoridade. As decisões de Crescer representam investimento estratégico em iniciativas de cima para baixo, que exigem mais esforços focados e vigorosos para decidir se e como proceder. Esse esforço envolve, para cada propósito e comunidade propostos, um plano de objetivos e uma justificativa de negócios mais formal, que abordaremos no Capítulo 6.

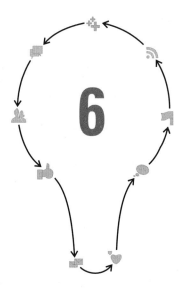

Definir o Propósito Construindo Planos de Objetivos

Há alguns anos, uma organização religiosa global decidiu empregar as mídias sociais para envolver seus membros em diversas questões que preocupam os cristãos praticantes. Como os associados a essa organização eram, em grande parte, alunos da faculdade e do ensino médio, um público ideal para as mídias sociais, as chances de sucesso pareciam grandes.

Conforme os líderes organizacionais planejaram a comunidade, eles definiram diversos propósitos que fariam as pessoas participarem, como:

Estudo bíblico: os participantes compartilham o que a Bíblia representa para eles.

Rede de trabalho missionário: os participantes colaboram para encontrar oportunidades missionárias no mundo e dividir suas experiências como missionários.

102 Mídias Sociais na Organização

Compartilhamento de bons trabalhos: os participantes colaboram para encontrar oportunidades regionais de voluntariado e compartilham suas experiências como voluntários.

Relacionamento entre cristãos: os participantes encontram pessoas com as mesmas ideias para construírem relacionamentos pessoais.

Assimilação da comunidade: os participantes ajudam os membros que se realocaram a encontrar uma comunidade cristã em seu novo ambiente.

Preparação para o casamento: os participantes casados ajudam os outros a se prepararem para o matrimônio.

Apoio ao casamento: os participantes dividem experiências para ajudar os outros a vencerem os desafios do casamento.

Apoio na dor: os participantes oferecem ajuda e dividem experiências para superar perdas.

Rede de trabalho: os participantes colaboram para ajudar os outros a encontrarem um emprego.

Crescimento cristão: os participantes dividem experiência e conselhos para se tornarem cristãos melhores.

Os planejadores estavam animados por terem muitas maneiras de usar a tecnologia para ajudar os membros. Acreditavam que, quanto mais propósitos tivessem, mais interessante a comunidade seria, por isso planejavam implementar todos esses propósitos na primeira versão das mídias sociais que estavam criando.

No entanto, diversos propósitos implementados de uma vez criam enorme complexidade. Para incluir tantos inicialmente, a organização precisava criar diversas experiências diferentes, exigindo uma grande variedade de funcionalidade técnica. De fato, para manter todos esses propósitos, era preciso quase toda a funcionalidade das mídias sociais existentes na época. Além disso, os planejadores precisavam oferecer conteúdo e habilidade em diversas áreas distintas. E precisavam anunciar muitas razões diferentes para chamar à participação. Tornar realidade um ambiente daquele porte demoraria anos e exigiria um investimento muito grande.

Mas o custo e o tempo não são os únicos, nem mesmo os maiores desafios criados pela complexidade. O maior problema é a adesão do usuário. A complexidade pode sobrecarregar e confundir participantes em potencial: "Estou aqui para estudar a Bíblia, encontrar um namorado ou obter apoio em momentos de dor?". A complexidade cria uma curva de aprendizagem, e estas são inaceitáveis na colaboração comunitária. Perseguir todos esses propósitos de uma vez viola a lei de Gall: "Todo sistema complexo bem-sucedido começa como um sistema simples bem-sucedido". Nunca infrinja a lei de Gall. Se fizer isso, pode atrapalhar a adoção da colaboração comunitária.

Em seu entusiasmo, essa organização seguiu adiante com diversos propósitos. Os planejadores demoraram mais de dois anos para lançar o projeto e, quando o fizeram, a adesão ficou abaixo das expectativas, e na maioria das áreas atraiu menos de 10% do público-alvo.

Depois de completar o trabalho com a visão organizacional e com a estratégia organizacional, você tem um portfólio de comunidades que planeja cultivar ou, pelo menos, investigar mais a fundo. No estágio da visão foram identificadas algumas áreas de oportunidade em sua organização nas quais a colaboração em massa pode produzir valor. Outras comunidades em seu portfólio podem surgir como pedidos não solicitados de baixo para cima. No estágio da estratégia, havia dois tipos de comunidade em potencial segundo o modelo de decisão do Não, Ir, Crescer. Agora, seu portfólio envolve aqueles que sobreviveram ao processo do Não e foram chamadas de comunidades Ir (movimentos básicos que exigem pouco apoio ou orientação) ou Crescer (aquelas que valem a pena, mas que exigem mais investigação, preparação e investimento).

Agora, crie e cultive as comunidades colaborativas *individuais* em seu portfólio.

No Capítulo 3, apresentamos o ciclo de cultivo da comunidade (repetido aqui na Figura 6-1) como um meio de preparar, lançar e sustentar as comunidades de sucesso.

Dada a importância do propósito na colaboração, não ficaremos surpresos quando dissermos que criar uma comunidade começa com, e se baseia em, um propósito. Neste capítulo, descreveremos e exploraremos as duas principais atividades que envolvem a parte do diagrama "refinamento do propósito":

- Em primeiro lugar, deve-se expandir o propósito inicial planejado da comunidade, a causa que esta pretende defender, em um *plano de objetivos*.

- Em segundo lugar, deve-se desenvolver uma *justificativa* que identifique os benefícios e custos tangíveis dos negócios da comunidade.

Nessas duas atividades, concentre-se quase totalmente nas comunidades que decidirem Crescer. Como as comunidades Crescer precisam de investimento corporativo, elas exigem um plano de objetivos antes de serem lançadas. Apesar de terem um propósito inicial muito forte, as comunidades Ir não exigem um plano de objetivos antes do lançamento. Isso porque uma comunidade Ir, que por definição pode ter sucesso como um movimento básico, deve sobreviver com seu propósito inicial e também criar novos propósitos com o tempo. Você pode decidir preparar um plano de objetivos para ajudar a guiar a evolução de uma comunidade Ir, mas um plano de objetivos não é necessário para impulsioná-la. Uma comunidade Ir tampouco precisará de justificativa dos negócios, porque praticamente não exigirá investimento nenhum além de possivelmente um pouco de suporte técnico na fase de lançamento (falaremos sobre isso no Capítulo 7). As comunidades Ir normalmente passam pelo lançamento rapidamente, quando suas necessidades de autoridade e investimento constante costumam ser mínimas.

Por que Criar um Plano de Objetivos?

Um propósito é um motivo específico e significativo para a colaboração que motivará os membros de uma comunidade a interagir e contribuir. O propósito inicial de uma comunidade Crescer pode ser o ponto de partida, mas sozinho, ele não vai sustentar uma comunidade ao longo do tempo. Para isso, é necessário planejar os objetivos.

Como vimos no Capítulo 3, um plano de objetivos é um conjunto de propósitos relacionados e sequenciados que define como a colaboração de uma comunidade pode começar, crescer e se desenvolver.[1] É uma ferramenta de planejamento, seu meio principal para influenciar o futuro de uma comunidade. Identificando possíveis pontos focais de colaboração com o tempo, um plano de objetivos pode servir como guia para o desenvolvimento e o crescimento da comunidade. É especialmente importante, no começo, porque mostra as possibilidades para uma comunidade sem sobrecarregá-la na fase inicial. Era o que a organização cristão descrita no começo deste capítulo não tinha ao planejar sua comunidade.

FIGURA 6-1

Ciclo de cultivo da comunidade

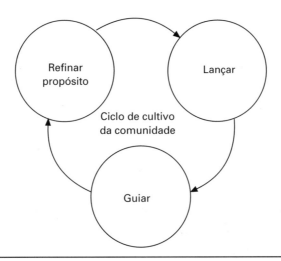

Um plano de objetivos é um esboço, mas não é fixo nem imutável. Define o que *pode* ou *poderia* ser, não necessariamente o que *será*. Ele sugere possibilidades – às vezes possibilidades fortes, mas sempre possibilidades. Em uma comunidade que se esforça, novos propósitos surgirão, enquanto os velhos propósitos podem ser alcançados, adaptados a novas circunstâncias ou podem até perder relevância. Conforme novos propósitos surgem e os velhos podem desaparecer, essas mudanças entram no plano de objetivos original, que se torna uma situação de mudança contínua do possível futuro da comunidade.

Como um plano maleável para a evolução, um plano de objetivos oferece muitos benefícios.

106 Mídias Sociais na Organização

Um plano de objetivos identifica a comunidade-alvo e como ela pode mudar com o tempo. Um plano de objetivos oferece o contexto para entender quem são os participantes, o que os motiva a colaborar e como eles interagem, tudo isso é essencial para se conseguir valor dos negócios por meio dessas interações.

Cultivar comunidades é difícil. Vai ajudar se você puder explorar comunidades online ou reais. Um plano de objetivos o ajudará a determinar se deve entrar para uma comunidade online já existente, se deve transformar uma comunidade offline em online ou se deve formar uma nova comunidade. Pode-se começar com um plano de objetivos bem determinado para impulsionar uma comunidade ou analisar uma comunidade existente para determinar propósitos atuais ou futuros relevantes. O propósito é essencial de qualquer modo. Um plano de objetivos cria um esquema sobre como a comunidade pode entregar valor ao longo do tempo e uma base para estimar investimentos necessários. Um único propósito apenas dá uma visão de curto prazo. Mas um plano de objetivos oferece um horizonte de planejamento muito mais longo. As pessoas costumam perguntar: "Como posso transformar minha empresa em uma organização com uma cultura altamente colaborativa?". Respondemos perguntando: "Como se come um elefante?". Pedaço por pedaço. O mesmo princípio se aplica à colaboração comunitária. Muda-se a cultura com um propósito por vez. Apesar de não ser aconselhável escolher um propósito que é contrário a sua cultura, é possível usar um plano de objetivos para difundir a cultura com o tempo.

Sem um plano de objetivos, só é possível discutir o valor dos negócios em termos gerais – dizendo, por exemplo, que a colaboração "nos tornará mais produtivos" ou que "melhorará as comunicações eficazes" ou "aumentará o compartilhamento de conhecimento". Sem um plano de objetivos explícito, os líderes terão dificuldade para medir o sucesso. Um plano de objetivos com propósitos bem definidos sugere objetivos específicos que podem ser medidos – por exemplo, "use redes de consultoria para criar novas propostas de negócios" ou "envolva clientes de alto valor" no desenvolvimento de novos produtos financeiros para aumentar o envolvimento.

Um plano de objetivos permite que se cultive um ambiente e um ecossistema de mídia social com o tempo para abordar novos propósitos. O plano de objetivos oferece a base para definir o sistema necessário para cultivar e expandir ainda mais o ambiente das mídias sociais. Ele informa como é o ambiente, incluindo as capacidades necessárias, a estrutura, a experiência do usuário, a assimilação do fluxo de trabalho e a integração do sistema. O plano de objetivos gera planos de projeto para ampliar o ambiente. Além disso, ajuda a entender implicações organizacionais, como assuntos legais, implicações do RH, afinidades e impedimentos culturais e compatibilidade com a política corporativa.

Um plano de objetivos o ajuda a entender quais pessoas procurar ao dar início e cultivar a comunidade, além de mostrar qual conteúdo se faz necessário e quando, para "divulgar" o sistema de modo adequado. Quando as pessoas entram para a comunidade, elas devem ver a atividade que já está em andamento e conseguir obter valor imediato da participação. Se não houver um propósito explícito para a comunidade, não há contexto para determinar qual conteúdo é adequado para divulgar ou a quem chamar para participar.

Um plano de objetivos ajuda a identificar comportamentos adequados para a comunidade. Se for um plano interessante, deixará claro o que se espera dos membros da comunidade e por que eles deveriam continuar participando. O propósito ajuda muito a afastar comportamentos ruins ou improdutivos. É possível focar os participantes em comportamentos desejados e aliviar a necessidade de uma longa lista de restrições que pode desestimular a participação. Um bom propósito não acabará totalmente com a necessidade de uma política adicional a respeito de uma apropriada conduta online. Um plano de objetivos o ajudará a planejar como as medidas políticas, a orientação e a moderação precisarão mudar com o tempo para acompanhar novos propósitos.

Um plano de objetivos prescritivo é essencial para começar uma comunidade. Mas quando estiver pronta, a comunidade influenciará como o plano de objetivos se desenvolve. Uma comunidade produtiva mostrará seus propósitos. Esses novos propósitos se tornam parte do plano de ob-

108 Mídias Sociais na Organização

jetivos vigente. No capítulo 9, descreveremos como ajudar a comunidade a assumir seu próprio destino.

Uma Abordagem para Construir Planos de Objetivos

A BlueCross® BlueShield® do Tennessee[2] (BCBST) criou um plano de objetivos para uma das afirmações de oportunidades da comunidade – a comunidade Uso Eficaz dos Benefícios – que surgiu de sua preparação de uma visão da organização.[3]

> *Envolva os membros (clientes), fornecedores e BCBST para colaborarem de modo proativo para entender e exercitar os benefícios para que o cuidado mais eficiente aumente a satisfação dos membros e sua permanência, reduza os esforços de apoio ao cliente BCBST, e inspire os membros a influenciarem seus empregadores/grupos de acordo com as ofertas da BCBST.*

Por meio do debate de ideias e análise, os planejadores da BCBST definiram dez propósitos que representam como a comunidade poderia continuar envolvida e oferecer valor constante ao longo do tempo:

- *Diminuir a curva de aprendizado:* Os membros existentes e os novos ajudam uns aos outros a entender e a usar os benefícios para aumentar o valor que recebem de seus benefícios e também aumentar a permanência do membro.

- *Adaptar-se à reforma dos cuidados à saúde:* Membros e funcionários da BCBST compartilham informação e preocupações a respeito da reforma dos planos de saúde – como ela afetará o sistema de saúde dos membro e o seguro-saúde – e a respeito de atitudes que os membros podem tomar para se adaptarem a um novo ambiente de cuidados à saúde. Isso melhorará a satisfação do membro e ajudará a BCBST a se adaptar às reformas.

- **Descobrir títulos e descontos:** Os membros ajudam uns aos outros a descobrir títulos, brindes e descontos que melhoram seu bem-estar, aumentam a satisfação e a permanência do membro.

- **Dividir cuidados preventivos:** Os membros e a BCBST interagem falando sobre os benefícios dos cuidados preventivos, como vacinas, mamografias de rotina e exames anuais de diabetes que promovem a saúde e o bem-estar dos membros.

- **Encontrar um provedor ideal:** Os membros ajudam uns aos outros a encontrar provedores de cuidados à saúde (médicos, terapeutas, etc.) dentro da rede que sejam qualificados e estejam disponíveis. Também podem compartilhar experiências a respeito de como os provedores processam os benefícios. Isso aumenta a satisfação do membro e a eficácia do custo da BCBST e o conhecimento do serviço fornecido.

- **Preparar-se para acontecimentos que podem mudar a vida:** Os membros se preparam para acontecimentos iminentes da vida (aposentadoria, casamento, filhos, etc.) ajudando uns aos outros a escolher um plano de saúde apropriado. O objetivo é diminuir o peso de mudança de plano e garantir uma cobertura adequada.

- **Determinar quando e onde procurar ajuda:** Os membros ajudam uns aos outros respondendo perguntas básicas: "Quando preciso procurar ajuda? Aonde devo ir? Esse assunto é uma emergência? Nesse caso, como proceder?". Isso aumenta o cuidado com os membros e a eficácia de custos da BCBST.

- **Cortar as restrições no plano de saúde:** Os membros compartilham experiências e sucessos a respeito de como reduziram as carências do plano de saúde e, assim, melhoraram o serviço recebido. O objetivo é aumentar a satisfação dos membros e reduzir o nível de insatisfação e de reclamações.

- **Lidar com limites e exclusões:** Os membros ajudam uns aos outros a entender como interpretar as limitações e as exceções (por exemplo, a respeito dos anticoncepcionais, hormônios do crescimento) da assistência oferecida por seus empregadores. O objetivo é ajudar os membros a usarem essa informação em conjunto com a política em si, para usar os benefícios de modo proativo. Isso melhorará a satisfação do cliente e reduzirá o nível de suporte ao cliente exigido.

- **Controlar o custo do plano de saúde:** Os membros compartilham dicas a respeito de como controlar os custos, trocam informações sobre as melhores práticas para gerenciar o cuidado dentro dos planos e ajudam uns aos outros a encontrar e usar ferramentas de administração de benefícios.

Trevin Bernarding, diretor de desenvolvimento de eBusiness, na BCBST, afirmou que: "Os planos de propósitos nos ajudaram muito a mudar nosso processo de pensamento, para longe da tecnologia das mídias sociais, e passamos a nos focar em como usá-los para oferecer valor a nossos membros, a nossos funcionários e ao nosso negócio".[4] Como a BCBST constrói planos de objetivos? Ela desenvolve planos para cada comunidade por meio destas atividades:

1. Preparação

2. Definição da comunidade

3. Debatendo ideias

4. Avaliando e organizando os propósitos

5. Documentando o plano de objetivos

Preparação

Para começar, selecione uma comunidade específica dos projetos Crescer em seu portfólio de colaboração comunitária e indique um responsável pela comunidade, o indivíduo que guiará o esforço. O responsável, então, reúne as pessoas que farão um esboço de um plano de objetivos para a comunidade escolhida. Escolher as pessoas certas é essencial. Entre elas, deve haver representantes da comunidade-alvo, outros das unidades de negócios envolvidas e as pessoas de organizações de apoio relevantes, como marketing, comunicações corporativas, TI, departamento jurídico, segurança de informação e concordância regulatória.

Antes de esse grupo se reunir, faça todos os preparativos logísticos necessários e explique muito bem qual é a tarefa que eles têm de realizar.

Definição da Comunidade

A declaração de oportunidade Uso Eficiente de Benefícios da BCBST identificou o público-alvo como membros (clientes de seguros), provedores de plano de saúde e principais funcionários da BCBST. Para desenvolver um plano de objetivos, a BCBST refinou o público ainda mais identificando seis subgrupos-chave de participantes:

- Membros de pequenos grupos/indivíduos da BCBST
- Membros de grandes grupos/empregador
- Membros de governo
- Consultores de atendimento ao cliente da BCBST
- Gerentes de cuidados da BCBST
- Profissionais da saúde

Ao definir sua comunidade, combine subgrupos se eles compartilharem das mesmas necessidades ou ofereça os mesmos benefícios a uma comunidade. Por exemplo, se os membros com base no governo ou se membros de grandes grupos na lista da BCBST compartilharem a mesma necessidade por colaboração comunitária e puderem oferecer valor parecido, não haveria a necessidade de relacioná-los separadamente.

Procure limitar a lista para seis ou menos subgrupos mais importantes para manter o esforço gerenciável e focando nos participantes e interações de maior prioridade. Por exemplo, a BCBST dividiu os membros em pequenos grupos (individuais), grandes grupos (empregadores) e do governo. Também determinou que o serviço ao cliente, os consultores dos clientes e os gerentes de cuidados eram os participantes mais importantes do quadro de funcionários da BCBST. Mas os funcionários de atendimento ao cliente e os consultores de clientes eram parecidos e, assim, eram combinados em um subgrupo. Por fim, os praticantes foram considerados o subgrupo relevante de fornecimento.

Debatendo Propósitos

O objetivo de debater propósitos é identificar como os participantes da comunidade podem colaborar de modo significativo para eles mesmos e de maneira valiosa para a organização. Uma declaração de propósito em um plano de objetivos assume a mesma forma básica das declarações mais amplas de oportunidade desenvolvidas inicialmente no estágio de visão. Diz *quem, colaborando com o quê, trará benefícios a si e à organização?*

Mas a declaração de propósito deve ser mais específica e pessoal. O público-alvo para as declarações de oportunidade é o negócio, enquanto o público para o propósito é composto de participantes da comunidade. Para entender a diferença, veja o Quadro 6-1, que compara a declaração de oportunidade para a comunidade BCBST em nosso exemplo com declarações de propósito mais específicas que foram encontradas no debate de ideias.

Apesar de a declaração de oportunidade oferecer uma boa, porém ampla, descrição do motivo para uma comunidade existir, ela não costuma ser específica nem particular o suficiente para ser interessante aos participantes que procura atrair. A arte de debater ideias para encontrar propósitos está em encontrar o nível de especificidade que tocará os participantes e os motivará a participar.

QUADRO 6-1

Comparação entre uma declaração de oportunidade e uma declaração de propósito

Declaração de oportunidade para a comunidade de Uso Eficiente dos Benefícios	Declaração de propósito: "Preparar-se para acontecimentos que mudarão a vida"
"Envolver os membros, fornecedores e a BCBST para colaborarem de modo proativo para entender e exercitar os benefícios de um atendimento ao membro com custo mais eficaz e aumentar sua satisfação e permanência, reduzir os esforços de apoio ao cliente e inspirar os membros a influenciarem seus funcionários/grupos em relação às ofertas da BCBST".	"Os membros se preparam para acontecimentos que mudarão sua vida (aposentadoria, casamento, filhos, etc.) ajudando uns aos outros a escolher um seguro adequado. O objetivo é diminuir o peso da mudança de plano e garantir a cobertura adequada".

O debate de ideias para encontrar propósitos é uma atitude criativa, porque os envolvidos devem imaginar novas maneiras como as pessoas podem interagir para melhorar suas vidas e oferecer valor à organização. Duas técnicas podem ajudá-lo a estimular o fluxo de ideias:

- Em primeiro lugar, analise cada um dos subgrupos que você identificou (como os grupos da BCBST relacionados anteriormente) e para cada um deles, faça as seguintes perguntas:
    - Quais são seus objetivos em relação à declaração de oportunidade?
    - O que há de mais importante e significativo para eles?
    - Quais desafios eles enfrentam em relação à declaração de oportunidade?
    - Como os membros nesse subgrupo desejariam interagir uns com os outros? O que podem aprender ou ensinar uns aos outros?

- Em segundo lugar, analise como cada subgrupo pode se beneficiar da interação e do compartilhamento de informações com os outros. Por exemplo, como os membros do governo podem aprender ou ensinar os gerentes da BCBST? Como os profissionais de saúde podem aprender ou ensinar os membros de pequenos grupos? Quais objetivos e desafios esses grupos compartilham? Como a BCBST quer que eles colaborem? Trabalhe sistematicamente com todos os subgrupos dessa maneira.

Faça um debate de ideias com vinte declarações de propósito, e espere terminar com cerca de 10 a 12 no plano de objetivos. Concentre-se em propósitos altamente atraentes que oferecem maior valor à organização e à comunidade.

Avaliando e Organizando os Propósitos

Quando terminar de fazer o debate de propósitos, estará pronto para analisá-los e para selecionar e priorizar os dez que entrarão no plano de objetivos. Valide e refine os propósitos tomando o cuidado para que cada um deles esteja bem definido, concentrado e apoie a declaração de oportunidade para a comunidade colaborativa de modo geral. Se um propósito não for direcionado à comunidade, então ajuste-o ou deixe-o de lado. Se for geral demais para combinar com os possíveis participantes ou muito baixos a ponto de muitos não o considerarem importante, deixe-o de lado ou ajuste-o para que supere tais deficiências.

Em seguida, avalie e conte os propósitos que restarem com as cinco características que todo propósito eficiente deveria ter: ser interessante, alinhado aos negócios, oferecer pouco risco à comunidade, ser mensurável e que facilitar a evolução (estas características foram descritas com detalhes no Capítulo 5).

As equipes que debatem ideias costumam dar um valor a cada propósito para cada uma das cinco características e registram a razão de cada nota. Em seguida, elas somam os cinco valores para cada propósito e dividem os propósitos em categorias, de mais altos a mais baixos. Com essa prioridade e as justificativas, elas fazem um esboço do plano de objetivos para cultivar a comunidade ou estabelecer outras aplicações e comunidades sociais.

Mais um benefício do trabalho nesse passo: as explicações das avaliações oferecem informações essenciais tanto para a justificativa dos negócios quanto para o lançamento do ambiente de colaboração comunitária.

A Figura 6-2 mostra um rascunho de um plano de objetivos desenvolvido pela BCBST para a comunidade Uso Eficiente de Benefícios. Ela mostra um plano de como a comunidade pode se desenvolver com o tempo para abordar mais e mais propósitos, cada um deles partindo da declaração de oportunidade original.

Documentando o Plano de Objetivos

Seu rascunho de um plano de objetivos exige mais trabalho. Mostre-o às pessoas na comunidade-alvo e a outros interessados para obter *feedback*. Incorpore quaisquer mudanças, prepare uma versão final e acrescente uma linha do tempo de quando os diversos propósitos do plano de objetivos serão alcançados. (Existe uma possibilidade no próximo passo – preparar uma justificativa de negócios para a comunidade – de causar mais modificações.)

Um plano de objetivos completo deve incluir:

- Um plano de objetivos mostrando o fluxo potencial de um propósito a outro, com uma linha do tempo. Apesar de a linha do tempo ser apenas uma estimativa, principalmente a médio e longo prazo, ela ainda pode ajudar com o planejamento de recursos e esforços.

- Uma descrição da comunidade-alvo e dos subgrupos.

- Uma descrição de cada propósito.

- Os detalhes de sua análise de cada propósito, que pode ajudar a construir a justificativa e orientar a comunidade depois do lançamento.

Apesar de ainda haver trabalho a ser feito antes do lançamento, o plano de objetivos é o documento essencial que define o trabalho possível

FIGURA 6-2
Plano de objetivos da BCBST para a comunidade Uso Eficiente dos Benefícios

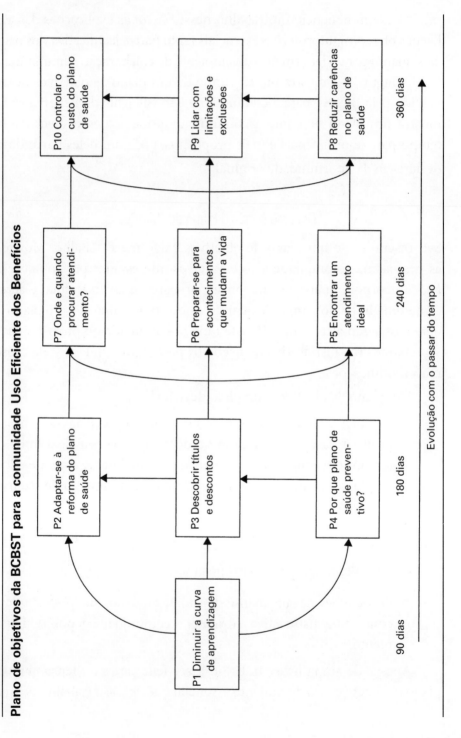

da comunidade e os propósitos que procurará. Lembre-se de que o plano de objetivos é um roteiro para possibilidades, não um plano de projeto tradicional que é concreto e prescritivo. Em uma comunidade que se esforça, o *feedback* dos membros e a emergência influenciarão a direção que ela vai tomar.

Construindo uma Razão de Negócios para uma Comunidade Colaborativa

Anteriormente, explicamos a importância do papel que os planos de objetivos desempenham na construção da justificativa do negócio para os esforços de colaboração comunitária. De fato, eles são essenciais. Não se pode ter uma justificativa para colaboração de modo geral. Mas é possível e importante elaborar uma com propósitos de negócios relevantes.

Existe uma controvérsia surpreendente e destrutiva se formando na imprensa e nas redes sociais que questiona se a justificativa de negócios é adequada para as mídias sociais. É uma discussão destrutiva, porque elaborar uma justificativa de negócios é necessário, e é difícil. Se os conhecedores oferecerem uma opção, as pessoas têm mais propensão a seguir pelo caminho mais fácil para realizar o trabalho.

Não é preciso fazer uma grande justificativa de negócios nem um processo formal para todas as comunidades. Mas é necessário explorar e registrar perguntas fundamentais a respeito dos custos, dos benefícios, dos riscos e, acima de tudo, do valor dos negócios. Com esforços básicos que receberam sinal verde, você já explorou custos e riscos e viu que eles são mínimos. Um esforço modesto agora para estimar o valor dos negócios para eles pode ser suficiente. Mas reconheça que justificar muitos esforços de colaboração comunitária não será muito fácil. Então, a pergunta não é se você precisa fazer uma justificativa de negócios, mas, sim, quão robusto seu negócio precisa ser.

Buscar as mídias sociais sem uma justificativa de negócios é um erro grave e prejudicial. A prática de "oferecer e rezar", que contribui muito para o alto índice de fracasso das iniciativas em mídia social, prospera

118 Mídias Sociais na Organização

na ausência de justificativa para os negócios. Não conseguir pensar nas mídias sociais em termos de custos e benefícios concretos tem levado a desilusão e perguntas a respeito do valor organizacional.

Consequentemente, os executivos estão interessados em encontrar uma métrica adequada e criar um *case* para as mídias sociais. As organizações sempre pedem por retorno total dos investimentos em mídias sociais. Infelizmente, não há retorno, pelo menos não até agora. Os objetivos e os resultados variam muito, de propósito a propósito e de organização a organização. Grande parte dessa variação surge de inconsistências na habilidade de as organizações avaliarem o valor das mídias sociais. Algumas identificam e percebem benefícios claros, mas muitas não.

Um foco no valor dos negócios começa com o propósito porque ele é a base para avaliar o valor. Muitas organizações procuram e alcançam retornos em seus investimentos criando comunidades colaborativas. Enquanto muitos retornos sobre investimentos são difíceis de serem alcançados em vários casos, a análise do valor dos negócios pode e deve ser feita.

Você se lembra da FICO, do Capítulo 1? O fórum deles, o myFico, cresceu e tem mais de 400 mil membros registrados contribuindo com mais de dez mil postagens por mês. Barry Paperno, gerente de assuntos do consumidor da myFICO.com, disse: "Com nosso fórum de mídia social myFICO, definimos os objetivos explícitos dos negócios, mas evitamos alvos difíceis de retorno sobre investimentos. Conseguimos criar uma comunidade que se esforça, mas quando precisamos medir o sucesso dela, francamente, foi um pouco assustador. Não queríamos descobrir que aquela comunidade muito ativa não estava agregando o valor real aos negócios". Mas estava. Eles descobriram que as pessoas que participavam dos fóruns gastavam 41% a mais que os clientes da myFICO.com que não participavam. Trinta e nove por cento do tráfego da myFico vinha diretamente dos fóruns, e eles estavam alcançando um índice de conversão de vendas de 8%. Esse número é significativo considerando que, intencionalmente, a FICO não promove produtos nem se envolve em atividades de vendas e marketing dentro dos fóruns. Esse índice de conversão é voltado para a comunidade. Além disso, a FICO teve uma redução de 8%

nos telefonemas do serviço de atendimento ao cliente que é diretamente atribuído aos fóruns. A maioria das postagens é respondida por outros membros da comunidade em menos de sete minutos. Esses fatores deram a FICO um retorno sobre investimento de mais de 300%. A empresa alcançou esses resultados porque tinha um propósito claro para seus fóruns e objetivos de valor explícitos para os negócios.[5]

Se os propósitos que você escolher para uma comunidade não mostrarem um caminho ao valor tangível, escolha outros propósitos até encontrar esse caminho. O valor substancial dos negócios pode aparecer na ausência de uma análise e justificativa formais? Sim, mas será acidental – e raro.

Sempre escutamos o argumento: "Simplesmente faça. As ferramentas de mídias sociais são tão baratas que não é necessário ter uma justificativa de negócios com base em custos e benefício". É verdade que o acesso às mídias sociais frequentemente (ainda que nem sempre) é barato; de fato, criar uma conta corporativa no Twitter ou Facebook não custa nada. Mas com que frequência uma página da empresa no Facebook alcançará o retorno que se espera?

Não caia na armadilha do "é barato". Lançar um esforço bem-sucedido de mídia social costuma ter custos significativos além da tecnologia – custos com infraestrutura de computação, segurança de informação, administração e moderação da comunidade, divulgação, marketing, integrar o ambiente com práticas e sistemas de fluxo de trabalho, administração de mudança e produtividade. E não se esqueça do custo de participação. O tempo das pessoas não é gratuito. O sucesso significativo raramente ocorre por um preço baixo ou com facilidade. Com as mídias sociais, não é diferente.

Em agosto de 2009, a Marinha dos Estados Unidos proibiu, temporariamente, que os marinheiros acessassem à rede, até que eles pudessem avaliar os custos e benefícios e criassem uma política que minimizasse o risco. A corporação voltou a oferecer acesso em abril de 2010, depois de absorver os custos para formular, socializar e reforçar essa política. Naquele ponto, o uso da rede por parte da Marinha aumentou tanto que a Corporação precisou aumentar seu índice de transferência de dados, que não era barato. Então, como o Facebook agora é a principal fonte de ameaças à segurança de informações, o Marine Corps Recruiting Command teve de instalar e manter medidas de segurança mais rigorosas. Tudo isso acrescentando a custos significativos – apenas para acessar a rede social. Agora, a Marinha está procurando aplicar as mídias sociais mais estrategicamente a essa missão. Ela prevê investir ainda mais, mas está seguindo com uma visão clara em relação aos custos e benefícios tangíveis.

Se você criou um plano de objetivos bem pensado, já está preparado para construir a justificativa dos negócios. Definir o propósito em termos de comportamentos e valores mensuráveis, como você terá feito, oferece a base para identificar valores tangíveis e custos relacionados. Quanto mais esforço investir em definir o plano de objetivos, mais fácil será a justificativa.

Criando uma Justificativa

Para criar um *case* de negócios para uma comunidade colaborativa, é necessário identificar e captar as informações corretas – nós as chamamos de *elementos* – e uni-las para formar uma história completa de ponta a ponta (veja a Figura 6-3).

Os elementos necessários se encaixam em seis categorias:

- Princípios sociais (detalhados no Capítulo 2)

- Benefícios sociais (detalhados no Capítulo 2)

- Custos sociais

- Benefícios aos negócios

- Custos aos negócios

- Impacto nos negócios

As organizações escolhem elementos que são relevantes à comunidade específica e os relaciona uns aos outros para criar uma história coerente – *plausível* – a respeito de como o valor é criado.

Definir o Propósito Construindo Planos de Objetivos **121**

FIGURA 6-3

Informações necessárias para justificar os esforços de mídia social

Rastreamento

1. Princípios sociais	2. Benefícios sociais	4. Benefícios aos negócios	6. Impacto aos negócios
Participação	Inteligência coletiva	Reação do cliente	Crescimento do
Coletivo	Localização de	Reação do mercado	lucro
Transparência	especialidade	Reação regulatória	Crescimento da
Independência	Estruturas	Eficiência de vendas	participação do
Persistência	emergentes	Eficiência do	mercado
Emergência	Cultivo do interesse	fornecedor	Melhor rentabilidade
	Coordenação em	Eficiência	Posição competitiva
	massa	operacional	Concordância regu-
	Influência de	Eficiência de	latória
	relacionamento	desenvolvimento do	
		produto	
	3. Custos sociais	Redução de custo ou	
	Arquitetura e design	evitação	
	Investimento em		
	tecnologia	**5. Custos aos**	
	Divulgação	**negócios**	
	Promoção	Mudança cultural	
	Participação	Participação da	
	Administração e	liderança	
	autoridade	Mudança de	
	Segurança da	processo e sistema	
	informação	Capital humano	
		Impacto das	
		operações de	
		negócios	
		Gasto de capital	

Apesar de a FICO não ter usado esse método para a justificativa dos negócios, vamos aplicá-lo aos fóruns da myFico para ilustrar como funciona:

- ***Benefícios sociais:*** O propósito dos fóruns é "Criar uma comunidade na qual as pessoas possam ajudar umas às outras a melhorar o crédito". O desejo de melhorar e proteger sua avaliação de crédito é a principal atração para a comunidade, e assim sabemos que *o cultivo do interesse* é um benefício social. E como as pessoas estão buscando ajuda com terceiros, a *localização de habilidade* é outro benefício.

- **Benefícios aos negócios:** O propósito também nos mostra que a FICO espera que os fóruns ofereçam um serviço adicional às pessoas que precisam e que alguns de seus clientes do fórum possam levar outros a comprar os produtos da FICO. Assim, a *reação do mercado* e a *eficiência das vendas* são benefícios-alvo dos negócios.

- **Impacto nos negócios:** Identificados os benefícios dos negócios – eficiência das vendas e reação do mercado – *o crescimento dos lucros* e *da participação do mercado* são áreas de impacto nos negócios que a FICO perceberá.

- **Princípios sociais:** Agora, voltamos ao primeiro quadro. Dados os benefícios sociais que identificamos, fica mais claro que os principais princípios sociais em atuação aqui são *participação, coletividade, transparência e emergência.* As pessoas se reúnem e participam com o interesse compartilhado e, por meio da transparência, a especialidade surge. Podemos explicar tudo isso como mostramos na Figura 6-4. O rastreamento não implica perceber todos os laços possíveis entre os elementos. Inclua apenas os elementos e os relacionamentos mais fortes, porque eles oferecerão uma justificativa de negócios mais interessante.

- **Custos sociais e de negócios:** E as categorias restantes de custos sociais e de negócios? Esse estreitamento de foco também oferece o contexto essencial para examinar os custos associados aos benefícios sociais (cultivo do interesse e localização de especialidade) e aos benefícios ao negócio (eficácia das vendas e reação do mercado). Por exemplo, para gerar interesse, a FICO talvez precise dar informação de avaliação de crédito para a comunidade e atrair as pessoas que melhoraram seus créditos de modo significativo. Além disso, para ter maior reação de mercado, pode ser que a FICO precise investir em tecnologia de análise social e possivelmente aumentar a habilidade de analisar a atividade da comunidade, para oferecer produtos novos e melhorar os existentes.

Combinando os elementos de informação, começamos a mostrar como as mídias sociais podem oferecer benefícios de negócios mobilizando uma comunidade e melhorando o crédito. Podemos divulgar essa história acrescentando mais detalhes a respeito de como os elementos estão relacionados e de como cada um desempenha seu papel. Sem propósito, não haveria história e, assim, não haveria justificativa tangível para os negócios.

Neste capítulo, nos concentramos nos dois principais aspectos sobre refinar o propósito de uma comunidade – um plano de objetivos mostrando como uma comunidade pode se desenvolver e oferecer valor constante com o tempo e uma justificativa descrevendo as fontes concretas desse valor esperado. Essa combinação oferece base sólida para passarmos para a fase do lançamento, na qual uma comunidade planejada se torna uma realidade.

FIGURA 6-4

Rede de rastreamento de justificativa de negócios dos fóruns myFICO

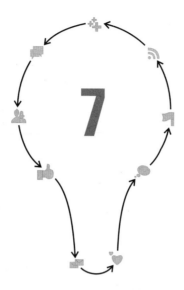

Lançando a Comunidade

A Gartner Inc. é a maior empresa de tecnologia da informação e de consultoria do mundo, com mais de 60 mil clientes em 11 mil organizações diferentes pelo mundo. A Gartner reconheceu nas mídias sociais uma oportunidade importante para servir seus clientes, incentivando as interações entre eles, com desafios comuns de TI, a empresa acreditava que um ambiente colaborativo de confiança com conteúdo e facilitado por seus analistas seria atraente aos clientes. Consequentemente, ela criou um ambiente colaborativo chamado Peer Connect, no qual os clientes podiam ajudar uns aos outros a responder perguntas difíceis e se reunir para desafios constantes. A Gartner criou um plano de objetivos para o Peer Connect antes de seguir adiante com a implementação.

Criar o plano de objetivos trouxe à tona um conjunto de perguntas essenciais que precisaram ser respondidas antes que a empresa pudesse lançar o Peer Connect:

Quais desafios a Gartner deveria oferecer aos usuários do Peer Connect para atrair participação? Quais grupos iniciais deveriam se formar ao redor desses importantes desafios?

Como os funcionários deveriam interagir no ambiente? Todos os grupos deveriam ter um moderador? Nesse caso, como ele contribuiria?

126 Mídias Sociais na Organização

Como a Gartner gerenciaria os grupos de clientes no Peer Connect para minimizar a duplicação e a inatividade, e impedir o caos?

Como os funcionários deveriam interagir no ambiente? Todos os grupos deveriam ter um facilitador responsável? Nesse caso, como os facilitadores contribuiriam?

Quais mídias sociais conseguiriam apoiar melhor o plano de objetivos e como elas seriam criadas?

Como a Gartner poderia ligar a Peer Connect em sistemas existentes de empresas?

Como a Gartner deveria promover o Peer Connect entre seus clientes e fazer com que eles se envolvessem de modo ativo?

Nir Polonsky, vice-presidente de grupo de desenvolvimento de novos produtos, disse: "Conforme examinamos os propósitos e a experiência do participante, ficou claro que tornar a Peer Connect uma realidade envolveria muito mais do que "oferecer um pouco de tecnologia". Então, assumimos uma abordagem muito bem pensada e direcionada a nossos esforços de lançamento".[1]

A Gartner elaborou estratégias e planos de objetivos para chegar a um entendimento claro do que queria do Peer Connect e do valor que poderia oferecer aos participantes. Mas ela ainda não sabia exatamente como oferecer efetivamente um ambiente de colaboração que atrairia a participação e agregaria valor.

O plano de objetivos responde a muitas perguntas a respeito do motivo para as pessoas se unem e colaborarem, mas também, como vimos no exemplo do Peer Connect, traz à tona mais perguntas a respeito de como elas colaborarão. Essas perguntas captam os detalhes e a mecânica envolvidos em reunir uma comunidade e facilitar a colaboração com propósito. O estágio de lançamento é aquele no qual você descobre e oferece esses detalhes.

Esse estágio de nossa abordagem tem a ver com oferecer uma solução, com transformar o plano de objetivos que se criou na realidade, com criar o ambiente certo de mídia social e então atrair os participantes para ele.

Há três passos básicos no lançamento:[2]

1. Explorar e definir a experiência do participante

2. Criar o *ambiente* certo. O ambiente se divide em três subatividades:

   – criar *estrutura*
   – oferecer um *ecossistema*
   – usar as *tecnologias* corretas

3. Envolver a *comunidade*. O envolvimento exige estabelecer alvos *em massa* essenciais e rapidamente levar a participação para o *ponto de virada*.

Essas atividades costumam ser mais bem realizadas em uma determinada ordem. A Figura 7-1 mostra uma sequência eficiente.

Se você se preparou corretamente e tudo for bem com o lançamento, isso fará então as pessoas se reunirem em uma comunidade e colaborem com um propósito compartilhado.

FIGURA 7-1

Fluxo de atividades de lançamento

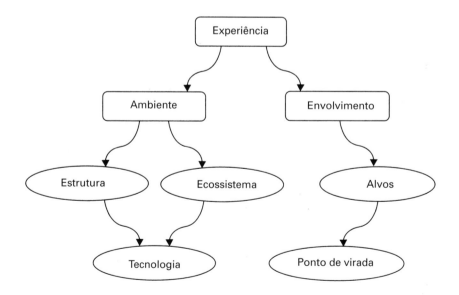

Explore a Experiência do Participante

Um propósito explica por que as pessoas fazem parte da colaboração comunitária. A experiência do participante está ligada a como as pessoas colaboram e contribuem. Diz respeito à experiência humana de contribuir para chegar a um propósito, e não à tecnologia ou interface. Tem a ver com tornar a experiência de colaboração produtiva e significativa para os membros da comunidade. Explorar a experiência envolve examinar e documentar ações específicas que os membros da comunidade assumirão ao participar e como apoiar tais comportamentos.

O segredo para criar a experiência ideal para o participante é determinar o que ele quer e valoriza. Descubra o que é significativo para ele: economizar tempo? Não se sentir sozinho? Fazer um trabalho melhor? Chegar a um bom resultado o mais rápido possível? Apoiar e ajudar em uma situação difícil? Sentir-se valorizado? Para cada propósito, relacione o que é significativo para os participantes e, com base nisso, defina suas principais atitudes para perceber esse sentido.

Acosta, uma empresa líder em vendas nos Estados Unidos, além de marketing e serviços, reconheceu que a Internet, as mídias sociais e as tecnologias móveis estavam mudando a experiência de compra dentro de uma loja. Paul Price, vice-presidente executivo de serviços de marketing na Acosta, disse: "Sabemos que as mídias sociais estão mudando a experiência do comprador. Uma prova disso é que muitos de nós não precisa procurar além de nossas casas. Quando minha filha compra roupas, ela tira uma foto de si mesma com a peça, posta no Facebook e pede opiniões a seus amigos antes de decidir comprar".[3]

De fato, antes de comprar, muitos consumidores querem:

- Envolver a comunidade de clientes para encontrar o produto certo para eles.

- Determinar com facilidade se o preço é justo.

- Entender as experiências dos outros com os produtos e conseguir contribuir com suas experiências para a comunidade.

- Saber se a empresa que produz o produto é socialmente responsável.

Isso é importante para eles, e se não conseguirem essa informação na loja, não comprarão ali. A Acosta sabe que a "loja do futuro" deve reconhecer e abordar esses valores do comprador. Sabendo disso, a Acosta pode passar pela experiência de compra colaborativa que os clientes querem e identificar ações que eles desejarão tomar. Assim, a Acosta sabe que uma loja do futuro deve permitir que os clientes:

- Verifiquem, antes de ir à loja física, se ela tem o produto em estoque.

- Localizem um produto quando estão na loja.

- Envolvam-se com a comunidade de clientes e possíveis compradores enquanto estão na loja para tomarem uma decisão de compra.

- Consigam *feedback* sobre o produto, além de informação e preço do produto, na prateleira.

- Rápida e facilmente acessem informações mais detalhadas sobre o produto na prateleira.

- Consigam acesso, na loja, aos preços de venda e às promoções em grupo, além de descontos.

- Compartilhem suas opiniões sobre produtos e decisões de compra com outros na loja.

Esse tipo de informação é essencial para o planejamento do ambiente de mídias sociais. Reflete a necessidade de unir a experiência online e offline com diversos pontos, incluindo loja, quiosque, prateleira, Web e celular. Também pode exigir a combinação das mídias sociais com outras tecnologias, como consciência em relação ao contexto e inteligência dos negócios. Paul Price comentou que "Explorar os possíveis impactos das mídias sociais na experiência do comprador nos incentivou a dar um passo atrás e reexaminar o caminho do comprador à compra".[4]

Explorar a experiência do participante (de compradores na loja, nesse caso), pode oferecer uma visão mais holística das necessidades dos consumidores e a experiência social da compra na loja. Resumindo, analise a experiência de colaboração que está criando por meio da visão das necessidades e valores dos participantes. Crie a experiência para satisfazê-los. Se não fizer isso, reduzirá as chances de adoção.

Além de explorar uma experiência específica do propósito, existe um conjunto de técnicas de experiência do usuário e abordagens em geral que está ganhando popularidade no projeto do ambiente de mídia social. Algumas das que mais valem a pena observar são o *thinking*, os mapas de empatia e a *gamification*. Os dois primeiros são metodologias para que a empresa se conecte aos usuários para oferecer uma experiência significativa. A *gamification* é a aplicação da teoria e mecânica lúdica a atividades não lúdicas. Nas mídias sociais, a *gamification* normalmente assume a forma de pontos dados ou moeda virtual para contribuições valiosas. Conforme as pessoas acumulam pontos ou dinheiro, elas ganham *status* social na comunidade. Esse *status* costuma se refletir em títulos, insígnias e grupos de líderes representando a progressão de nível. A progressão de nível pode incluir capacidades adicionais no ambiente das mídias sociais.

Crie um Ambiente de Colaboração Comunitária

O projeto Peer Connect da Gartner enfrentou alguns desafios básicos ao criar o ambiente colaborativo. O plano de objetivos, além dos esforços da Gartnet para entender a experiência dos participantes no ambiente, revelou exigências particulares para o ambiente colaborativo. Em outras palavras, quais estruturas o ambiente deve oferecer para incentivar e facilitar a participação? O ambiente deve guiar os participantes e tornar a contribuição o mais fácil possível.

Um ambiente colaborativo online não precisa apenas de conteúdo, mas, também de maneiras de acessar e criar novos conteúdos, mecanismos para organizar e valorizar os já existentes e os contribuidores, regras para a participação e a administração da comunidade. Para criar e oferecer um ambiente assim de modo bem-sucedido, você deve satisfazer certas exigências fundamentais:

- O ambiente deve ter estrutura na medida certa para facilitar a participação produtiva sem atrapalhar a criatividade.

- O ambiente deve ser simples, com uma curva de aprendizado que exija pouco mais de dois minutos.

- O ambiente precisa ser integrado aos ecossistemas mais amplos dos participantes. Não pode ser separado nem isolado de modo que as pessoas possam trabalhar, brincar, comprar etc.

- Os participantes devem encontrar, rapidamente e sem esforço, o que precisam entre a grande massa de contribuições comunitárias.

- Os participantes devem ver o valor claro e interessante assim que entrarem no ambiente.

- A tecnologia deve ser escolhida cuidadosamente de modo a facilitar a participação ainda que pareça invisível.

Oferecer a Medida Certa de Estrutura

Um ambiente colaborativo exige um pouco de estrutura, incluindo funcionalidade, *design* de interface do usuário, criação de *templates*, estruturas de marcação, *templates* de conteúdo, configuração de local (por exemplo, mundos virtuais) e fluxo de trabalho. Muito se fala, no que tange às mídias sociais, da colaboração sem estrutura e sem forma. Mas a falta de estrutura pode ser arriscada e criar problemas que atrapalham a adoção.

Estrutura de menos pode ser tão limitante quanto estrutura de mais. Sem estrutura, os participantes recebem pouca orientação e encontram dificuldade para serem produtivos. Mas, por outro lado, o excesso de estrutura pode criar curvas fortes de aprendizado e impedir a emergência. É preciso encontrar o equilíbrio. Como sempre, o segredo é criar apenas a estrutura suficiente.

132 Mídias Sociais na Organização

Por exemplo, uma empresa queria reunir e compartilhar histórias de funcionários que lidavam diretamente com os clientes. Ela pediu aos funcionários que gravassem, com suas histórias, informações de clientes, como tamanho da empresa, localização, tipo de produto, e assim por diante. No entanto, funcionários em diferentes funções considerariam diferentes características relevantes. Então, a empresa pensou em permitir que os funcionários escolhessem as características que consideravam mais importantes. Cada característica que definia cada funcionário seria um novo campo na base de dados e os outros funcionários teriam acesso a esses campos e os usariam ou acrescentariam os próprios. Dessa maneira, em vez de oferecer uma estrutura de informação predefinida, as estruturas de dados "corretas" surgiriam por meio do uso da comunidade.

No entanto, o propósito do esforço era captar as histórias de clientes, não criar uma base de dados emergente por meio de campos definidos pela comunidade. O esforço envolvido em encontrar as características certas determinadas pela comunidade ou definir novas os afastaria do objetivo principal, que era o de reunir histórias. Além disso, a possibilidade de uma base de dados grande e bagunçada com informações em campos definidos pelos funcionários seria antitética ao objetivo de "reunir" informação.

Por fim, a organização ofereceu um pequeno número de campos definidos de modo geral, nos quais os participantes poderiam acrescentar qualquer texto que considerassem relevante. Nessa situação, teria sido contraproducente deixar a base de dados sem estrutura e permitir que uma estrutura socialmente construída aparecesse. Oferecer orientação com antecedência ajudou o propósito e permitiu que as pessoas fossem mais produtivas logo do começo.

Ofereça a estrutura mínima exigida para tornar a participação produtiva. Independentemente do nível de estratégia que escolher, ela deve:

- Promover a realização do propósito.

- Minimizar a curva de aprendizado do participante.

- Guiar os comportamentos produtivos.

- Oferecer valor percebido.

- Incentivar a criação diretamente relevante ao propósito.

Mais estrutura normalmente significa mais componentes, o que leva a um ambiente mais complicado e a uma curva de aprendizado mais íngreme. Se tiver que escolher entre mais estrutura e facilidade de uso, fique com a facilidade de uso.

A Facilidade de Uso É Essencial

A facilidade de uso é o mantra para todos os recursos de TI, mas, para as mídias sociais, onde a contribuição é sempre totalmente voluntária, ela se torna essencial. Não se pode forçar a boa colaboração. Mesmo assim, muitas organizações se esquecem desse fato e acrescentam mais componentes na esperança de atrair mais participantes. Nas mídias sociais, no entanto, menos é mais, porque os componentes não atraem uma comunidade, mas um propósito atraente, sim.

As comunidades colaborativas mais bem-sucedidas começam pequenas em escopo e grandes em escala. Têm um propósito atraente, muito bem definido (apoiado por um plano de objetivos altamente integrado) que atrai um grande número de pessoas. Um propósito altamente atraente é sempre melhor do que três de menor apelo. Quanto mais propósitos houver no lançamento, maior será o escopo. Quanto maior for o escopo, maior será a funcionalidade (componentes) necessários. Quanto maior for a funcionalidade, mais íngreme será a curva de aprendizado. Quanto mais inclinada ela for, maior o obstáculo à adoção. É por isso que uma série grande de propósitos atraentes de uma vez pode impedir a adoção em massa. Como a colaboração comunitária depende de aumentar a comunidade para a massa, a adoção se torna o objetivo principal.

O Google certamente não foi o primeiro mecanismo de busca da Internet, mas é o mais fácil de usar. A Google rapidamente venceu a concorrência com uma caixa de texto simples no meio de uma página quase em branco. Não poderia ser mais simples.

A abordagem da Google de que "menos é mais", na qual uma força substancial fica por trás de uma interface simples, deveria ser a principal consideração de *design* para todas as mídias sociais. Se um ambiente de mídia social exige treinamento, ele fracassará. Quantas pessoas têm certificado de treinamento do Facebook? Quem já foi a uma aula da Wikipédia ou participou de um workshop da Craigslist? Esses ambientes conseguem atrair centenas de milhões de participantes sem um único minuto de treinamento. Os maiores sucessos na Web não precisam treinar seus usuários, assim como as organizações não deveriam precisar.

Se você conseguiu o nível certo de estrutura sem sacrificar a facilidade de uso, então o ambiente incentivará a contribuição de conteúdo. Isso pode causar um enorme influxo de conteúdo – algo bom, considerando que você esteja preparado. Se não estiver, essa "coisa boa" atrapalhará seu ambiente de colaboração e ele se tornará impossível de usar.

Oferecer um Ecossistema

As mídias sociais são um fenômeno de consumerização. Começou e crescer de um comportamento do consumidor na Web pública e agora está influenciando organizações. Assim, muitos funcionários estão saindo dos sistemas de TI, de sua organização e se voltando para a Web pública e para a computação em nuvem para suas necessidades sociais de *software*.

Isso pode criar diversas ilhas sociais – espaços colaborativos na Web pública que atendem, geralmente de modo eficiente, às necessidades de grupos relativamente pequenos, como equipes ou unidades de negócios. O problema é que esses espaços são isolados do resto da organização, que limita seu valor para a organização como um topo e cria problemas com duplicação e segurança de dados, autoridade, duplicação do esforço, processamento manual e fluxos de trabalho deslocados. O isolamento também abrevia o valor das ilhas sociais como ambientes reais de colaboração em massa porque a participação é artificialmente limitada à suborganização original. Essa fraqueza se aplica também a esforços de mídia isolados e deslocados voltados para o marketing. Não se trata de ambiente interno versus ambiente da Web, mas sim de ligação. Em vez de treinar funcionários para seguir um mesmo padrão na Web, determine o melhor local onde colaborar e, independentemente de onde for, relacione os sistemas e as práticas interconectados já existentes, o ecossistema, conforme necessário.

Você conecta seu ambiente de colaboração ao ecossistema de sua organização relacionando-o à comunicação existente, à colaboração, à busca por organização, à administração do conhecimento e aos sistemas de administração de conteúdo. Por exemplo, com o Peer Connect, a Gartner quis aplicar o poder de seu conteúdo baseado em pesquisa quando os clientes fizeram uma pergunta no ambiente. Para isso, o Peer Connect tinha de estar integrado a algum contexto com o sistema de publicação de conteúdo da Gartner.

Para os esforços de mídias sociais voltados para o marketing, o trabalho pode significar relacionar o ambiente a vendas, marketing e sistemas de administração e processos de clientes. Para a mídias sociais voltadas para os funcionários, pode significar ligar o ambiente a sistemas operacionais e processos. A participação pode cair drasticamente se os usuários tiverem de mover, manualmente, a informação entre o ambiente de mídia social e os sistemas do local de trabalho.

Integrar a massa em sistemas existentes dessa maneira pode tornar os ambientes organizacionais para a colaboração muito mais atraentes para os funcionários do que os ambientes autosselecionados e isolados da Web pública.

Facilitar a Descoberta da Informação

Nas mídias sociais, todos podem ser criadores de conteúdo. É por isso que a quantidade de conteúdo na Web pública está explodindo, e isso vale também para as organizações. O resultado é uma sobrecarga de conteúdo que exige novas maneiras de encontrar informação. Ninguém quer ficar perdido em meio a uma massa de contribuições irrelevantes. A descoberta fácil é o componente-chave para criar uma boa experiência para o usuário. Outras alternativas, com a navegação por pastas e diretórios,

136 Mídias Sociais na Organização

não funcionam bem com grandes volumes de informação nem oferecem uma boa experiência ao participante.

É obrigatório que exista uma capacidade de busca robusta, mas não basta. A Google convenceu a todos de que navegar é ruim e buscar é bom. No entanto, um resultado ruim de busca pode causar uma navegação superficial entre o mecanismo de pesquisa e os *links* resultantes.

É preciso assumir uma abordagem mais holística, que pode ser resumida com os cinco Ss da descoberta de informação.

- *Search* (busca): Busca dos negócios, na qual um grande conteúdo é indexado para uma recuperação rápida, permitindo que os participantes vejam um conjunto de resultados que podem abordar suas necessidades ou oferecer um ponto de entrada para mais descobertas.

- *Subset* (subconjunto): Criar um subconjunto é a habilidade de organizar ou reduzir resultados volumosos de busca como separação, sugestões e filtros.

- *Surf* (navegar): A navegação é a descoberta de informações cruzando importantes *links* de conteúdo. A Wikipédia é um bom exemplo. As pessoas usam um mecanismo de busca para encontrar um ponto e então surfar por meio de *links* de artigo a artigo.

- *Social* (social): O *feedback* da comunidade pode melhorar a habilidade de encontrar informações relevantes. As tecnologias do *feedback* social – como avaliar, categorizar, votar, investir, comentar e marcar – podem acrescentar valor substancial. A comunidade determina qual informação é mais útil, como ela pode ser útil e como se relaciona a outros conteúdos. Dessa maneira, a informação mais útil, como determinada pela comunidade, vai para no topo.

- *Subscribe* (assinar): A tecnologia de assinar, como a RSS (really simple syndication), ajuda os participantes a designarem a informação específica que mais querem, e então eles são notificados quando novos materiais estão disponíveis, ou pedem para que sejam enviados a eles automaticamente.

Sem essa abordagem mais holística para a validação e descoberta da informação, o fruto de sua comunidade altamente engajada e prolífica pode se tornar uma bagunça sem serventia.

Divulgar o Sistema para o Valor Imediato do Participante

Os participantes não encontrarão valor em um ambiente de mídia social vazio. E a maioria ficará impaciente mesmo quando o ambiente for novo em folha. Por isso, é preciso dar aos usuários, desde o começo, um motivo para visitar e contribuir. Alimente o sistema com conteúdo inicial e participantes-chave coerentes com o propósito da comunidade e os objetivos dos negócios. Outro benefício dessa atitude é que ela pode ajudar a facilitar qualquer esforço para integrar a comunidade com sistemas existentes para oferecer um fluxo de conteúdo. No entanto, a alimentação pode se tornar onerosa rapidamente e também pode consumir muito tempo. Analise a necessidade de aplicá-la e leve em consideração o que segue:

- Qual conteúdo é necessário para mostrar valor imediato a novos membros da comunidade?

- O que constitui conteúdo de "apoio ao propósito" que pode ser prontamente mudado ou integrado?

- Quais pessoas ou papéis precisam participar logo no começo para dar credibilidade e valor ao ambiente?

- Que integração com sistemas existentes os participantes esperam encontrar inicialmente?

- Que conteúdo ajudará os participantes a contribuírem com o próprio conteúdo?

- Como a divulgação afetará os custos e a agenda de implementação?

O ambiente colaborativo deve conter conteúdo-base suficiente e participação inicial para oferecer aos novos participantes valor imediato e reconhecível, incentivá-los a contribuir ativamente e levá-los a convidar seus colegas, amigos etc. Por exemplo, a Gartner entendeu que ganhar participação ativa e produtiva é sempre um desafio. Assim, eles explicitamente definiram os comportamentos colaborativos desejados para determinar a funcionalidade específica, o conteúdo e outros mecanismos que motivariam os usuários a participarem de discussões importantes.

Escolher a Mídia Social Correta

Escolher a mídia social correta pode ser um desafio, porque existem muitas opções. As principais ocorrem fundamentalmente no que diz respeito à funcionalidade, alternativas de origem e customização.

Funcionalidade: as tecnologias de mídia social oferecem uma ampla gama de capacidades. Até mesmo as mídias sociais em geral, como *networking*, Wikis e blogues variam muito e funcionam melhor para usos distintos. A Figura 7-2 relaciona as principais opções de mídia social que existem atualmente.

É fácil fazer a escolha errada. Até mesmo escolhendo um conjunto de mídias sociais com propósito geral (um conjunto integrado de funções sociais) pode ser que você não tenha o que realmente precisa. Todo conjunto tem pontos fortes e fracos, mesmo na modalidade essencial.

Aplicar a tecnologia errada pode comprometer o sucesso. Por exemplo, usar uma Wiki para reunir, aumentar e espalhar ideias pode dar errado, mesmo em uma escala moderada. As wikis não permitem que a comunidade realize essas atividades de modo sistemático, a fim de que as melhores ideias se destaquem e ideias incompletas, repetidas, irrelevantes ou não populares saiam de vista. Quando este livro estava sendo escrito, centenas de milhares de ideias já haviam sido enviadas a Starbucks pelo site http://mystarbucksidea.force.com. Imagine como é lidar com esse volume em um ambiente como a Wikipédia. As Wikis podem produzir um monte de conteúdo no qual o valor de uma ideia não se distingue de outra. Não se trata de uma crítica às Wikis. Elas servem para uma documentação dinâmica, sem limites, de autoria variada, e não para a administração de ideias. A administração escalável de ideias exige uma mídia social especializada.

FIGURA 7-2

Recursos de mídia social

Geral	Especializada	Apoio
Networking social	Mecanismo de ideia	Alertas
Eikis	Marketing de previsão	Marcação
Blogues	Massificação	Análise social
Microblogues	Mercado de respostas	Assinaturas
Fórum de discussão	Reputação da web	Status social
Feedback social	Aprendizado social	Móvel
Publicação social		Sensibilidade ao contexto

Opções de fonte. Assim como com a tecnologia, existem muitas fontes de mídia social para se escolher. Ao pensar em fontes, faça três perguntas importantes.

1. ***Você deve criar sua própria comunidade social ou unir-se a uma comunidade já existente, como Facebook, LinkedIn ou Patients-LikeMe.com?*** As mídias sociais oferecem uma terceira opção – unir-se – à tradicional escolha de "comprar *versus* construir". Há centenas de comunidades sociais na Web, de sites generalizados, como Facebook, YouTube e Wikipédia, a sites específicos, como PatientsLikeMe.com (para pessoas com problemas de saúde) fliesandfins.com (para aficionados por pesca) e Livemocha.com (para aprender um novo idioma). Por que construir uma comunidade social se você pode alcançar seu propósito na comunidade que alguém já criou?

2. ***Você quer uma tecnologia instalada no local ou uma oferta de serviço com base em nuvens?*** Muitas organizações que pensam nas mídias sociais não têm competência na construção de infraestrutura de mídia social abrangente, altamente dimensionável. Faz mais sentido cultivar essa capacidade interna ou en-

contrar um provedor em nuvem para a mídia social como um serviço (SaaS)?

3. **Você quer um *software* ou uma solução? Se quiser uma solução, quão completa a solução precisa ser?** Você precisa de um *software* ou de algo mais? Vendedores diferentes oferecem recursos diferentes para incentivar a venda de seu *software*. Alguns oferecem suporte técnico básico, e outros oferecem uma experiência de serviço completa – desde a estratégia e o *design* até a implementeção, formação da comunidade, administração e moderação do conteúdo.

Customização: Até que ponto você está disposto a aceitar a customização? Toda abordagem para desenvolver recursos técnicos tem suas vantagens, desvantagens e custos. No entanto, três estratégias básicas para escolher uma tecnologia de mídia social adequada estão surgindo:

- A estratégia mais aventureira, geralmente utilizada por organizações de ponta, que esperam conseguir vantagem competitiva por meio das mídias sociais, é a melhor abordagem, na qual elas decidem escolher a melhor ou mais adequada tecnologia em cada categoria de ferramentas de mídia social. Essas organizações estão dispostas a investir tempo e recursos necessários para integrar as ferramentas diferentes a um conjunto coerente de tecnologia. Tais empresas costumam empregar fortes recursos de TI.

- Uma abordagem menos agressiva costuma ser adotada por empresas progressivas que esperam conseguir ganhos significativos com as mídias sociais ou que acreditam se tratar de uma necessidade competitiva. Elas escolhem um *software* social de propósito generalizado *commercial off-the-shelf* (COTS), como o Jive Software, SocialText, ou Drupal. Estão dispostas a aumentar o conjunto COTS com ferramentas pontuais para funcionalidade social especializada, como mecanismos de ideias e mercados de resposta.

- As organizações mais conservadoras costumam incrementar suas tecnologias existentes de administração de conteúdo (ECM) com ferramentas pontuais. Ficam felizes por esperar enquanto o produto de seu vendedor de ECM se desenvolve antes de acrescentar recursos sociais em suas plataformas.

Como escolher? A tarefa de escolher a mídia social apropriada pode ser assustadora. Sem propósito definido, sua possibilidade de escolher a mídia social certa é apenas isto: uma possibilidade. Mas com uma compreensão sólida do propósito, a escolha da tecnologia é relativamente direta. O propósito permite uma análise mais profunda da experiência do participante, divulgando exigências, integração de sistemas, descoberta de conteúdo e assim por diante, e tudo isso constitui informação essencial para uma escolha cuidadosa da mídia social necessária para apoiar tudo isso. Você pode escolher a tecnologia e forçar a colaboração comunitária a acompanhar. Ou você pode entender a colaboração comunitária primeiro e escolher uma tecnologia adequada. Qual você acredita ser a melhor abordagem para ganhar adesão? Qual acredita ser a abordagem mais prevalente? Infelizmente, apesar de definir primeiro ser melhor opção, escolher a tecnologia primeiro é muito mais comum.

Envolva a Comunidade

Depois de escolher a tecnologia correta de mídia social e criar grande experiência de participante ao redor de um propósito atraente, apenas uma pergunta resta. Os participantes se aproximarão? Talvez não. Ainda é preciso chamar atenção dos participantes. Se não souberem que a comunidade existe ou se não se sentirem tentados a investigar, ou não encontrarem nada interessante ao investigar, eles não se aproximarão. Será preciso envolvê-los. Antes, o MySpace era a rede social dominante no mundo. Foi pioneira no mundo novo de colaboração em massa e atraiu milhões de membros. Muitas pessoas acreditavam que seu sucesso

142 Mídias Sociais na Organização

ocorria espontaneamente porque colocou uma boa tecnologia na Web e as pessoas se uniram a ela.

No entanto, isso não é verdade. O MySpace tomou as medidas tradicionais de marketing especificamente voltadas para incentivar a associação. Começou com um concurso entre os funcionários da matriz na época, a Intermix, oferecendo um prêmio e dinheiro para quem chamasse mais amigos. Foram levantados mais de 100 milhões de nomes em sua base de dados. Essas medidas trouxeram algum sucesso, mas não o suficiente. Então, o MySpace percebeu que o site estava atraindo aficionados por música, e começou a chamar bandas, produtores e casas noturnas de Los Angeles por meio do marketing mais tradicionais (ou seja, offline).

A associação começou a crescer rapidamente. Por fim, atraiu as pessoas alavancando seu relacionamento de marketing existente com algumas das propriedades mais fortes da Internet.[5] Só então chegou ao ponto de virada no qual o crescimento contagioso se deu. Como a maioria dos sucessos de mídia social, o trabalho árduo e proativo foi necessário para envolver a comunidade e chegar a esse ponto de virada.

A maioria dos esforços malsucedidos das mídias sociais fracassou por falta de adoção – pessoas não entraram na rede, outras não voltaram ou não contribuíam ativamente. Um propósito interessante é essencial, mas não fará o trabalho de envolvimento sozinho. Para conseguir a massa crítica, é preciso defini-la. Depois, deve-se envolver a comunidade e levá-la a seu ponto de virada.

Estabelecer Alvos de Massa Crítica

O sucesso de uma comunidade colaborativa dependerá de atrair a contribuição dos participantes. Nos ambientes de mídia social mais bem-sucedidos, a maioria do conteúdo vem da comunidade, não da organização. Todo mundo na comunidade-alvo é um autor em potencial. Depende da organização envolver os participantes para que eles contribuam.

Obviamente, nem todos os membros contribuirão. Quantos colaboradores são necessários? Qual porcentagem de criadores, colaboradores (aqueles que reagem, de certo modo, às contribuições originais) e leitores levarão a uma comunidade eficiente e produtiva? A regra 1-9-90 (ou "regra do 1%) diz que para cada 100 participantes, haverá 1 criador de conteúdo, 9 colaboradores e 90 leitores.[6]

A regra do 1% vem de experiência das redes sociais. Como o público em geral é a comunidade-alvo ali, a regra do 1% não se aplicará a todas as comunidades. Por exemplo, uma comunidade com um propósito voltado a engenheiros pode exigir um índice de participação muito diferente. Uma família que usa as redes sociais para manter todos os membros atualizados com o compartilhamento de fotos, mensagens e vídeos também terá um índice diferente.

É necessário determinar o nível de participação exigido para que cada comunidade colaborativa alcance a massa crítica. Esse alvo de participação, que varia para cada comunidade, pode servir como objetivo principal e oferecer uma maneira de ter sucesso na adesão.

Por exemplo, considere uma organização que deseja criar uma comunidade na qual seus vendedores possam colaborar superando as objeções do comprador. Ela pode decidir que precisa de uma proporção de 10-40-50 por mês para alcançar massa crítica e uma comunidade que se sustenta sozinha. Aplicando essa proporção ao público-alvo de mil vendedores indica que deveria haver 100 vendedores que criem conteúdo todos os meses – digamos, uma questão sobre como superar uma objeção em particular – e 400 pessoas que reagem oferecendo uma resposta à pergunta. Os outros 500 vendedores simplesmente lerão o que foi postado. Claro, a quantidade de vendedores que contribui, colabora ou simplesmente lê mudará mês a mês, de modo que, com o tempo, todos ou a maioria dos vendedores participará.

As contribuições da comunidade são críticas, certamente, mas a participação daqueles que apenas leem o conteúdo dos outros também é importante e não deve ser desvalorizada. A leitura por si oferece muitos dos benefícios das comunidades colaborativas. Os membros podem aprender, por exemplo, a lidar com uma objeção lendo os pontos levantados e discutidos por outros. Aqui, vemos o poder de uma comunidade. Ela amplia o conhecimento de cada membro – sabendo lidar com uma objeção em especial, por exemplo – tornando-o disponível para toda a comunidade. Uma solução ao problema, uma ideia inovadora, uma observação

144 Mídias Sociais na Organização

inteligente que poderia ser desperdiçada ganha enorme valor quando as massas podem abordá-la e agir com ela.

Os alvos que você estabelece para a massa crítica são estimados com base no conhecimento da comunidade, seu propósito e o nível esperado de atividade exigido para a colaboração comunitária saudável. Apesar de serem estimativas, esses alvos são importantes. Eles servem como um objetivo para motivar as pessoas a participarem da comunidade, por isso seus esforços de marketing devem ser direcionados para que esses alvos ou metas sejam alcançados. Eles influenciarão o quanto você promove a comunidade, além de como a promove e para quem. Ajudarão a estabelecer a extensão do esforços de marketing, incluindo recursos e planejamento para alcançar esse nível de participação, no qual a comunidade ganhará vida própria e se sustentará.

Levar a Comunidade ao Ponto de Virada

Os ambientes de mídia social não crescem lentamente com o tempo. Eles podem morrer lentamente, mas não é assim que chegam à massa crítica. Nossa pesquisa tem mostrado que os participantes que julgam uma comunidade interessante investigam para ver se ela oferece algum valor. Se não houver atividade, eles não participam. Quando perguntam a eles se voltariam ao site da comunidade em outro momento, se este oferecesse os atrativos corretos, cerca de 30% respondeu de modo afirmativo. No entanto, menos de 1% dos entrevistados disse que retornaria uma terceira vez se, na segunda visita, ainda não encontrasse atividade ou algo de valor. Os prováveis participantes costumam ser impacientes e não perdoam erros ao avaliarem as comunidades colaborativas. Com a colaboração comunitária, o impulso importa.

A colaboração da comunidade cresce de modo a causar mudança (veja a Figura 7-3 a seguir). É necessário criar e executar um plano de mudança para chegar à massa crítica o mais rápido possível. Um bom plano de mudança tem três fases: alimentação, blitz e sustentação.

FIGURA 7-3

O ponto de virada da comunidade

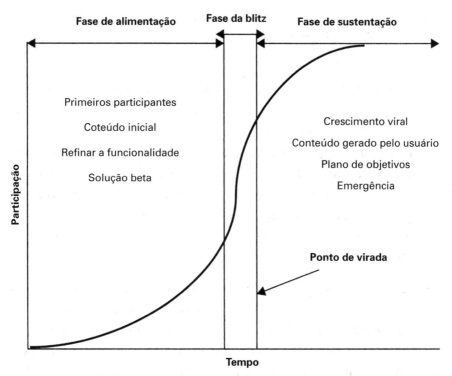

Fonte: Anthony J. Bradley, "Ten Primary Design Considerations for Delivering Social Software Solutions: The PLANT SEEDS Framework", Gartner Inc., 13 de julho de 2009.

- *Fase de alimentação*: Aqui, o conteúdo é colocado no ambiente e atrai novos participantes, às vezes pelo nome. A fase de alimentação oferece às organizações uma oportunidade de reunir *feedback* inicial e fazer refinamentos. Evite provas de conceito, protótipo, piloto ou teste na comunidade. Como dissemos, os possíveis participantes não perdoam e pode ser que você só tenha uma chance de conseguir uma comunidade colaborativa. Experimente as ferramentas o quanto quiser no laboratório, mas não inicie a comunidade se não tiver a intenção de ser bem-sucedido completamente, sem ter de fazer mais testes. Proceda com toda a disciplina de qualquer implementação de projeto. Apesar de os pilotos e protótipos terem a possibilidade de reduzir riscos e permitir mais refinamento, é possível chegar aos mesmos resultados com um propósito muito bem definido e uma fase de alimentação adequadamente executada.

- *Fase de blitz*: De acordo com seu nome, a fase de blitz é curta, mas poderosa. Antes e durante essa fase, comece a se preparar para uma campanha de marketing da blitz. Quando a fase de alimentação chega a um determinado nível de preparação e atenção, execute a campanha da blitz, que é voltada para levar o máximo de tráfego possível para a comunidade com a máxima rapidez, promovendo a associação viral, conseguindo a massa. As metas que estabeleceu antes para a massa servirão como seu ponto de virada.

- *Fase de sustentação*: Conforme uma comunidade aborda a massa crítica e o crescimento viral atrais mais tráfego, reduza seus esforços de marketing. Na fase da sustentação, seus esforços devem ser voltados para conseguir crescimento autossustentado e emergência. Apesar de a organização precisar manter um plano de objetivos para facilitar o crescimento, a comunidade agora ativa pode direcionar seu desenvolvimento, desde que não se desenvolva de modo a comprometer o valor para a organização.

Uma prática crescente é relacionar o plano do ponto de virada com um acontecimento externo maior. A Electronic Arts usou o lançamento de novos títulos de jogos para levar o tráfego àquelas comunidades que estavam relacionadas a produtos específicos. Se não houver um acontecimento externo adequado, inclua um acontecimento físico patrocinado como parte da campanha de marketing de blitz. O objetivo do evento é conseguir atenção e usá-la para conseguir associação e inspirar conversas e interações dentro da equipe. A Electronic Arts também manteve reuniões físicas, em estilo de conferência, para dar início a certas comunidades de funcionários. Manteve discussões a respeito dos propósitos da comunidade e posicionou seu ambiente colaborativo como um espaço constante para o progresso contínuo.

O propósito do plano do ponto de virada é cuidar para que os visitantes tenham motivo para voltar, contribuir e recrutar novos membros. Esse motivo depende da atividade da comunidade. Em seu livro, *O Ponto da Virada*, Malcolm Gladwell descreve diferentes tipos de pessoas importantes para levar as ideias a este ponto. Entre eles, estão os conectores (aqueles que conhecem todo mundo) e os especialistas (aqueles que sabem tudo).[7] Identifique e atraia os dois tipos logo, para que, quando as massas chegarem ao ambiente, elas notem a participação valiosa. Um ambiente vazio de tecnologia não inspirará ninguém a contribuir.

Ao levar a comunidade ao ponto de virada e ela alcançar a massa crítica, vai começar a assumir vida própria. Quando isso acontecer, você e a organização precisarão mudar de modo fundamental seu relacionamento com a comunidade. É preciso esforço disciplinado e controle para levar uma comunidade à massa crítica, mas quando isso for alcançado, a comunidade assumirá o controle de seu próprio destino. Nesse momento, a organização deve abrir mão do controle e apenas orientar.

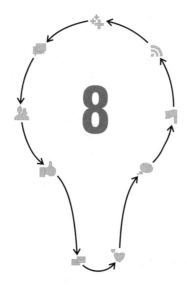

Guiar do Meio

A Electronic Arts (EA) lançou comunidades colaborativas internas em 2008, para sua força de trabalho mundialmente distribuída. Seu objetivo é obter as eficiências de um grande empreendimento sem comprometer a criatividade ou a autonomia das equipes locais. O conceito se baseava em uma analogia descrita pelo CEO da EA, John Riccitiello, que foi usada para comunicar a transformação da EA em uma nova organização social, como a diferença entre uma aula de natação e uma partida de polo aquático. Em uma aula de natação, cada grupo compete colocando seus nadadores para competirem de modo individual em diferentes eventos e nadando em suas raias com pouca interação entre os colegas de equipe. Uma partida de polo aquático, por outro lado, conta com duas equipes, formadas por indivíduos trabalhando juntos, passando a bola de modo colaborativo para marcar gols.[1]

O interesse inicial no lançamento de comunidades internas foi forte, porque muitos funcionários queriam ver como esse novo conceito organizacional os ajudaria a se conectar, compartilhar e colaborar melhor. Mas a EA, no começo, lançou comunidades em excesso, muito rapidamente. Comunidades múltiplas diluíram a participação, o que fez as pessoas concluírem que a abordagem era ineficaz, e a participação em algumas comunidades até diminuiu. "Lançamos 15 comunidades, mas logo descobrimos que para termos uma comunidade viável, precisávamos de

150 Mídias Sociais na Organização

no mínimo 30 a 50 participantes ativos. Deveríamos ter estabelecido uma meta entre quatro e seis comunidades", disse Michael Cuthrell, diretor da Global IT. "Assim, poderíamos ter trabalhado com as comunidades-piloto para ver quais técnicas e incentivos criariam a maior participação e levariam adiante aqueles sucessos a futuras comunidades".

Como as comunidades foram lançadas em um ambiente empresarial, a EA introduziu um modelo simples de autoridade para gerenciar e operar suas comunidades, porque excesso de estrutura derrubaria o propósito de promover a interação e a colaboração orgânicas (e pouca estrutura teria deixado as comunidades se tornarem um pouco mais do que pessoas com interesses em comum reunindo-se apenas para conversar). Com isso, a EA se estabeleceu com uma estrutura de três partes: um comitê guiando a comunidade de modo geral, um centro de competência e as comunidades reais em si – e definiu processos e ferramentas para apoiá-las. Mas a empresa descobriu que precisava de mais do que estrutura: precisava de certa quantidade de gerenciamento ativo para canalizar a energia da organização em comunidades e resultados produtivos. Com essa autoridade, as comunidades passaram de um conjunto focado de grupos que agora envolve 75% da organização de TI – 20% são altamente ativos – ao realizar conexões, compartilhando ideias e colaborando para tomar decisões. As comunidades estavam conseguindo o que a EA queria: benefícios em escala sem comprometer a independência e a criatividade que tornam a EA única.

A experiência da EA também deixa clara a necessidade de gerenciamento para apoiar a colaboração em massa – gerenciamento não no sentido de controle, mas no espírito de trabalhar dentro da comunidade para ajudar os membros a refinarem seus propósitos e também para motivar a participação, gerar um fluxo de ideias e facilitar decisões, caso a comunidade encontre-se diante de um impasse. Seu centro de competência trabalha com comunidades para aumentar a participação destas e melhorar suas ferramentas e estruturas. Os responsáveis representam cada comunidade e suas decisões de ampliar a organização. A história da EA destaca um ingrediente essencial em se tornar uma organização social: a necessidade de combinar a autoridade de gerenciamento com a colaboração em massa.

Quando uma comunidade é lançada, se tudo correr bem, seus membros concordam com um propósito e oferecem sua experiência, conhecimento e ideias. Sem a hierarquia formal ou a liderança imposta além de um patrocínio e os primeiros participantes, a comunidade desenvolve sua maneira de trabalhar e tomar decisões com base em seu propósito específico e nas necessidades coletivas e desejos de seus membros.

Esse tipo de trabalho é captado no ciclo de colaboração que as comunidades seguem e que descrevemos pela primeira vez no Capítulo 2 (veja a Figura 8-1).

O ciclo mostra como o propósito de uma comunidade deixa claras as contribuições dos membros, que recebem *feedback* de outros membros em forma de comentários, ideias relacionadas, expansões da contribuição original, desacordo, perguntas, e assim por diante. A partir do *feedback*, surge um tipo de avaliação de comunidade a respeito do valor ou *status* de diversas ideias e propostas mostradas e discutidas. Conforme algumas ideias, direcionamentos e decisões surgem e se destacam, elas criam novos comportamentos e mudanças.

FIGURA 8-1

Como as comunidades colaborativas realizam seu trabalho

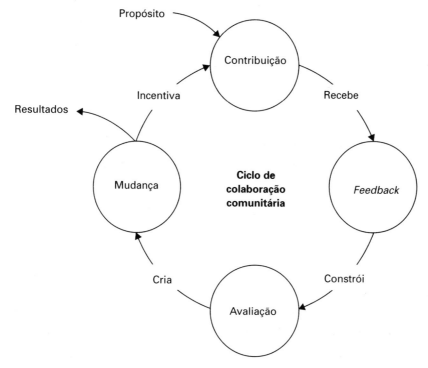

152 Mídias Sociais na Organização

Aqui está a pergunta que agora deve ser respondida: *Qual é o papel do gerenciamento nesse processo?*

Muitos defensores das mídias sociais podem dizer que o papel dos gerentes é simples: não fazer nada. Eles acreditam que os gerentes apenas atrapalham a colaboração, a criatividade e a contribuição. Sem liberdade de alcançar seus propósitos sozinhos, eles afirmam, uma comunidade não pode se tornar totalmente colaborativa. E, se não é colaborativa, não criará os melhores pensamentos, ideias, esforços e a disposição de compartilhamento entre seus membros.

Discordamos, pois aprendemos o contrário com nossas observações de comunidades bem-sucedidas em ação. Reconhecemos os claros perigos do excesso ou do tipo errado de gerenciamento. Mas, para nós, a verdadeira pergunta não é se os gerentes deveriam se envolver, mas como se envolveriam da *maneira certa*.

Os gerentes precisam estar envolvidos, primeiro, porque eles têm a responsabilidade pelos resultados e, em segundo lugar, porque todos os grupos precisam de um pouco de estrutura e autoridade para serem produtivos. Todos os grupos, seja uma nação ou uma equipe de tenistas, têm forças que unem os membros – como o propósito comum – além das forças que os afasta, como desacordos que transformam diferenças pessoais, culturas e dezenas de outras forças que fluem de complexidades e paradoxos da natureza humana.

Assim, a resposta para a pergunta anterior "Qual é o papel do gerenciamento nesse processo?" é: "Nenhum papel". Mas também não é o papel que os gerentes tradicionalmente desempenham.

Alguma estrutura e autoridade são necessárias, evidentemente, mas até que ponto? Apenas o suficiente para ajudar a criar um ambiente no qual os indivíduos participam, tornam-se uma comunidade e colaboram para criar valor. Mas em excesso pode impedir ou destruir a colaboração por um simples fato: não é possível incentivar alguém a participar ou compartilhar conhecimento, experiência e ideias. As comunidades colaborativas, por definição, são voluntárias. Se não forem, é porque não são colaborativas.

Por causa desse fato, os gerentes responsáveis não podem depender de sua autoridade formal e do medo das consequências para produzir os resultados que querem. Em comunidades colaborativas, a autoridade desempenha apenas um pequeno papel e o medo das consequências quase não desempenha papel nenhum.

Dadas essas verdades e o que já vimos os gerentes fazendo em comunidades colaborativas bem-sucedidas, acreditamos que existam três papéis-chave que o gerente deve desempenhar:

- Em primeiro lugar, ele deve cuidar para que o ciclo de colaboração (Figura 8-1) funcione de modo produtivo, e a comunidade seja capaz de encontrar seu caminho por meio de todos os passos sem obstrução e sem atrito. Isso quer dizer que ele deve guiar – não direcionar nem controlar – até o ponto em que o propósito exige, o que pode significar:

- Para esforços de colaboração comunitária de cima para baixo e com base na força de trabalho, conseguir o propósito pode exigir participação direta do gerente como um membro.

- Os gerentes de comunidades populares, básicas, devem, no mínimo, observar e reagir, se preciso, para manter a comunidade na direção certa.

- Comunidades voltadas para relações externas exigem gerentes que observem e refinem a política e a funcionalidade para promover comportamentos produtivos e facilitar um ciclo saudável de colaboração.

Como seu principal objetivo aqui é manter as contribuições e o *feedback* dado por membros individualmente, chamamos esse papel de *participação*.

- Em segundo lugar, ele deve manter a comunidade produtivamente focada em buscar seu propósito. Isso envolve monitorar o progresso de maneira ativa com relação ao propósito. É assim que se garante que a comunidade criará valor para a organização. Isso pode até, em determinadas circunstâncias, exigir que se intervenha e se reconcentre ou reestruture a comunidade para que ela alcance seu objetivo. Esse papel, claramente, chamamos de *propósito*.

- Em terceiro lugar, ele deve representar a comunidade colaborativa no contexto da organização como um todo. Aqui, dois objetivos devem ser perseguidos: o primeiro é garantir que os sistemas, funções e processos organizacionais apoiem, e não prejudiquem, o trabalho das comunidades colaborativas. O segundo é criar e manter esses elos entre a comunidade e a organização que permitam soluções e inovações geradas pela comunidade para fluírem pela organização e melhorarem seu desempenho de modo geral. Sem esses elos, os benefícios da colaboração se limitarão e permanecerão presos dentro da comunidade que os criou. O terceiro papel chamamos de *performance*.

Participação. Propósito, Performance. São os objetivos da gerência em seu trabalho com as pessoas, comunidades e organizações envolvidas na colaboração em massa. No restante deste capítulo, vamos nos concentrar no papel do gerente para manter a participação dos membros da comunidade. Nos próximos dois capítulos, discutiremos propósito e performance em detalhes.

O Que Significa "Guiar do Meio"?

Guiar é uma maneira útil de pensar no papel do gerente em uma comunidade colaborativa. Um guia conhece o território e oferece conselhos sobre direcionamento, distância, condições e rotas alternativas. Ele obtém e oferece recursos necessários e faz ajustes especiais quando o grupo entra em território desconhecido. Um guia toma decisões, mas apenas quando é solicitado ou quando o grupo está em perigo. Guiar do meio mistura abordagens para liderar pela frente e apoiar por trás. A orientação exige o emprego de uma série de técnicas de envolvimento direto óbvio para silenciar e estabilizar a supervisão.

A orientação por patrocinadores e gerentes começa com o modo como os gerentes lidam com a transição crítica do pré para o pós-lançamento. A incapacidade de os gerentes mudarem a maneira como se envolvem e desenvolvem uma comunidade é um dos principais motivos pelos quais as iniciativas de mídia social fracassam. Nossa análise de centenas dessas iniciativas em uma série de empresas identificou os seguintes desafios que os gerentes devem enfrentar e resolver nessa mudança essencial da preparação até a aceitação:

- Abrir mão do poder e entregá-lo para a comunidade.

- Incentivar a natureza emergente das comunidades.

- Manter a comunidade ligada à organização.

- Criar transparência oferecendo informação e mantendo a visibilidade dentro da comunidade.

Essas práticas descrevem como os gerentes se envolvem na colaboração em massa de modo a produzir resultados sem restringir a capacidade da comunidade de criar valor.

Transferir Poder para a Comunidade em Si

Ao longo dos estágios de propósito e lançamento, os patrocinadores e gerentes exercitam controle significativo no planejamento e estabelecimento da comunidade. Eles encabeçam a comunidade, identificam oportunidades, criam o plano de objetivos, e defendem a comunidade na organização. Mas quando a comunidade cresce, marcando o fim do estágio de lançamento e o início do estágio de orientação, o papel dos gerentes deve mudar.

O poder do trabalho – decisões a respeito do que fazer e de como fazer – deve pertencer à comunidade. A menos que um grupo de pessoas com interesse em comum possa agir de modo autônomo, ele não pode formar uma comunidade verdadeira e se tornar ou permanecer autossustentado. Assim, os gerentes ganham duas tarefas: (1) permitir que o controle fique nas mãos da comunidade em si; e (2) criar uma estrutura

156 Mídias Sociais na Organização

organizacional de apoio internamente para que a comunidade possa formar e realizar o trabalho.

Passar o poder adiante é um passo importante, porque a ausência de interferência permite que os membros construam uma comunidade, assim como o plano de ponto de virada leva os participantes à colaboração. De fato, os gerentes incentivam isso limitando sua participação direta em discussões iniciais da comunidade. Isso não quer dizer que eles devem ignorar as discussões importantes, mas que, simplesmente, precisam escutar para entender como os membros da comunidade veem o propósito, seu valor e as questões imediatas que precisam ser abordadas. Em alguns casos, os patrocinadores e gerentes, neste estágio, podem precisar intervir e oferecer orientação, mas apenas se a comunidade estiver com problemas ou se o propósito estiver saindo dos trilhos.

A participação direta em comunidades voltadas para fora costuma não ser possível. Nessas situações, o gerenciamento guia a comunidade alimentando novas interações e propósitos, recompensando diferentes comportamentos e ajustando a política da comunidade e o modo como é reforçada. Reserve tais ações em situações em que as coisas dão errado. Evite atitudes drásticas reconhecendo que as comunidades voltadas para fora precisam de tempo para se estabelecer.

Isso pode ser especialmente difícil quando o propósito da comunidade tem a ver com questões específicas operacionais ou técnicas. Os gerentes responsáveis pelos resultados ficarão disponíveis para que a comunidade "comece a trabalhar". Eles devem dar à comunidade uma chance de se formar e se encontrar. Os gerentes da CEMEX, por exemplo, afirmam que precisaram de um tempo para que suas comunidades se ajustassem, mas quando isso aconteceu, elas desenvolveram uma visão abrangente e sofisticada das questões.

Permita que a Comunidade se Desenvolva para Atingir seu Propósito

Uma comunidade precisa se sentir responsável por alcançar seu propósito. Diferentemente da maneira como as organizações costumam trabalhar, a responsabilidade não pode ser passada a uma comunidade porque esta só a aceitará se for livre para determinar o próprio curso. Isso quer dizer que pode modificar seu propósito, rever seu plano de objetivos, redefinir as prioridades e as questões-chave ou exigir novas ferramentas – e tudo isso pedirá grande controle da gerência. A alternativa, dar ordens às pessoas e desestimular qualquer desvio do plano, esgota a energia e a criatividade de uma comunidade colaborativa, impede a participação e afasta os membros.

Como gerente, você verá que essa situação é pessoalmente desafiadora. É difícil apoiar a autodeterminação e a evolução quando tem de defender e direcionar as preparações para a comunidade. É provável que você se sinta responsável por isso – na verdade, pode ter responsabilidade pelos resultados. Mas é como trabalhar com um funcionário de alto potencial: você deve dar a cada comunidade o apoio e os recursos de que ela precisa para agir e a autoridade necessária para protegê-la, mas não pode direcionar o que ela faz ou como age.

Se for uma comunidade com base na força de trabalho, comece a participar com cuidado conforme ela for desenvolvendo suas práticas e abordagens, fazendo perguntas neutras e profundas sem preconceito com as respostas; perguntas simples, mas fortes, por exemplo: "Como isso contribui com o propósito?"; "Quais são as implicações disso em determinado caso?"; "Por que esse é o melhor caminho a percorrer neste momento?"; "E se certas coisas acontecerem?". Você também pode elogiar as práticas e o progresso atuais. O envolvimento da gerência ajuda a comunidade a se desenvolver, ganhar compreensão, e levar seu propósito adiante. Também mostra o interesse da gerência na comunidade e, se for feito corretamente, pode motivar a participação.

Participe no Ciclo Colaborativo

Para guiar do meio, os patrocinadores e gerentes devem assumir a responsabilidade por promover a participação produtiva na comunidade. Abrir mão não significa abandonar a comunidade a sua sorte. Nem o contrário: os bons patrocinadores e gerentes se envolvem ativamente para garantir um ciclo de colaboração saudável. Isso quer dizer que eles

158 Mídias Sociais na Organização

têm consciência da cultura da comunidade e dos comportamentos dos membros da comunidade e podem, nos bastidores, ajustar o conteúdo, as capacidades e o reforço da política do ambiente de colaboração para incentivar os comportamentos desejados.

Em alguns casos, os patrocinadores e gerentes podem participar de modo direto como membros. Mas eles devem participar, não dominar. Na verdade, temos observado que pela maneira como se comportam em uma comunidade, eles podem oferecer um modelo a todos os membros. O restante da comunidade o está observando, e se seu comportamento demonstra que os valoriza, e que também valoriza o propósito, eles também ficarão mais motivados a participar. Como patrocinador ou gerente, participe como qualquer outro membro da comunidade – ofereça comentários, união e vote – para incentivar e focar a discussão. Aumente a participação convidando pessoas de fora, que tenham interesse no propósito da comunidade, a entrarem para a discussão. Incentive os participantes silenciosos a contarem suas ideias. Monitore a discussão para saber quando incentivar a comunidade a seguir adiante – por exemplo, a passar do debate divergente para a tomada de decisão convergente e o para o estabelecimento de objetivos.

Mas esteja ciente dos perigos óbvios. As contribuições serão guiadas pela autoridade formal que você tiver. As sugestões serão seguida por alguns – talvez muitos – assim como as ordens, preferências como diretivas, dicas como ordens, e opiniões como a palavra final. Sem querer, você pode impedir a discussão e a geração de ideias expressando sua opinião. Se sentir vontade de expressar seus sentimentos, esforce-se para identificá-los e distingui-los das opiniões oficiais que pode ter. As perguntas a respeito de como participar diretamente em qualquer comunidade em especial são muito importantes, e os patrocinadores e gerentes devem respondê-las.

Atribua uma Perspectiva Organizacional para a Comunidade

As comunidades funcionam no contexto mais amplo da organização toda. O propósito e os objetivos delas representam um subconjunto de preocupações do empreendimento. Uma comunidade pode se tornar um tipo de grupo de interesse especial e adotar uma atitude do tipo nós *versus* eles que veja parcialmente o mundo ao redor por meio de lentes tingidas de interesse próprio. Quando isso acontece, uma comunidade pode se tornar um grupo de defesa e perder sua capacidade de comportar-se de modo objetivo e inovador. Evite isso tendo constantemente uma perspectiva mais ampla que ajude a comunidade a conseguir resultados dentro do contexto mais amplo. Os blogues de líderes e gerentes são um meio comum para injetar uma perspectiva mais ampla em uma discussão da comunidade.

Mark Brewer, executivo da Seagate Technology, começou seu blogue em 2008 como um meio de compartilhar informações a respeito do progresso e do desempenho dentro do contexto mais amplo da empresa toda.[2] Nele, Mark aborda questões a respeito da estratégia de TI, identifica falhas no desempenho e apresenta uma visão de empreendimento a respeito dos assuntos do dia a dia. Seu blogue aborda, mas não define, certas questões e gera discussão e comentários que ajudam a moldar decisões e atitudes. Ele faz isso:

- Perguntando a respeito das implicações mais abrangentes de decisões específicas da comunidade e ações para o empreendimento de modo geral, suas estratégias e objetivos.

- Acrescentando informação de fora da comunidade para expandir a perspectiva do cliente, da empresa e do setor.

- Oferecendo suas ideias a respeito de possíveis falhas, problemas e implicações de decisões e ações.

Dessa maneira, Brewer oferece a perspectiva de empreendimento mais ampla de que as comunidades precisam, sem ditar ou direcionar as ações. Isso mantém os objetivos da comunidade ancorados no contexto do empreendimento.

Apoie as Ações da Comunidade

Se a discussão seguiu seu caminho normal sem produzir alteração, os gerentes devem tomar medidas adicionais para incentivar as ações e mudanças que apoiam o propósito. Isso significa verificar se o ambiente propicia ações desejadas e às vezes significa fazer pedidos diretos para a ação. É importante reconhecer a falta de ação e fazer ajustes, porque uma comunidade que não alcança um propósito não tem valor para seus membros ou para a organização. Se a comunidade não reage, procure rever seus propósitos. Se essa avaliação não der resultado, pare de investir na comunidade, monitorando de modo passivo seu comportamento, para o caso de um propósito valioso surgir. Em alguns casos, você pode até desfazer uma comunidade. Mas tome cuidado, porque essa atitude drástica pode criar percepções negativas na empresa ou no mercado.

Incentive a Natureza Emergente das Comunidades

A emergência é um dos seis princípios da colaboração comunitária e uma das características mais fundamentais de uma comunidade. A emergência surge das interações do coletivo. Conforme os membros participam, interagem, alcançam metas e tomam decisões, o objetivo emergirá. Como patrocinador ou gerente, reconheça que algumas práticas e comportamentos de gerência incentivam a emergência, enquanto outras a atrapalham.

Concentre-se nos Resultados, não nos Meios de Consegui-los

A colaboração em massa é diferente de outros meios de trabalho. Por sua natureza essencial, ninguém pode prever ou prescrever o *meio* pelo qual uma comunidade escolherá atingir seu propósito. Assim, ninguém consegue gerenciar os meios de atingir um propósito – por exemplo, com um plano de ação detalhado ou um conjunto de regras e procedimentos – porque os meios emergirão. Apenas o resultado pode ser controlado.

Os gerentes abrem mão do controle visando à criatividade da comunidade e, por fim, sua busca por resultados. A maioria dos gerentes alega que se preocupa mais com o progresso – resultados, conclusões – do que com a aceitação de um processo ou plano predeterminado. No entanto, diante da incerteza, muitos gerentes podem não resistir à vontade de tentar direcionar as atividades do dia a dia também. Isso pode funcionar na gerência tradicional – apesar de, mesmo assim, ser problemático –, mas terá um efeito mortal na colaboração.

Os membros de uma comunidade precisam de liberdade para escolher como alcançarão um resultado desejado, e precisam de liberdade para se adaptar e reavaliar os meios conforme avançam e aprendem. Uma comunidade eficiente que acredita em seu propósito sentirá necessidade de produzir resultados, mas operará de acordo com seu tempo, determinará os resultados no processo e pensará em como os membros podem trabalhar juntos. Tais elementos aparecerão por meio de um nível de emergência. Algumas comunidades agem com emergência implícita, mas outras, de modo mais explícito, estabelecendo os próprios objetivos. Já vimos objetivos explícitos serem estabelecidos em diversas comunidades relacionadas com a força de trabalho, incluindo as comunidades sobre combustíveis alternativos da CEMEX e da Electronic Arts. Nessas organizações, as comunidades criaram grupos de trabalho chamados *conselhos* para se concentrarem em ações e decisões específicas. Patrocinadores e gerentes usam esses planos bem definidos como uma maneira de avaliar o desempenho da comunidade.

Em outro exemplo, a Xilinx criou uma estrutura individual que permitia que os engenheiros incorporassem suas ferramentas e desenvolvessem seus aplicativos para colaborar com colegas e clientes. Nesse processo, a empresa aposentou seu antigo sistema de administração de relacionamento com o cliente. Dar controle aos engenheiros, para escolherem as ferramentas, levou a um aumento de 25% na produtividade. Esse resultado não teria sido possível se a administração tivesse insistido em controlar como os engenheiros fazem seus trabalhos.[3]

Mantenha as Comunidades Internas Seguras para a Colaboração

O conflito dentro de uma comunidade é inevitável – e necessário – conforme as ideias buscam aceitação e as opiniões dos membros são conhecidas por todos, incluindo alguns que discordarão e demonstrarão isso.

162 Mídias Sociais na Organização

Na maioria dos casos, os membros da comunidade regulam o próprio comportamento e também os dos outros. Afinal, os membros são os maiores responsáveis pela cultura de sua própria comunidade. Mas tais características negativas, como partidarismo, defesa cega, exclusividade, negativismo, ataques pessoais e conflitos fazem parte da natureza humana e existirão mesmo nas comunidades mais bem-intencionadas.

A gerência tem um papel importante aqui, porque a colaboração funciona melhor quando os membros se sentem seguros para compartilhar qualquer ideia construtiva. Sem essa sensação de segurança, não acontecerá uma troca completa e livre de ideias, e as opiniões concorrentes não podem ser totalmente exploradas. Consequentemente, o gerente deve entrar em ação quando o automonitoramento da comunidade falha, quando ataques e críticas se tornarem pessoais. O objetivo não é evitar o conflito, que é essencial para encontrar o melhor caminho, mas, sim, evitar conflito pessoal, destrutivo e disfuncional – em resumo, aquele que costuma prejudicar em vez de promover a colaboração.

Para este fim, seu trabalho como gerente é guiar as interações da comunidade para longe do conflito destrutivo, em direção à comportamentos produtivos e significativos. A comunidade estabelece o tom da conversa, mas a gerência é responsável por manter o tom de respeito:

- Intervindo quando necessário para lembrar aos membros de que existem regras da organização para a conduta na comunidade.

- Pedir que dados e fatos fundamentem posições de ruptura ou assuntos delicados.

- Incentivar as perguntas ("Por que você acha isso?") e desestimular a posição defensiva, na qual os membros apenas repetem suas crenças sem parar, cada vez mais alto.

- Proteger a opinião da minoria, que pode ser encoberta pelo pensamento da maioria.

- Manter a transparência – quem está dizendo o que a quem – dentro da comunidade e deixar à mostra comportamentos ruins e conversas paralelas.

Tornar a comunidade um lugar seguro para a colaboração aberta é responsabilidade de todos. Às vezes, durante o calor da discussão e do debate, pode ser que os gerentes precisem lembrar os membros da comunidade quais são as maneiras apropriadas de interagir e reorientar a conversa quando ela sai do rumo certo. Existe uma linha tênue entre a orientação e o direcionamento. Um sinal da necessidade de orientação é ver que o debate e a discussão da comunidade se tornaram mais lentos ou pararam porque os membros estão esperando que alguém dê o tom certo mais uma vez ou equilibre uma questão. Mas, quando você intervir e a discussão voltar aos eixos, saia de novo.

Mantenha as Comunidades Externas Produtivamente Envolvidas

As comunidades externas que envolvem os clientes, fornecedores e outros *stakeholders*, impõem mais exigências aos patrocinadores, para que eles mantenham a comunidade produtivamente envolvida e as discussões em andamento. Os patrocinadores e gerentes têm menos influência direta em comunidades externas e, assim, precisam influenciar mais, facilitando e não apenas guiando a conversa. Isso, na maior parte do tempo, envolve dar a certeza de que a comunidade pode se autogerir cuidando para que os membros compreendam o propósito, conheçam as regras, possam avaliar as contribuições e possam indicar comportamentos ou conteúdos inadequados. Com essas habilidades estabelecidas, a gerência pode moderar de modo bem-sucedido a comunidade, e fazer ajustes para as mensagens, regras e reforço das regras.

Em alguns casos, você pode guiar a participação com um envolvimento direto. Por exemplo, participando de comunidades externas e usando as contribuições de conteúdo para destacar ideias interessantes, criar novas combinações de conteúdo por meio das relação ou chamar grupos para a conversa. Isso é comum no Twitter, por exemplo, onde os líderes repassam postagens para uma comunidade mais ampla. Também

164 Mídias Sociais na Organização

acontece em blogues individuais quando os líderes relacionam visões diferentes sobre o tema. Esse relacionamento pode ser um fator importante na construção da reputação dos participantes e do gerente, tudo sem que este diga às pessoas o que fazer. Ao destacar a boa participação, promove-se comportamentos desejados e desestimula-se os ruins.

Além disso, as comunidades externas são influenciadas pela maneira como exercitam sua responsabilidade pelos elementos operacionais da comunidade, incluindo investimentos na plataforma das mídias sociais e a criação de estruturas de autoridade conforme necessário. Invista em comportamentos produtivos e elimine os ruins.

Mantenha a Comunidade Ligada à Organização

A gerência tem um papel crucial para ajudar a comunidade a atuar de modo eficiente dentro do contexto mais amplo do empreendimento. A comunidade precisa de recursos, de ajuda para remover os obstáculos organizacionais e de alguém com liderança para ligar as decisões da comunidade às estruturas formais de gerenciamento e processos da empresa.

Na CEMEX, por exemplo, o CEO realiza uma avaliação formal de cada comunidade colaborativa a cada trimestre, e seus líderes representam cada comunidade e suas visões em discussões executivas.[4] A Electronic Arts (EA) construiu uma estrutura flexível de gerenciamento ao redor de sua grande rede de comunidades. Essa estrutura permite que as comunidades se formem de modo orgânico, mas garante que cada uma tenha o apoio de que precisa. Na verdade, a estrutura da EA é um bom exemplo do que é necessário.[5]

No nível do empreendimento, a EA tem uma *comunidade forte* que facilita os esforços colaboratios de modo geral e evangeliza os benefícios e objetivos de uma estrutura comum dentro do empreendimento. Eles também formaram um *comitê de orientação para a comunidade* para cuidar de seus investimentos e de suas conquistas pela empresa.

Os membros do comitê de orientação são de níveis superiores da gerência e sua tarefa é cuidar para que – por meio de melhores ferramentas e recursos, por exemplo – essas comunidades possam operar do modo mais eficiente possível.

Além disso, a EA também cria as seguintes posições dentro de cada comunidade:

- Um responsável representa cada comunidade nos níveis de liderança da EA. Os responsáveis são membros da equipe de liderança e dão à comunidade acesso ao restante da equipe da EA para ratificar ou solicitar apoio executivo para uma decisão tomada dentro da comunidade.

- Uma equipe é nomeada pelo comitê de orientação da comunidade da EA, e, quando a comunidade encontra dificuldades, a próxima equipe será eleita pelos próprios membros da comunidade. Normalmente um gerente da organização, o líder da equipe intermedia as discussões e guia os esforços da comunidade para conseguir atingir os objetivos estabelecidos por suas decisões.

Se os associados forem muito numerosos, cada comunidade tem a opção de formar um conselho. Esse conselho pode se formar dentro de uma comunidade para alcançar resultados específicos. Os conselhos oferecem recursos focados em alcançar um determinado objetivo dentro de um período. O uso de conselhos reflete o fato de as comunidades poderem crescer o suficiente para perder a efetividade.

A abordagem da EA é apenas uma de muitas possíveis, mas ilustra o tipo de estrutura necessária para apoiar o trabalho constante de comunidades efetivas.

Crie Transparência Oferecendo Informação e Mantendo a Visibilidade da Comunidade

A transparência é um princípio fundamental das comunidades colaborativas, nas quais todos sabem o seu nome e veem suas contribuições. Evite o anonimato, a menos que o propósito da comunidade exija. A transparência aumenta a qualidade das contribuições assim como as ferramentas das mídias sociais permitem que todos vejam, usem, reusem, aumentem, validem, critiquem e avaliem as postagens uns dos outros. Faz parte da melhoria do conteúdo, unindo informação, autoridade, autocorreção e evolução.

A transparência também é necessária para promover a confiança no processo colaborativo. Os patrocinadores e gerentes apoiam a transparência de duas maneiras: garantindo que cada comunidade tenha a melhor informação com a qual trabalhar e mantendo a transparência das contribuições da comunidade, das discussões e das decisões.

As comunidades precisam de boas informações a respeito de suas atividades, progressos e resultados. Precisam ter a certeza de que o mundo sabe o que elas estão fazendo e o que alcançaram. É sua tarefa garantir um bom fluxo de tais informações dentro e fora da comunidade. Isso começa com a divulgação de atividades que fazem parte do lançamento. Ao garantir a qualidade da informação dando atenção especial a seus recursos e à validade deles e identificando situações nas quais informações melhores ou mais firmes são necessárias para incentivar a colaboração. Por fim, você incentiva a colaboração estimulando a participação dentro do ambiente das mídias sociais e não em conversas externas. Isso envolve transcrever esse conteúdo para o conjunto de ferramentas a fim de dar a todos uma chance de ver e participar.

O Que um Gerente Precisa Fazer para Guiar uma Comunidade

Esperamos ter deixado dois pontos muito claros: (1) as comunidades colaborativas precisam de gerenciamento cuidadoso; (2) as comunidades não participarão e a colaboração nunca ocorrerá – se os gerentes usarem práticas que dependam muito de autoridade, orientação e controle. Para muitos gerentes, então, o lançamento de uma comunidade pela qual eles são responsáveis exigirá uma mudança em seu modo de gerenciar. Faça a si mesmo perguntas como estas para avaliar se está pronto para oferecer o tipo de orientação necessária:

- Sente-se à vontade com a ambiguidade a respeito da maneira de chegar aos resultados? Está disposto a deixar a estrutura e os resultados surgirem?

- É capaz de se concentrar em marcos e resultados e não em exigir planos de ação detalhados e aceitar processos predeterminados?

- Está disposto a permitir que os planos mudem e se desenvolvam, quando a situação mudar ou quando os membros da comunidade simplesmente descobrirem uma maneira melhor de fazer isso?

- Está socialmente consciente, e tem a inteligência emocional necessária para despertar o humor e o estado de espírito dos grupos, e também dos indivíduos?

- Está disposto a desafiar regras aceitas, e consegue ver valor em abordagens alternativas?

- Tem influência em sua organização além da área na qual possui autoridade formal? É influente em linhas organizacionais e processos, sendo capaz de remover as barreiras para a colaboração?

- É considerado competente pelos colegas de trabalho e de sua área? Quando fala, os outros – não aqueles que trabalham para você – prestam atenção?

- Sabe ouvir? Deixa as pessoas falarem? Está realmente disposto a mudar suas ideias quando ouve? Procura entender antes de tomar uma decisão ou mesmo fazer uma avaliação? Ou prefere julgar a perguntar?

- As pessoas conhecem seus valores e intenções o suficiente para confiar em você?

- Você é alguém respeitado e com quem as pessoas querem trabalhar?

Essas são perguntas essenciais, porque elas abordam as características de pessoas que podem exercer influência independentemente da autoridade. Isso é essencial no gerenciamento de uma comunidade.

Use os Princípios de uma Organização Social como Guia

As comunidades precisam de gerenciamento como qualquer outro esforço coordenado. No entanto, a natureza da gerência é diferente em
um contexto de comunidade. Em vez de se afastar ou de ficar no caminho, os gerentes precisam estar envolvidos – da maneira certa. Como
vimos, o jeito correto inclui delegar poder à comunidade, permitindo
que esta emerja, guiando-a em vez de tentar direcioná-la ou controlá-
-la, e concentrando-se nos fatores-chave que manterão a comunidade
coesa e produtiva.

Uma maneira de resumir isso é relacionando os seis princípios da
colaboração em massa – eles também são os princípios fundamentais
da organização social, que discutimos no Capítulo 2 – e separando para
cada uma o tipo de gerenciamento de que precisam (veja a Tabela 8-1).

Os gerentes conseguem resultados superiores e inovadores com as
comunidades colaborativas principalmente dependendo de formas de
influência e não na autoridade. A liderança por meio de ferramentas de
influência além da coerção e do controle é um marco de qualquer líder
eficaz – e é essencial para o trabalho com uma comunidade colaborativa.

Guiar do Meio **169**

TABELA 8-1

Os princípios da colaboração em massa – e das organizações sociais – e a orientação que elas requerem

Princípio	Ação de orientação dentro da comunidade
Participação	Incentive a participação e a contribuição na comunidade. Torne-a segura para a colaboração, desestimulando comportamentos destrutivos e disfuncionais e promovendo os produtivos.
Coletividade	Garanta um ciclo de colaboração comunitária saudável para conseguir os melhores resultados coletivos. Ofereça uma perspectiva mais ampla e ajude o grupo a chegar a um consenso e a tomar uma atitude junto, como um grupo.
Transparência	Alimente e realimente a comunidade com as informações corretas e adequadas. Faça com que o debate, o diálogo e as decisões da comunidade continuem visíveis e abertas ao *feedback* do grupo dentro do ambiente social – desestimule as conversas externas.
Independência	Preste atenção às ideias fechadas e combata a defesa, incentivando e facilitando pontos de vista diversos e perspectivas mais amplas.
Persistência	Mantenha o conteúdo colaborativo, as contribuições, o *feedback* e as decisões dentro da plataforma das mídias sociais e facilmente disponíveis para os membros da comunidade.
Emergência	Concentre-se nos resultados da comunidade em vez de tentar controlar os meios de chegar a esses resultados. Incentive a comunidade a estabelecer suas metas e objetivos, mas reconheça que definir os termos de envolvimento é uma maneira não muito sutil de controle que comprometerá as contribuições da comunidade.

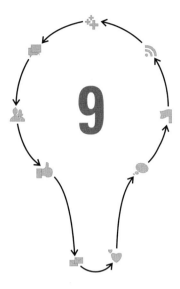

Guiando o Propósito da Comunidade

Como uma empresa global atendendo mercados regionais, a CEMEX moldou seu marketing e operações às necessidades da região, na crença de que cada mercado é único. A experiência da empresa dizia que um programa eficiente de marketing, por exemplo, de uma economia em desenvolvimento, não seria eficiente em um mercado maduro como o europeu.

No entanto, conforme a CEMEX cresceu de 2000 a 2010, principalmente por meio de aquisições, a liderança da empresa percebeu que uma parte das abordagens de participação de mercado – propostas de valor – entre mercados parecidos pode ser útil. A empresa também percebeu que tentar cultivar e capacitar essa participação por meio de sedes corporativas provavelmente seria lento, caro e efetivo apenas em parte.

Assim, a abordagem da CEMEX, então, foi criar, como parte da transformação SHIFT, uma iniciativa chamada proposta de valor alinhada às necessidades de mercado. A iniciativa começou em 2010 como um mercado de ideias no qual os profissionais de marketing regionais da CEMEX podiam enviar e dividir abordagens de marketing. Por exemplo, na zona rural do México, a empresa ajuda as comunidades a reunir recursos

172 Mídias Sociais na Organização

e oferecer microcrédito para dar suporte ao desenvolvimento local. O propósito da proposta de valor alinhada à comunidade de necessidades de mercado era tornar ideias como essa, juntamente com a experiência obtida em seu uso, disponíveis para unidades da empresa em outros países em desenvolvimento.

Dois meses depois do começo do mercado de ideias, 180 propostas de valor estavam em diversos estágios de troca pela organização, e acabaram levando a quarenta implementações. Por exemplo, a operação Ready Mix, da CEMEX, na China, submeteu uma proposta de valor, mas pegou 63 de outras partes da empresa. O México ofereceu 24 e adquiriu 22 novas propostas.

A iniciativa da proposta de valor teve sucesso muito mais depressa do que as pessoas esperavam, o que deu origem à pergunta: com seu propósito inicial satisfeito, a empresa se desenvolveu, fazendo com que todos deixassem de ter apenas consciência das diferentes propostas e passassem a oferecer apoio para levar tais propostas ao mercado. A comunidade expandiu seu plano de objetivos e acrescentou webinars[*], *blogs* e diálogos interativos em apoio para levar novas propostas de valor a novos mercados.[1]

Essa foi uma situação na qual uma comunidade satisfez seu propósito inicial – trocar propostas de valor – e prosseguiu para outro propósito relacionado que desde então criou inovações radicais sobre como a empresa atua no mercado no mundo todo. Influenciar esforços em busca de novas oportunidades por meio de tal evolução do plano de objetivos de uma comunidade é o que queremos dizer quando falamos em guiar a comunidade.

Guie a Comunidade de Acordo com seu Progresso e Direção

Você, como responsável ou gerente, usa o propósito como uma bússola para guiar a comunidade. Isso envolve não apenas manter a comunidade focada em seu propósito original, mas, com frequência, trabalhar com ela

---

[*] Webinar é um neologismo para web-based seminar, ou seja, seminário via internet. As ferrametas disponíveis atualmente permitem que, além da conferência em tempo real, sejam disponibilizados para o público materiais de apoio, como apresentações em Power-point, vídeos, *chat* e enquetes, que permitem a interação entre as partes. (N. R)

para lapidar e desenvolver seu plano de objetivos com base no progresso e nas conquistas.

Orientar de acordo com o propósito envolve guiar a comunidade como um todo, o que é diferente de guiar dentro da comunidade como um participante, como discutimos no Capítulo 8. Para guiar a comunidade com seu próprio é preciso que os gerentes a vejam como um grupo, acompanhem o progresso feito em direção a seu propósito, avalie constantemente o valor contínuo desse propósito para a organização, e procure novos propósitos emergentes com grande potencial.

Neste capítulo, vamos nos concentrar nessa importante tarefa, começando com a pergunta: *O que fazer quando o propósito e a comunidade deixam de trabalhar juntos?*

Quando isso acontece, é preciso reavaliar a relação entre propósito, comunidade e colaboração em massa fazendo perguntas importantes, como:

- Qual é a relação entre a comunidade e seu propósito original? Analise como a comunidade tem interpretado seu propósito e a natureza das interações comunitárias ao redor desse propósito.

- Qual progresso a comunidade tem feito com relação a esse propósito? Identifique o que é tangivelmente diferente para a organização agora que a comunidade está presente e quais novos problemas esse progresso criou.

- Alguma coisa mudou que exigiria reavaliação do propósito ou da comunidade? Há mudanças na organização que exigem a reorganização dos investimentos colaborativos ou do valor dos resultados colaborativos? Você está construindo as capacidades colaborativas que a organização exige para o sucesso contínuo?

Avalie o desempenho da comunidade de duas maneiras. Em primeiro lugar, avalie seu progresso em relação ao plano de objetivos original, prestando atenção a direções emergentes, nas quais a comunidade concentra sua energia, e os problemas que ela discute – tudo isso pode ser um sinal de que ela está procurando se redefinir. Em segundo lugar, faça essas perguntas sobre si mesmo como responsável ou gerente pelo menos duas vezes por ano ou sempre que uma mudança importante ocorrer na comunidade ou em seu contexto organizacional. As respostas oferecerão conhecimento valioso a respeito da vitalidade e interesse dos membros da comunidade.

Reconheça Quando uma Comunidade Precisar de Ajustes

Uma comunidade e seu propósito podem se afastar porque novos propósitos podem surgir ou porque a comunidade se desenvolve e reinterpreta seu propósito. Quando essas situações ocorrerem, adapte a relação entre o propósito e a comunidade redefinindo-o ou realizando ajustes na comunidade. Da mesma maneira, quando a comunidade não puder fazer progresso importante em relação a seu propósito, tome uma das seguintes atitudes:

- Ajuste a comunidade de acordo com sua vitalidade (apelo aos membros) e produtividade (valor para a organização)

- Facilite círculos sociais dentro da comunidade.

- Apoie uma comunidade *spin-off* ** para alcançar um novo propósito.

Guiar uma comunidade ativa é um processo que nunca termina. Como responsável ou gerente, não diga o que a comunidade deve fazer. Sua orientação deve vir apenas por meio da avaliação do progresso e dando passos para dar propósito e para colocar a comunidade em um melhor alinhamento.

** *Spin-off* ou derivagem é um termo utilizado para descrever uma nova organização que nasceu a partir de um grupo de pesquisa de uma empresa, universidade ou centro de pesquisa público ou privado, normalmente com o objetivo de explorar um novo produto ou serviço de alta tecnologia. É comum que estas se estabeleçam em incubadoras de empresas ou áreas de concentração de empresas de alta tecnologia. (N. R.)

Ajuste o Propósito de Acordo com a Vitalidade e a Produtividade da Comunidade

Até que ponto uma comunidade atrai seus membros e a utilidade que ela tem para a organização pode mudar de acordo com o contexto de negócios e a reação dos membros ao propósito. Use o propósito da comunidade e as especificidades descritas em seu plano de objetivos para avaliar a vitalidade e a produtividade – a saúde da comunidade, por assim dizer – e encontre problemas que precisem de abordagem.

Uma comunidade verdadeiramente produtiva tem três características. Primeiro, seus membros colaboram de modo ativo em problemas relacionados ao propósito. Em segundo lugar, a comunidade está criando resultados organizacionais consistentes com seu propósito. Por fim, ela está se desenvolvendo – crescendo em participação, definindo e alcançando novos objetivos, e envolvendo o restante do empreendimento.

Avalie a saúde de uma comunidade fazendo perguntas, como:

- Os membros falam sobre assuntos relacionados ao propósito atual ou estão se afastando?

- Estão se afastando em direção a um propósito relacionado ou diferente, mas ainda assim que valha a pena? A organização deveria apoiar e incentivar o novo propósito – por exemplo, acrescentando-o ao plano de objetivos e oferecendo recursos?

- Em discussões da comunidade, qual é a porcentagem de novas ideias a projetos ativos? A comunidade é capaz de passar da discussão para a ação? As ações refletem metas descritas no plano de objetivos? Se não, existem obstáculos que o responsável pode remover? Ou ele deve rever o plano de objetivos?

- Qual é o tom de participação? É respeitoso? Existe ampla participação ou alguns membros dominam a comunidade? Em caso afirmativo, isso ajuda a alcançar o propósito da comunidade?

- Como a associação à comunidade mudou desde a última avaliação? Quem entrou e quem se tornou ativo? Quem se tornou inativo? A cultura e os propósitos estão mudando em virtude dos novos participantes?

- A comunidade está ganhando mais conhecimento a respeito de seus propósitos atuais e conseguindo ou expandindo seus objetivos? Está usando esse conhecimento para percorrer caminhos positivos? O propósito precisa se desenvolver ou está oferecendo valor à comunidade e à organização?

Não se apresse para avaliar a comunidade ou julgá-la de acordo com um ideal. As comunidades demoram a crescer. Permita e incentive o autodiagnóstico sempre que possível. Um responsável pela comunidade tinha dúvidas de que ela seria eficiente. Em vez de dizer a ela o que fazer, no entanto, ele esperou e observou. A comunidade precisou de três semanas para encontrar o equilíbrio, mas quando encontrou, ele ficou impressionado com sua capacidade de enfrentar questões complexas.

A comunidade mais eficiente é aquela capaz de reconhecer a realidade e se realinhar. Ofereça a informação e as contribuições de que a comunidade precisa para avaliar a si mesma e incentivar a melhoria. Evite tentativas de impor ação corretiva de fora, porque isso apenas prejudicará a habilidade e a disposição da comunidade de colaborar de modo eficiente. Incentive a comunidade a refinar seus planos e comprometimentos e a atualizar seus objetivos com base em sua experiência e progresso real.

Facilite os Círculos Sociais para que Combinem Participantes e Propósito

As comunidades podem envolver centenas, milhares – até milhões de pessoas, mas nem todos os propósitos devem ou precisam atrair todas elas. Uma comunidade grande pode alcançar diversos propósitos por meio de *círculos sociais* menores – subgrupos que se formam sozinhos de acordo com uma característica em comum, uma preocupação mútua ou um objetivo comum.

Os círculos sociais permitem que os membros da comunidade se especializem em esforços menores que podem não ser atraentes a muitos na comunidade.

As comunidades da Electronic Arts formam os conselhos de comunidade, um tipo de círculo social interno, para obter sub-objetivos com prazo menor ou quando a comunidade se torna grande demais e perde sua eficiência.

A comunidade de combustíveis alternativos da CEMEX se dividiu em diversos círculos sociais para avaliar as operações da fábrica pelo mundo e identificar os melhores desenvolvedores.

Outra organização, a Univita, usa os círculos sociais para dar uma abordagem pessoal ao desafio de cuidar de idosos. Essa empresa de serviços de cuidados à saúde oferece informações simples e ferramentas para ajudar as pessoas a avaliar, planejar e coordenar os cuidados necessários. Ela reconheceu que o cuidado aos idosos é complexo, pessoal e pouco abordado em comunidades de massa. Sua abordagem se baseia em construir um círculo social – a Univita o chama de *círculo de cuidados* – ao redor de um entendeu querido. Cada círculo de cuidados oferece uma maneira segura de os membros da família e outras pessoas compartilharem suas preocupações e coordenarem os cuidados com um parente que vive sozinho. Além de dar apoio aos membros da família por meio de informação pessoal e ferramentas normalmente associadas à colaboração em massa.[2] Como parte de seu plano de objetivos, a Univita planeja expandir a comunidade de modo que os cuidadores possam colaborar em círculos de cuidados para dividir experiências e práticas bem-sucedidas, mas esses propósitos entrarão em jogo apenas depois de os círculos de cuidados pessoais serem formados.

Em uma comunidade colaborativa, nem todos fazem tudo, mas todos conseguem ver e comentar as ideias e o trabalho das outras pessoas. Criar círculos sociais dentro da comunidade oferece uma maneira de promover maior intimidade, perseguir aspectos específicos de um propósito ou trabalhar paralelamente com seus diferentes aspectos, mantendo a identidade da comunidade.

178 Mídias Sociais na Organização

Sem essa habilidade, a comunidade pode se dividir em subgrupos que não se identificam com ela como um todo ou com outros subgrupos. Isso pode causar divergência de propósito, conflitos, perda de motivação e atrito indesejado entre os membros. Os responsáveis e os gerentes podem desestimular os grupos divididos:

- Identificando o trabalho que exige uma abordagem de equipe pequena, como conduzir uma pesquisa detalhada ou desenvolver recomendações específicas e gerenciá-las com a comunidade.

- Permitir ou incentivar os círculos sociais para que se formem ao redor de certas questões que não interessam à comunidade toda.

- Aplicar círculos sociais onde for adequado para conseguir foco e continuar a dividir o trabalho de cada círculo com toda a comunidade de modo transparente.

Formar círculos sociais conforme a necessidade dentro da plataforma de mídia social da comunidade pode mantê-la unida. Mas em certos momentos é melhor afastar parte da comunidade para formar uma nova com o objetivo de perseguir um novo plano de objetivos.

Ajude uma Comunidade *Spin-off* a Alcançar um Novo Propósito

As comunidades se desenvolvem em resposta a novos interesses, mudando contextos e criando capacidades. Em alguns casos, as comunidades fazem nascer novas versões – *spin-offs* – de si mesma; elas se formam quando alguns membros definem um novo e diferente propósito, atrai outros para se unirem a eles e a nova comunidade consegue aprovação para Ir. As *spin-offs* são uma maneira de acelerar o uso da colaboração comunitária, porque elas se beneficiam de algumas das regras, ferramentas e membros que herdam da comunidade principal.

Apesar de as *spin-offs* serem possíveis, e às vezes úteis, você – como responsável e gerente – deve pensar cuidadosamente em todos os casos a respeito do valor que elas têm. Evite apoiar uma *spin-off* como resposta à discórdia dentro da comunidade. Em vez de criar uma comunidade concorrente, guie os membros para que eles resolvam os problemas entre eles, mesmo que isso crie tensão. Lembre-se de que as melhores ideias costumam surgir de um conflito construtivo – aquele que se concentra nos méritos de diferentes abordagens ou ideias e nunca se torna pessoal.

As *spin-offs* funcionam melhor quando alguns membros da comunidade criam um esforço básico à parte com base em um novo propósito que não se encaixa bem dentro do plano de objetivos da comunidade existente. Tal propósito novo costuma exigir novos membros, novo conteúdo e nova funcionalidade, e assim, não teria tanto sucesso na comunidade original. As *spin-offs* podem funcionar bem para todos os envolvidos quando surgem do sucesso de uma comunidade para criar novos sucessos possíveis. Procure por essas oportunidades de *spin-off* e use o modelo Não, Ir, Crescer para determinar seu potencial.

A CEMEX enfrentou essa situação quando um grupo de eletricistas da empresa criou uma pequena comunidade sozinhos. Eles usaram a plataforma colaborativa da empresa sem um responsável e sem um propósito definido claramente. Usando um modelo parecido ao Não, Ir, Crescer, os patrocinadores decidiram dar apoio à nova comunidade. Como Miguel Lozano, diretor de inovação da CEMEX, disse: "Estou interessado em apenas uma coisa – no que é bom para a empresa".[3] Hoje, a CEMEX tem mais de 450 dessas pequenas comunidades, com mais de 8 mil funcionários participantes. Algumas, como a comunidade de saúde e segurança, se transformaram em uma estrutura mais formal com impacto grande na organização.

As *spin-offs* podem ser úteis desde que não produzam comunidades múltiplas com propósitos que competem por recursos e membros. Apresentar ideias de *spin-offs* por meio do modelo *Não, Ir, Crescer* pode ajudar a evitar esse tipo de sobreposição e confusão. Além disso, evite as *spin-off* que buscam o mesmo propósito da comunidade original e que são diferentes apenas por se concentrarem em uma determinada unidade de negócios, região geográfica ou algum outro fator distinto além do propósito. Repetir o mesmo propósito em uma parte diferente da organização pode facilmente criar silos de comunidade e distinções artificiais que diminuem o poder da colaboração em massa.

Criar uma *spin-off* de sucesso demonstra a capacidade da empresa de buscar respostas em suas ideias e talentos e rapidamente alcançar novos propósitos. Mas permitir que as comunidades se proliferem sem limite só vai causar confusão.

Reconheça Quando Restabelecer o Propósito ou a Comunidade em Si

Muitas vezes, os responsáveis e gerentes devem reconhecer a necessidade de, realmente, começar de novo – por exemplo, quando uma comunidade não é coesa; quando não consegue progredir com seu propósito e todos os esforços a levam ao fracasso; ou quando completa seu propósito e não se mobiliza para outro produtivo. Esses são sinais de que a comunidade precisa encontrar um novo propósito ou que este exige uma nova comunidade. Redefinir uma comunidade é uma oportunidade para a organização aprender e melhorar a maneira como realiza a colaboração comunitária.

Mudar o propósito de uma comunidade pode alterar sua capacidade colaborativa e de criar resultados. Os responsáveis devem reconhecer que adotar um novo propósito muda a comunidade e devem recomeçar o ciclo todo (propósito-lançar-guiar) e não simplesmente declarar um novo propósito.

Os responsáveis e gerentes encaram a necessidade de redefinir a comunidade quando:

- Determinam que um novo propósito surge ou não se encaixa bem dentro do plano de objetivos.

- Redirecionam uma comunidade para longe de um propósito improdutivo si sem desestimular a colaboração.

- Recuperam-se de um imprevisto.

Reavalie as mudanças importantes de propósito ou natureza de uma comunidade usando a estrutura "Não, Ir, Crescer". Essa abordagem ajuda a criar decisões importantes para descontinuar um próprio (Não), levar um propósito a outra comunidade (Ir) ou redefinir um novo propósito para a comunidade (Crescer). Implementar qualquer uma dessas decisões é complexo porque agora estamos lidando não com uma possível comunidade, mas com uma viva, formada por pessoas de verdade.

Considerando um Novo Propósito

As diferenças entre as comunidades *Obama for America* e *Organization for America* ilustram os desafios de se mudar o propósito ao mesmo tempo em que tenta manter os mesmos membros. *Obama for America* foi o primeiro programa de mídia social de Barack Obama nas eleições de 2008. Este envolvia um conjunto único de comunidades colaborativas todas organizadas ao redor de um único propósito – garantir a eleição de Obama. Depois da eleição, a *Obama for America* se tornou *Organizing for America*, com um novo propósito: "Capacitar as comunidades do país a criar nossa agenda de mudança". No fim de 2009, ela mudou de novo – da política de defesa para se concentrar em eleger os democratas nas eleições de 2010 para o congresso. A comunidade reagiu, participando de mais de 200 mil mudanças voluntárias e quase três mil sessões de voto pelo país.[4] Ainda assim, apesar de esses resultados terem sido impressionantes, eles não chegaram nem perto dos níveis de participação de 2008.

Organizar uma eleição nacional e seguir uma agenda legislativa pode ser parecido porque envolve muitas das mesmas pessoas. Mas são propósitos muito diferentes que exigem objetivos e capacidades de colaboração comunitária diferentes. Na verdade, é o caso de quando uma comunidade precisa de um novo propósito porque ela alcançou seu objetivo original. Se a *Organizing for America* tivesse passado da campanha eleitoral de 2008 diretamente para a campanha de 2010, elas provavelmente teriam mais sucesso porque esses esforços teriam sido alinhados de modo mais próximo.

Na teoria, uma comunidade deve se desfazer ao atingir seu propósito ou quando seu propósito atual não consegue atrair um número satisfatório de participantes. Mas a realidade social é que, em uma comunidade bem-sucedida, os participantes querem continuar colaborando, e assim, eles procuram um novo ponto de concentração para poderem seguir em frente – e desenvolver seu propósito. Isso é bom, e uma diferença básica entre as comunidades colaborativas e as iniciativas corporativas. Uma organização patrocinadora deve manter esse benefício e tentar encontrar uma maneira de facilitar sua produtividade contínua.

Como definimos no Capítulo 2, o plano de objetivos é um conjunto de propósitos relacionados que definem como a colaboração da comunidade pode se desenvolver com o tempo. Serve como um guia para desenvolver a comunidade demonstrando que a colaboração comunitária pode ir além dos objetivos e metas iniciais. Pense em adotar um novo propósito com base no plano de objetivos, mas esteja aberto à possibilidade de a comunidade continuar trabalhando junto, mas precisa de um novo direcionamento e de um novo conjunto de propósitos.

Como a colaboração com base na mídia social ainda é relativamente nova, existem algumas situações nas quais uma comunidade encontrou sua meta e teve de se reinventar. Apesar de não ser um exemplo de mídia social, a March of Dimes pode oferecer exemplo do que é exigido para redefinir um propósito.

Em sua fundação, em 1938, pelo presidente Franklin Roosevelt, a March of Dimes dedicou-se à erradicação da poliomelite nos Estados Unidos. Este era seu propósito e as pessoas colaboraram doando dinheiro para pesquisa e tratamento. (Seu nome veio de uma prática única de pintar uma faixa no meio de calçadas onde as pessoas colocariam doações em moedas. Uma moeda de dez centavos naquela época era o equivalente a mais de um dólar hoje.)

Em meados dos anos 1950, uma pesquisa na qual a March of Dimes havia desempenhado papel importante produziu uma vacina. Ao celebrar esse sucesso, a March of Dimes também enfrentou uma crise existencial. Depois de 1955, as contribuições caíram porque a comunidade de doadores viu que o trabalho de caridade fora bem-sucedido. Em 1958, a March of Dimes havia redefinido seu propósito que agora era colaborar para a erradicação dos defeitos de nascença.

Dependendo de como ela difere de seu plano de objetivos atual, introduzir um novo propósito em uma comunidade existente pode exigir

Guiando o Propósito da Comunidade **183**

um retorno ao propósito anterior e às fases de lançamento do ciclo de colaboração da comunidade. Mas agora, em vez de trabalhar isolados, os gerentes e responsáveis têm os talentos criativos de uma comunidade experiente atuando com eles.

Trabalhe com a comunidade para definir o novo plano de objetivos do conjunto de oportunidades na estratégia da colaboração comunitária ou por meio do debate de ideias. Evite novos propósitos até garantir que eles representam investimentos valiosos de tempo e recursos organizacionais. Supondo que se chegue a uma decisão de Ir ou Crescer, relance a comunidade atualizando conjuntos de ferramentas, alimentando o ambiente com novo conteúdo e atraindo os participantes da comunidade.

Para a March of Dimes, o sucesso gerou uma crise porque a organização havia definido um propósito muito específico e nunca considerou a possibilidade de poder encontrar outro. Para se relançar, a caridade teve de estabelecer seu novo propósito dentro da comunidade de ex-doadores, e também dentro da sociedade, como um todo. A princípio, houve um esforço para agradecer quem incentivou e atribuiu sucesso a suas doações. Em seguida, pediu-se a eles que escolhessem o novo propósito – eliminar defeitos de nascença – explicando que era uma extensão natural do propósito original e que a participação contínua levaria a um sucesso parecido.

Guiar uma comunidade existente além de seu propósito original envolve muitas das mesmas atividades. Assim como a March of Dimes se reinventou com um novo propósito e manteve muitas das características que a tornaram bem-sucedida, a comunidade precisa relançar-se com um novo propósito e posição de força.

Afastando a Comunidade de um Propósito Improdutivo sem Comprometer a Colaboração

Um novo ou diferente propósito sugerido pela comunidade pode não ser bom ou apropriado para a organização. Pode representar um mau investimento de seus recursos ou de tempo, talento e atenção da comunidade. Desestimule os propósitos inconsistentes com a organização, sua cultu-

184 Mídias Sociais na Organização

ra ou direção enfatizando outras prioridades, propósitos e objetivos. Se preciso, limite o apoio às mídias sociais. O antagonismo visível ou oposição organizacional formal podem funcionar, mas também podem levar o apoio para o propósito errado e pelos motivos errados. Nesses casos, você, os outros responsáveis e os gerentes precisam direcionar a comunidade a outro propósito sem necessariamente ditar uma direção. Isso será um desafio, pois é preciso encontrar uma maneira de redirecionar a comunidade a um propósito mais apropriado sem prejudicar seu espírito coletivo. (Reserve uma proibição para situações nas quais o propósito emergente representa uma ameaça inaceitável a segurança, privacidade, regulamentos ou coisas assim).

Um propósito por si só não é bom nem ruim; no entanto, nem todos são iguais à luz da estratégia de negócios ou visão. Use essa visão e estratégia como uma maneira de eliminar o propósito que tenha uma ou mais das seguintes características:

- Propósitos que não atendam a clientes, valores, estratégias e cultura da organização.

- Propósitos cujo sucesso exige diminuir ou comprometer outra divisão dentro da organização.

- Propósitos que sejam exclusivos a um único grupo ou unidade de operação e criem silos na comunidade.

- Propósitos que exigiriam grandes investimentos para pouco ou nenhum benefício tangível dos negócios.

Os responsáveis e gerentes representam a organização dentro da comunidade. É sua responsabilidade identificar quando um propósito proposto está mal orientado, errado ou é disfuncional para a organização. No espírito de colaboração, envolva a comunidade para avaliar como um propósito proposto cria valor aos participantes e à organização. Esse diálogo de contribuição e *feedback* – o ciclo de colaboração – dará a você a habilidade de ouvir e reagir dentro da comunidade para criar um propósito mais apropriado.

Por fim, um propósito consistente com os objetivos ou cultura da organização exige intervenção. Normalmente, isso envolveria fazer a comunidade selecionar outro propósito. Mas, em situações extremas, pode levar à dissolução da comunidade e ao acesso limitado a ambientes colaborativos.

Recuperando-se de um Grande Imprevisto

Ao trabalhar com comunidades colaborativas, certo fracasso pode ser inevitável e natural, dadas as questões normalmente difíceis e problemáticas que as comunidades precisam resolver. Os motivos para o fracasso são muitos: a organização ou comunidade buscou um propósito irracional, fracassou ao tentar obter membros, não teve patrocínio forte ou apropriado, ou o investimento em ferramentas de mídias sociais foi inadequado.

Como já dissemos muitas vezes, simplesmente usar as mídias sociais raramente cria colaboração para a comunidade. Imprevistos indicam a necessidade de uma compreensão mais profunda da comunidade-alvo, das facilidades das mídias sociais e do propósito. Quando os imprevistos acontecem, os patrocinadores e os gerentes devem voltar à visão organizacional original para a colaboração em massa e refinar as oportunidades colaborativas antes de redefinir o propósito da comunidade e seu relançamento. Você tem pouco tempo e atenção para acertar.

A colaboração Efetiva Exige Orientação da Comunidade

A colaboração exige estrutura não apenas dentro da comunidade, mas também entre as comunidades e o restante da organização. Guiando essa estrutura está a responsabilidade de patrocinadores e gerentes dentro de uma organização social. Os gerentes precisam equilibrar suas defesas para as discussões da comunidade em relação ao progresso que esta realiza em direção a seu propósito e os resultados que obtém. Para encontrar o equilíbrio certo entre o propósito e o progresso, é preciso que os gerentes liderem o esforço de colaboração e reconheçam quando uma comunidade precisa mudar. O objetivo é fazer tais mudanças de modo a melhorar em vez de eliminar a energia do participante e sua contribuição.

Dada a diversidade das comunidades, a cultura organizacional e o propósito da comunidade, existem regras simples que determinam quando a intervenção se faz necessária. Sinais como participação inadequada, diluição do esforço ou falta de progresso em relação ao propósito representam oportunidades de aprender e ajustar a comunidade usando as abordagens que descrevemos neste capítulo.

Guiar a comunidade como uma unidade, de acordo com seu propósito, reflete a responsabilidade da administração de criar as estruturas corretas para traduzir ideias e conhecimentos individuais em ação colaborativa e resultados relevantes aos negócios. A terceira e última responsabilidade da gerência consiste em ligar essas ações a processos organizacionais e sistemas existentes para difundir os benefícios da inovação da comunidade pela organização.

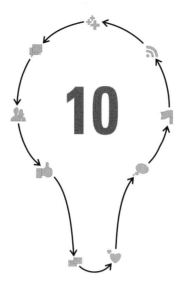

Adaptando a Organização

A Loyola University, em Chicago, foi fundada em 1870 e é a maior universidade jesuíta dos Estados Unidos. Em 2008, ela criou o Next Stop: Loyola, uma comunidade colaborativa com membros que compreendiam, acima de tudo, novatos, além de membros das classes do primeiro ano e da universidade. O propósito da instituição era ajudar os alunos admitidos a decidirem se matricular na universidade. O Next Stop era o lugar onde eles podiam dividir informações sobre eles mesmos, conectar-se a outros alunos admitidos, participar de discussões e completar o processo de matrícula. "Nossa abordagem é envolver os alunos para ajudá-los a explorar Chicago como cidade, Loyola como universidade e os outros alunos que estarão na sala", disse Justin Daffron, SJ, membro de serviços acadêmicos.

A iniciativa tem sido um sucesso desde o início. Os alunos têm se beneficiados com ajuda para tomarem a decisão de se matricular e com a chance de participar de uma comunidade de colegas de sala antes mesmo de chegarem ao *campus*. A universidade tem se beneficiado por ter alunos mais informados, comprometidos e cheios de energia. Além da melhora no índice de alunos aprovados que terminam se matriculando.[1] De acordo com Paul Roberts, membro adjunto da administração de matrículas, "O portal de alunos aprovados, juntamente com modificações do processo de exames, aumentou nosso lucro em 5% e diminuiu a taxa de desistência em 15%".

Por fora, o Next Stop: Loyola pode parecer um grupo simples e direto de mídia social. Mas o sucesso exigiu que ele contemplasse e mudasse os principais departamentos da escola toda, incluindo exames, matrícula, ajuda aos alunos, moradia, TI e finanças. Além disso, o processo todo de comunicar-se com os alunos aprovados teve de ser desenvolvido. Por exemplo, os funcionários da escola participaram de fóruns de discussão comunitários para responder às perguntas e corrigir as ideias equivocadas dos alunos. Além disso, depois de um pouco de experiência com a comunidade, a Universidade tirou os fóruns de discussão dos alunos e os levou ao Facebook. "Adotamos o princípio de que precisamos estar onde os alunos estão, e não fazer os alunos irem aonde queremos", disse Roberts.

Nenhuma dessas mudanças aconteceu de repente. Elas surgiram como resultado de esforços cuidadosos e bem pensados daqueles membros do quadro de funcionários da universidade, que ficaram com a responsabilidade pelo sucesso do Next Stop. Esses gerentes tiveram de trabalhar de modo ativo com todos os departamentos da universidade, além de sistemas e processos para planejarem a comunidade e então cuidar para que ela funcionasse e continuasse funcionando como o pretendido. Em resumo, esses gerentes tiveram de guiar praticamente toda a organização em direção a esse objetivo e, operando com uma liderança sênior, eles tinham pouca ou nenhuma autoridade sobre aqueles cuja cooperação era essencial.

Os responsáveis e gerentes levam, a seu trabalho com a comunidade, uma perspectiva organizacional e a própria experiência. Eles guiam a comunidade usando seu propósito como cajado. Também guiam a organização para difundir, de modo produtivo, as ideias geradas pela comunidade e as inovações em todo o empreendimento.

Torne a Organização Segura para a Colaboração Comunitária

Guiar a organização envolve um processo de facilitação, conexão e orientação que continuamente relaciona a comunidade aos processos organizacionais e às estruturas de poder. Como um responsável ou gerente, você *é* esse elo essencial. Nesse papel principal, seu objetivo não é apenas satisfazer as necessidades de comunidades individuais, mas também tornar a organização segura para a colaboração comunitária em geral. Isso é feito trabalhando com líderes organizacionais de diversas funções corporativas – como RH, TI e finanças – para criar a compreensão de como a colaboração em massa pode ajudar a organização a alcançar seus objetivos. Sem essa compreensão, esses grupos podem resistir à colaboração em massa porque talvez a vejam como uma mudança desnecessária.

Alinhar esses grupos em apoio de colaboração é o que que queremos quando falamos em tornar a organização *segura* para as comunidades colaborativas. Uma organização social é um lugar seguro para a colaboração em massa porque todos os elementos dela reconhecem seu valor e potencial. Eles veem a colaboração em massa não como uma ameaça, mas como um meio de complementar e estender a maneira com que eles lideram, gerenciam e desenvolvem a organização.

Como responsável ou gerente, você é o responsável por trabalhar com os executivos para criar essa compreensão das seguintes maneiras:

- Envolvendo líderes executivos e seniores em atividades de colaboração em massa por meio de estruturas inter-relacionadas de liderança – ou seja, os líderes compartilham a responsabilidade pelas atividades organizacionais tradicionais e pelo trabalho de comunidades colaborativas.

- Estendendo processos formais de mudança organizacional e autoridade para incorporar os resultados das comunidades não como um experimento ou novidade, mas, sim, como "a maneira de fazermos as coisas".

- Trabalhando com profissionais de RH para incorporar a colaboração na definição da organização de comportamento profissional desejado e conduta adequada.

- Trabalhando com o CFO e as finanças para desenvolver orçamentos e práticas de finança com base em uma compreensão clara da colaboração em massa e de suas necessidades de recursos. Uma comunidade colaborativa é única no que diz respeito a ter um propósito definido, mas é livre para definir como conseguirá esse propósito. Essa liberdade reduz a eficiência de modelos tradicionais de patrocínio e exige uma abordagem diferente para a alocação de orçamento e recursos.

- Ajudando os líderes de TI a oferecer capacidades colaborativas que funcionam com os sistemas de TI, mantêm a segurança organizacional e a integridade operacional e satisfazem as necessidades de comunidades colaborativas que sempre mudam.

Essas tarefas representam uma parte significativa do trabalho realizado por gerentes e patrocinadores em favor das comunidade que eles apoiam.

Guie a Organização para Reduzir Eventual Competição e Conflitos

Uma organização social reconhece a importância de estabelecer um ambiente no qual a colaboração em massa possa ocorrer sempre. As organizações que tratam uma comunidade colaborativa como uma exceção ou iniciativa especial não criaram as abordagens para resolver o conflito organizacional gerado pela colaboração em massa.

Uma comunidade existe dentro do contexto da organização, mas sua capacidade de atuar mais ou menos independentemente cria o potencial para a concorrência com funções corporativas tradicionais. Considere uma comunidade cujo propósito é encontrar maneiras de melhorar o ambiente de trabalho. O potencial de conflito com o RH é claro. Ainda que uma comunidade assim possa ter funcionários do RH, não é liderada por este departamento da mesma maneira como uma força-tarefa em condições de trabalho seria. Essa tensão pode levar as funções corporativas a ignorar comunidades ou se opor ativamente a elas. Por exemplo, em uma das empresas que estudamos, os gerentes de linha ameaçados por uma comunidade minimizaram seu lançamento e reforçaram seu papel tradicional com o pessoal da fábrica. Assim, o lançamento fracassou ao alcançar apenas 10% de seu público-alvo.

Criar apoio para a colaboração em massa dentro da organização leva tempo conforme você trabalha com executivos, com o RH, com as finanças, a TI e outros para ajudá-los a entender que as comunidades colaborativas dão apoio em vez de competir com suas políticas, processos, sistemas e procedimentos formais. Esses grupos têm preocupações legítimas a respeito da colaboração em massa que precisam ser abordadas com seriedade e não ignoradas.

Bons gerentes e patrocinadores trabalham com os líderes do empreendimento para encontrar maneiras de tornar a organização mais aberta à natureza relativamente desestruturada e à energia das comunidades colaborativas. Eles tentam reduzir a necessidade da organização de controlar, criando confiança na habilidade que as comunidades têm de produzir o tipo de valor organizacional impossível de ser usado em métodos tradicionais.

Bons gerentes e patrocinadores de comunidade também reconhecem que as funções organizacionais são responsáveis pela integridade das pessoas da empresa, das finanças, das informações e dos sistemas, e eles relacionam essas preocupações com as práticas e atividades da comunidade. Sem essa forma de orientação ativa e constante, as comunidades se veem em conflito com as funções corporativas.

Crie Estruturas de Liderança Inter-relacionadas

A orientação organizacional começa por cima e no início da abordagem, quando os líderes expõem a visão a respeito da colaboração de massa. Ao guiar líderes executivos e seniores em direção a uma comunidade colaborativa, procure o apoio deles sem torná-los donos da comunidade ou de seu trabalho. Isso pode parecer contraproducente, já que a maioria das abordagens pede que os executivos liderem uma iniciativa. Mas a colaboração em massa não é nem uma iniciativa nem uma comunidade única. Ela representa uma maneira diferente de funcionar, e os executivos precisam estar à vontade com a abordagem e incentivá-la mais do que liderar o trabalho de qualquer comunidade.

192 Mídias Sociais na Organização

Envolver os executivos e líderes nas primeiras fases – formular a visão e a estratégia – vai ajudá-los a entender o potencial e as limitações da colaboração de massa. Mas é apenas uma parte. Eles precisam se envolver ao longo do processo, principalmente porque as comunidades determinam como atingirão seu propósito. O ideal é que a ligação entre os executivos e as comunidades seja forte o bastante para criar confiança e apoio, mas não tão forte a ponto de reduzir a capacidade da comunidade de participar e inovar.

Incorpore a informação a respeito do progresso e das questões da comunidade na rotina administrativa da liderança sênior. Atualizações regulares manterão o progresso da comunidade visível. Mas evite reuniões frequentes de avaliação – mensalmente, por exemplo – porque o progresso da comunidade em relação ao seu propósito pode ser irregular. Relatos frequentes demais podem criar uma falsa impressão de inatividade, volatilidade ou imprevisibilidade. Diferentemente de equipes de projeto e forças-tarefa, as comunidades não produzem com um prazo fixo. Estabelecer ou permitir expectativas de progresso firme e programado apenas causará decepção. O CEO da CEMEX, por exemplo, realiza uma avaliação formal de cada comunidade por trimestre, na qual os líderes representam as ideias da comunidade em discussões com os executivos.

Associar um líder sênior a cada comunidade colaborativa é uma boa prática porque cria um caminho para que a informação flua naturalmente. Na Electronic Arts, cada comunidade é patrocinada por um membro da equipe sênior de liderança, responsável por formar um apoio organizacional para ela. A administração aponta os líderes de comunidade, mas os membros de cada uma devem validar a escolha por meio do voto. A CEMEX cria dois pontos de conexão. Primeiro, cada iniciativa dentro do SHIFT tem um executivo técnico – uma pessoa com profundo conhecimento e credibilidade responsável pela qualidade do debate e dos resultados. O segundo é um líder de negócios que responde ao CEO e representa a iniciativa da comunidade em sistemas organizacionais formais. Esses modos de inter-relacionar a liderança dão às comunidades acesso formal à gerência sênior sem comprometer sua independência e participação aberta.[2]

Os Gerentes e Patrocinadores São Intermediários entre a Administração e a Comunidade

Os responsáveis e gerentes são o conduíte por meio do qual a inovação com base nas mídias sociais pode se desenvolver e envolver o empreendimento todo. Quando eles fracassam, ou se isentam das decisões concernentes à comunidade, perdem influência e posicionamento nos dois mundos. Ao mesmo tempo, os patrocinadores estão sujeitos às consequências indesejadas das decisões da administração, que eles são responsáveis por resolver.

Robert Bryant (um nome fictício para uma pessoa de verdade) é o patrocinador de uma rede de blogues em uma grande empresa de serviços de tecnologia. Uma rede de blogues consiste de cerca de 100 pessoas que compartilham suas ideias de modo voluntário, envolvem o público e demonstram o uso da mídia social da empresa. A rede de blogues começou como uma comunidade básica que recebeu uma decisão de Ir por causa do interesse e da energia de seus membros. No primeiro ano, o site atraiu centenas de postagens, milhares de comentários e dezenas de milhares de leitores. Os blogueiros estavam atraindo o público, desenvolvendo uma presença na rede, criando um burburinho positivo para a empresa.

Então, um dos clientes da empresa realizou uma aquisição. Um blogueiro queria postar sobre sua posição de se unir a um site patrocinado por uma empresa. A liderança sênior, no entanto, temeu o possível risco aos negócios e a possível exposição a um processo se os funcionários estivessem julgando as atitudes do cliente. Apesar de a comunidade ter uma política a respeito de postagens sobre clientes e seus produtos, a liderança sênior decidiu que ela não abrangia explicações a respeito de postagens relacionadas a clientes que seriam aceitáveis.

A equipe de liderança sênior, incluindo Bryant, concordou em trabalhar para decidir com revisar a política e comunicar a decisão à comunidade de blogues. Infelizmente, as notícias a respeito das mudanças planejadas da política vazaram para a comunidade de blogueiros. O que começou como uma decisão razoável de liderança de proteger os negó-

194 Mídias Sociais na Organização

cios se tornou um rumor cada vez maior, sem o contexto adequado, a respeito de como a gerência estava reprimindo as postagens. Confusa, a comunidade dos blogues reagiu com muito mais de 100 e-mails que, em primeiro lugar, questionavam a decisão e depois, a gerência – por exemplo, em um deles, estava escrito: "parece que a gerência sênior não compreende, não valoriza e não quer blogar, ou talvez sejam as três coisas". E, claro, esses e-mails consumiram horas de trabalho.

O vazamento criou uma situação que colocou a comunidade toda em apuros com a gerência: a comunidade estava infeliz com uma decisão que parecia ter saído do nada; a gerência ficou infeliz porque os motivos para a decisão não eram claros e, afinal, os blogueiros eram funcionários e a decisão foi tomada para proteger a empresa – e o patrocinador ficou no meio. Em vez de escolher um lado, Bryant demonstrou seu apoio pela comunidade e pela empresa intervindo e assumindo a liderança ao comunicar o processo, envolvendo-se com a gerência para ajudá-los a entender o ponto de vista da comunidade e ajudar a colocar um ponto final na situação.

Depois de alguns dias de trabalho intenso, Bryant ajudou a gerência a entender e reagir às perguntas e preocupações dos blogueiros. Ele ajudou os líderes a criar mudanças de política e comunicação subsequente, mas Bryant esteve envolvido do começo ao fim.

Bryant também trabalhou dentro da comunidade, negando rumores e deixando claro que a gerência faria um anúncio definitivo em breve. Ele também se reuniu individualmente com blogueiros particularmente ativos para ajudá-los a ver a necessidade de mudança e o motivo para a decisão dos negócios.

O trabalho de Bryant compensou. A gerência seguiu seu conselho, ouviu comentários da comunidade, e fez esforços maiores para clarear as ideias. Os membros da comunidade aceitaram bem a ideia de envolver os líderes. Como o patrocinador, Bryant se posicionou no meio, facilitando o processo e criando uma ponte entre os dois para beneficiá-los.

Essa situação destaca a importância do patrocinador como um conduíte entre as comunidades colaborativas e a organização como um todo. Sem esse conduíte, a situação poderia ter criado um círculo vicioso: a comunidade poderia facilmente ver a decisão da gerência como arbitrária e contrária a ela. A gerência poderia ver a comunidade como fora de controle, sem apoio a seus negócios. As duas situações foram tratadas pelo responsável e sua capacidade de conectar a comunidade e a organização.

Trabalhe com as Finanças para Apoiar as Comunidades Colaborativas

O planejamento e o orçamento financeiro são importantes para coordenar e priorizar as atividades corporativas. No entanto, a colaboração em massa pode ser ruim com os métodos tradicionais de avaliação das finanças. Os patrocinadores podem preparar uma justificativa de negócios mais ou menos tradicional para uma comunidade colaborativa, mas as propriedades emergentes da comunidade tornam difícil a previsão ou o retorno sobre o investimento. Una isso ao fato de que a maioria das iniciativas de mídia social é abandonada e fica fácil de entender por que as pessoas da área de finanças não se entusiasmam muito em patrocinar a colaboração comunitária.

Para superar esse possível problema, os patrocinadores da comunidade podem ajudar as finanças a pensarem nas comunidades de maneira que:

- *Reconheçam que elas não estão livres de custos, mas também existe uma justificativa para estes:* Você, como responsável, deve usar a justificativa de negócios como meio de demonstrar resultados e retornos. Estabeleça relatórios com base nos benefícios de negócios que estão relacionados ao propósito da comunidade. Se a comunidade existir para melhorar o atendimento ao cliente, preveja e acompanhe como essas medidas mudam. Um quadro de controle com base em técnicas de controle de processo estatístico (SPC) é uma maneira comprovada de mostrar como as melhorias com base na colaboração comunitária estão acontecendo com o passar do tempo.

196 Mídias Sociais na Organização

- *Evite usar o tamanho ("Planejamos envolver todos os 1.200 engenheiros") como uma justificativa primária para uma comunidade:* O tamanho costuma representar uma razão para o custo; uma grande comunidade deve, assim, ter mais custos. Interrompa o elo entre o tamanho e o custo estabelecendo um orçamento com um valor máximo suficiente para manter as operações da comunidade. Isso garantirá às finanças que o custo permanecerá sob controle.

- *Para comunidades com base na força de trabalho, aborde a questão do tempo do funcionário diretamente:* O tempo empregado pelas pessoas envolvidas é outro fator de custo que as finanças usam para avaliar a colaboração com base nas mídias sociais. Elas costumam ver as horas gastas na colaboração como tempo longe do trabalho ou como um peso a mais. Mostre que a colaboração *é* ou deveria ser uma parte normal dos membros da comunidade. Na verdade, as comunidades colaborativas são quase sempre uma maneira mais eficiente de fazer o que deve ser feito para realizar os planos atuais e alcançar os orçamentos. As comunidades costumam não criar novo trabalho. Em vez disso, elas oferecem uma maneira nova e melhor de fazer o trabalho de sempre, que tem que ser feito, ou oferecer uma maneira de alcançar os objetivos valorizados. Quando Gilberto Garcia, o responsável pela colaboração global na CEMEX SHIFT, teve de responder a respeito do tempo que as pessoas gastavam, ele simplesmente disse: "As pessoas bem-sucedidas colaboram. Já faz parte do trabalho delas. O resto precisa colaborar para aprender a fazer seu trabalho de um jeito melhor".[3]

- *Reconheça que a colaboração comunitária pode criar novo trabalho para os funcionários:* Por exemplo, facilitar as interações de clientes na comunidade da Peer Connect, na Gartner é, na verdade, um peso a mais para a força de trabalho da empresa. As comunidades orientadas ao cliente costumam exigir um nível de facilitação e moderação. Seja realista com essas estimativas. Obtenha a confiança da organização financeira demonstrando que algumas comunidades precisarão de mais recursos dos funcionários que outras, e que você sabe a diferença.

Lembre-se de que a colaboração em massa costuma exigir menos investimento do que os projetos tradicionais de transformação. Quando não se pode prever um valor preciso e predeterminado, o melhor a se fazer é controlar o custo. Essa é a lógica por trás de se estabelecer limite aos orçamentos em apoio às atividades da comunidade. Dentro desses limites, os patrocinadores e os gerentes são responsáveis por guiar um investimento e cuidar para que ele seja bem gasto.

Trabalhe com os Recursos Humanos para Apoiar as Comunidades Colaborativas

Como garantir que os funcionários se comportam de modo apropriado nas mídias sociais? Como distinguir quando alguém está agindo profissionalmente e quando não está? Como controlar as informações que as pessoas compartilham e cuidar para que ela não entre em conflito com a mensagem corporativa nem reflita mal na empresa? Como proteger sua propriedade intelectual e marca do uso não autorizado?

A Windsor Locks Board of Education, de Connecticut, recentemente obrigou um superintendente da escola a pedir demissão depois de ele comentar no Facebook que havia dormido até as dez da manhã em seu primeiro dia de trabalho. Ele também postou detalhes a respeito de ter aconselhado um administrador a se aposentar ou a pedir demissão.[4]

Uma garçonete em Charlotte, Carolina do Norte, foi demitida por fazer comentários ácidos no Facebook a respeito de um cliente que, depois de horas sendo atendido, não deixou gorjeta.[5] Três professores de Nova York foram despedidos por paquerar alunas pelo Facebook.[6] Tais acontecimentos são tão comuns que, na verdade, existe um grupo no Facebook, chamado Fired by Facebook ["Demitidos pelo Facebook"] com mais de trezentos membros que compartilham história sobre como suas postagens no site causaram sua demissão.[7]

198 Mídias Sociais na Organização

As redes sociais mostram esses e outros desafios de política que destacam a necessidade de as organizações estabeleceram política para o comportamento nas mídias sociais. Não abordamos os detalhes de formular tais políticas neste livro porque fazer isso de modo adequado exigiria que outro livro fosse escrito. Mas saiba que existem bons recursos disponíveis.[8] O departamento jurídico e o de RH devem aprovar qualquer política ou regra, enquanto as relações públicas e o marketing devem vetar políticas e regras envolvendo clientes, fornecedores ou outras pessoas que não sejam funcionários.

Os profissionais de RH devem deixar claro que as políticas e os padrões do ambiente de trabalho de conduta profissional se estendem até onde o funcionário possa ser identificado ou associado com a empresa, o que inclui:

- Funcionários que participam de um site gerenciado pela empresa, mesmo quando essa participação envolve conteúdo normalmente considerado pessoal ou particular – por exemplo, compartilhar dicas sobre os cuidados com os filhos em um site interno da comunidade.

- Sites gerenciados pela empresa, nos quais as expectativas por profissionalismo e comportamento adequado devem ser as mesmas daquelas aplicadas a qualquer local de trabalho, real ou virtual.

- Sites sociais de terceiros, como Facebook, LinkedIn ou YouTube, nos quais os funcionários podem participar por motivos de trabalho ou pessoais. Esses sites costumam representar áreas neutras. Boas regras aqui discutem se os indivíduos se identificam como funcionários ou se agem de acordo com seus papéis profissionais. Por exemplo, quando um vendedor promove os produtos de sua empresa no Facebook, ele está agindo como um agente da empresa, ainda que ele não se identifique explicitamente como funcionário.

- Sempre que os indivíduos se identificam de modo que os relacione à empresa. Isso pode incluir, mas não se limita a, perfis que indicam a empresa como empregador, perfis que ligam a patrocinadores da empresa ou grupos de trabalho afiliados à ela, ou fotos que mostrem o funcionário usando um logo da empresa ou que tenham sido feitas no trabalho.

O Anexo deste livro apresenta um esboço das regras que ilustram o tipo e o nível de orientação política para os participantes das mídias sociais. Incorpore os procedimentos de monitoramento ao criar uma política. Inclua as três abordagens mais comuns de monitoramento associadas às mídias sociais:

- **Ferramentas automatizadas:** Estas podem ser usadas para deletar mensagens ou imagens inadequadas imediatamente ou destacar tais mensagens para avaliação.

- **Automonitoramento:** Com o automonitoramento social, os membros ficam de olho uns nos outros, usando ferramentas para destacar um comportamento inadequado e atribuí-lo ao indivíduo envolvido.

- **Envolvimento direto:** Enquanto a comunidade é incentivada a policiar seu próprio comportamento. Existem situações nas quais padrões apropriados para a comunidade ficam abaixo das expectativas de comportamento profissional de sua empresa. É aqui que os gerentes se tornam a linha de frente para avaliar e distinguir entre um comportamento aceitável e um não aceitável na Internet.

Avalie e Recompense o Desempenho em um Ambiente de Colaboração

Para comunidades orientadas à força de trabalho, como incorporar as contribuições voluntárias dos participantes das comunidades em suas avaliações e recompensas de desempenho? Os responsáveis e os gerentes trabalham com profissionais de RH para estabelecerem políticas apropriadas para controlar o comportamento dentro das comunidades colaborativas.

200 Mídias Sociais na Organização

O RH tem um papel constante na administração de desempenho e nas recompensas. A administração de desempenho avalia resultados específicos de trabalho, habilidade, comportamentos, atitudes e ações relacionadas ao desempenho. Avaliar a contribuição de um indivíduo à comunidade envolve estender esses elementos de performance no trabalho de modo a incluir:

- *A formação de relacionamentos:* Um membro produtivo de uma comunidade colaborativa constrói redes profissionais formais e informais; mantém e estende as redes dentro, de um lado a outro, e fora dos limites da empresa; obtém e compartilha informações, ideias e problemas; e pede conselho, apoio e comprometimento que ajudem no desenvolvimento de ações mutuamente aceitáveis.

- *A comunicação para alcançar resultados:* Um colaborador produtivo expressa bem conceitos técnicos e de negócios, ideias, sentimentos, opiniões e conclusões, oralmente e por escrito; reforça as palavras por uma linguagem corporal enfática; e ouve com atenção.

- *A demonstração de flexibilidade:* Um colaborador produtivo reage adequadamente às mudanças no ambiente de trabalho e às oportunidades que surgem; equilibra riscos e reprioriza; adapta-se a situações diferentes, novas e mutáveis, a pedidos ou prioridades; mostra compreensão e valorização de diferenças individuais; e atua de modo eficiente com diversas pessoas e grupos.

- *A busca por informação:* Um colaborador produtivo reúne e analisa informação sobre tendências atuais e futuras ou melhores práticas; procura informação sobre assuntos que influenciam o progresso de questões organizacionais e processos; e traduz informação atualizada em atividades que melhoram o desempenho.

Apesar de as mídias sociais oferecerem novos padrões para avaliar essas qualidades em ação, estes não eliminam o papel e a responsabilidade dos gerentes da comunidade. Tais ferramentas, como avaliações de 360° e avaliações individuais, são úteis, mas podem não ser eficientes para avaliar o desempenho.

Depender exclusivamente da autoavaliação pode levar a uma concorrência por popularidade em vez de uma franca discussão dos problemas. O RH e os gerentes precisam criar um ambiente que incentive a liberdade de expressar opiniões contrárias, opiniões que sejam suprimidas no ambiente de trabalho formal, mas que são uma força essencial da colaboração comunitária.

Os patrocinadores e gerentes de comunidade devem aproveitar as ferramentas existentes na maioria das tecnologias de mídia social que medem a contribuição de cada membro à comunidade em termos de postagens, comentários, votos e outras medidas de participação. Essa informação acrescenta um componente quantitativo ao que poderia ser uma avaliação essencialmente qualitativa.

Um departamento eficiente de RH compreende a natureza fluida da colaboração e a importância do comportamento e da atitude em relação a política, hierarquia e padrões. O resultado é um grupo de políticas de RH revistas que reconhecem a natureza fluida, não definida e não estruturada do trabalho em um contexto de colaboração.

Recompensas

As comunidades colaborativas precisam de novas formas de recompensa que reflitam o valor e a importância da contribuição em uma comunidade colaborativa. Aqui estão algumas delas:

- Evite estabelecer metas ou cotas para a participação nas mídias sociais porque o efeito grave e não pretendido de tal política é denegrir o que deve ser um esforço voluntário.

- Enfatize as recompensas não monetárias. Por exemplo, peça a cada membro que represente a comunidade em reuniões executivas, mostre suas ideias em publicações da empresa, e reconheça de modo formal a contribuição que pode dar ao site da organização.

- Ofereça recompensas na forma de bônus a participantes ativos quando a comunidade deles produzir resultados tangíveis. Tome o cuidado de reconhecer a contribuição excepcional com base em critérios demonstrados e no desempenho; caso contrário, a tendência de incluir todos torna a recompensa uma expectativa comum.

- Incorpore a contribuição e a colaboração da comunidade na avaliação de desempenho e nas decisões promocionais e mostre às pessoas que esse é um dos critérios de seleção. Essa abordagem liga a atividade da comunidade com o desenvolvimento de carreira de modo que reconhece e valoriza os comportamentos colaborativos. Os patrocinadores e gerentes da comunidade oferecem uma conexão entre as políticas de RH e as interações sociais dentro de uma comunidade. Eles são os conduítes para transmitir como as políticas e os comportamentos se aplicam no mundo das mídias sociais, e eles usam sua avaliação para determinar como e quando os comportamentos da comunidade apoiam ou entram em conflito com os valores e padrões da organização.

Os membros das comunidades externas precisam de motivadores diferentes. O ideal é que o ato de participar e alcançar um propósito compartilhado seja suficiente para motivar a participação e os comportamentos certos. Talvez você precise usar incentivos para motivar níveis mais altos de contribuição. Existem quatro mecanismos que costumam ser usados para isso. Se não usar nenhum deles, não se surpreenda caso as pessoas não participem.

- **Torne tudo divertido:** A participação pode oferecer diversão aos participantes. O mundo muda depressa e tem usado muitos jogos em diversos ambientes. Entre nesse caminho. Se você acha que a produtividade não pode (ou não deve) ser divertida, então não deveria construir ambientes para a colaboração comunitária.

- **Peça sugestões para melhorar o ambiente:** O ato de participar pode tornar o ambiente mais fácil de usar. Esse princípio costuma ser aplicado quando pedimos *feedback*. Por exemplo, se pedir para as pessoas avaliarem o conteúdo – por exemplo, avaliando-o em uma escala de 1 a 5 –, torne as notas úteis para elas. Permita que elas classifiquem por nota. Construa um mecanismo de recomendação que sugira outros conteúdos divertidos. Dessa maneira, os membros se beneficiam pessoalmente e também quando oferecerem uma nota.

- *Ofereça incentivos sociais*: Um incentivo social dá a quem o recebe o *status* na comunidade. Reconhecer comportamentos produtivos e contribuições valiosas por meio de mecanismos como quadros de líderes, títulos e coisas do tipo está se tornando cada vez mais comum nos ambientes de mídia social. As pessoas gostam de se superar. É da natureza humana. Use esse fato a seu favor.

- *Crie concursos e entregue prêmios*: Pode ser concurso tradicional e por "tempo limitado", no qual os vencedores recebem um prêmio. Mas também pode ser inovador e contínuo. As pessoas amam pontos. Descubra o que importa aos participantes e dê a eles.

Trabalhe com a TI para Criar a Experiência Certa, Customizando as Ferramentas da Comunidade

A colaboração comunitária desafia a organização de TI porque as tecnologias das mídias sociais costumam permitir que as comunidades construam suas próprias aplicações e plataforma colaborativa. Apesar de qualquer comunidade poder ter mais controle da tecnologia que usa, construir os aplicativos dessa maneira é mais comum em comunidades de funcionários atuando em projetos internos. Nessas situações, os membros da comunidade podem moldar o ambiente das mídias sociais à maneira deles mais depressa e mais barato do que a TI.

As customizações da comunidade são guiadas por esta de acordo com as necessidades e são entregues à comunidade de acordo com suas

204 Mídias Sociais na Organização

capacidades. Por exemplo, na Xilinx, uma empresa de engenharia de alta tecnologia, os engenheiros usam uma estrutura individualizada que inclui recursos para customizar suas ferramentas e dar apoio à maneira como trabalham. Na CEMEX, as comunidades individuais customizam suas ferramentas; por exemplo, um aplicativo para captar informação específica da comunidade ou o uso de vídeo para ajudá-los a trabalhar de modo mais eficiente. A Loyola University incorporou os alunos diretamente no processo de desenvolvimento de uma comunidade de alunos aprovados.

As comunidades customizam o conteúdo e não o código, dando a eles uma sensação de autodeterminação e controle que promove maior participação e responsabilidade. Isso cria a plataforma técnica e operacional que apoia a customização e a colaboração em massa. Os patrocinadores trabalham com a TI para construir o ambiente inicial de mídias sociais e para provocar mudanças nas necessidades da comunidade e ter o apoio delas, incluindo a necessidade de moldar e customizar o ambiente sozinho. Uma função da TI sem apoio pode atrapalhar a colaboração ao afirmar que as mídias sociais não são seguras, estáveis ou produtivas por não fazer parte do sistema corporativo padrão. Formar um ambiente customizável para a comunidade pode satisfazer mais do que as necessidades imediatas.

A Xilinx é um exemplo de como uma perspectiva de TI pode trazer uma dimensão diferente a essas ferramentas. A companhia queria aumentar a produtividade protegendo as comunidades colaborativas de seus clientes e engenheiros. Ela tinha um complemento completo de sistemas de empreendimento; no entanto, o CIO Kevin Cooney sabia que os engenheiros da Xilinx criavam e absorviam grandes quantidades de informações desestruturadas na forma de e-mails, diagramas e anotações – informações que precisariam estar acessível para dar apoio à colaboração.[9]

Em vez de forçar os colaboradores a trabalhar apenas com sistemas corporativos, Cooney criou um conjunto de ferramentas colaborativas individuais que funciona com sistemas corporativos, incluindo os meios para os engenheiros customizarem, de acordo com suas necessidades, o conteúdo compartilhado entre eles mesmos e os clientes.

Os resultados foram impressionantes: enorme melhoria na produtividade de apoio à engenharia e maior qualidade das soluções ao cliente. De acordo com Cooney, "A produtividade do engenheiro aumentou porque a arquitetura reduz a despesa geral colaborativa. Mais importante, a habilidade dos engenheiros de chegar a soluções define quais delas são as mais eficientes. Isso aumenta a produtividade e o valor do cliente, permitindo que os engenheiros consigam as soluções de maior avaliação como pontos de partida para novos projetos. Essas soluções podem ser tecnicamente simples, mas as aplicações são complexas e os resultados, estratégicos".

As organizações sociais reconhecem que os processos tradicionais de TI não podem manter a diversidade ou o passo da demanda das mídias sociais.

Em vez de se tornar um gargalo para a colaboração, os CIOs dessas organizações apoiam a inovação e a colaboração, das seguintes maneiras:

- Oferecendo uma plataforma de ferramentas de mídias sociais que apoiem as exigências da comunidade para o uso e a facilidade de criação de conteúdo. A TI atua com a comunidade para entender suas necessidades e compartilhar as inovações com as comunidades.

- Avaliando tecnologias identificadas pela comunidade e garantindo que essas ferramentas tenham segurança suficiente além de compatibilidade funcional e técnica com o ambiente existente.

- Mantendo aplicativos para a comunidade tirar vantagem dos serviços flexíveis – infraestrutura de nuvem ou SaaS, por exemplo – para satisfazer as exigências de estocagem e espaço dessas aplicações.

É fácil para a TI e para os outros verem as comunidades colaborativas, a colaboração em massa e as mídias sociais como tecnologias e, assim, como parte da responsabilidade. A TI precisa estar envolvida, porque ela participa da criação e operação do ambiente colaborativo, mas os patrocinadores e os gerentes devem atuar com a TI para criar ambientes

206 Mídias Sociais na Organização

para a colaboração e manter o reconhecimento de que esses ambientes são diferentes, e não concorrentes, dos sistemas de TI.

Segurança: Instigue um Senso Pessoal de Responsabilidade

A segurança é uma preocupação constante na colaboração e um ponto possível para uma comunidade. A natureza exclusiva da segurança – por exemplo, restrições para quem acessa certas informações – é contrária à natureza inclusiva da colaboração em massa.

A tecnologia oferece uma resposta parcial aos problemas de segurança com base em colaboração e deve ser incorporada nos requisitos das mídias sociais durante o lançamento. No entanto, colocar toda a responsabilidade pela segurança na tecnologia criará sistemas restritivos que destroem a abertura necessária para a colaboração. "Confie, mas verifique" é uma máxima comum nos regimes de segurança, que também se aplica à colaboração comunitária. Os líderes de comunidade, gerentes e membros devem ser incentivados a monitorar e assumir a responsabilidade pelo comportamento próprio e também pelo dos outros.

A tensão entre a segurança e a abertura não precisa se restringir à colaboração comunitária, mas exige uma abordagem mista que alavanque a tecnologia de segurança em combinação com o compromisso da comunidade de manter a colaboração segura *e* a conversa em andamento. Em uma abordagem mista, enfatize a qualificação das pessoas que procuram participar da comunidade. As comunidades abertas, como Facebook, LinkedIn ou Amazon, acreditam que os participantes são confiáveis até que suas atitudes mostrem o contrário. Aquelas pessoas cujo comportamento é considerado abusivo, duvidoso ou inútil são ignoradas ou, em caso extremo, expulsas da comunidade.

Uma abordagem diferente é criar comunidades com acesso limitado, nas quais os novos membros devem ser convidados a participar. Esses membros que convidam os outros estão colocando sua reputação em jogo. Os novos participantes que se comportam mal ou que contribuem pouco com a comunidade diminuem não apenas seu *status*, mas também o de seus patrocinadores.

A transparência desempenha um papel importante aqui. A plataforma de colaboração deve oferecer um caminho a todas as discussões e contribuições da comunidade. Como um executivo disse: "A colaboração exige linhas de comunicação abertas, mas estas não requerem anonimato."

Reavalie os padrões da comunidade para identificar possíveis riscos à segurança, atento a situações nas quais os membros tenham acesso à informação importante. Analise também os *downloads* mais pesados de dados ou situações nas quais a informação é enviada para fora da empresa. Ainda que existam boas justificativas para essas atividades – por exemplo, os novos membros frequentemente agem como indicadores de problemas quando tentam se igualar a seus colegas –, essas ferramentas são uma maneira útil de identificar o comportamento que precisa de investigação.

Forme Laços entre a Comunidade e os Processos Organizacionais

Quando as comunidades são lançadas, elas precisam de orientação constante ao longo da vida. Uma parte importante dessa orientação assumirá a forma de elos criados entre cada comunidade e a organização mais ampla. Esses elos funcionam em duas direções: para manter a comunidade essencial e produtiva e aumentar o valor criado dentro dela para a organização toda. A habilidade de criar elos fortes de mão dupla é uma competência básica da organização social.

Uma organização social incorpora a colaboração em massa em seus processos de autoridade. A autoridade envolve a criação e o estabelecimento de direitos de decisão. Uma organização social enfrenta diversas decisões que se beneficiam de uma abordagem estruturada, que liga as decisões da comunidade e os níveis organizacionais por meio da autoridade. Entre as decisões, estão:

208 Mídias Sociais na Organização

- *Colaboração em massa e princípios das mídias sociais:* A definição de colaboração com base na comunidade, seu escopo, objetivo e papel no resto da organização. Eles surgem por meio do processo de planejamento e são estabelecidos de um modo melhor por um comitê executivo.

- *Estratégias e objetivos colaborativos:* As diretivas específicas, os objetivos e as decisões que definem sua orientação no uso da colaboração em massa. Tais decisões moldam a natureza e os limites da colaboração em massa e devem envolver executivos e responsáveis pelas mídias sociais como parte da estratégia.

- *Propósito e necessidades organizacionais:* As decisões a respeito do estabelecimento de propósitos e a aprovação de um plano de objetivos de uma comunidade. Essas decisões começam com os patrocinadores da comunidade e com os primeiros participantes dela.

- *Autoridade para a formação de uma comunidade:* Essas são as decisões que guiam o modelo Não, Ir, Crescer para determinar a aprovação e o nível de investimento das comunidades propostas.

- *Regras e política da colaboração em massa:* Decisões a respeito das políticas que guiam as atividades colaborativas e definem os comportamentos aceitos e desejáveis entre os colaboradores.

- *Infraestrutura e ferramentas colaborativas:* As mídias sociais formam a base para os canais de colaboração em massa e a plataforma de tecnologia. Essas decisões técnicas não devem envolver os patrocinadores das mídias sociais e o CIO atuando em um comitê direcionador.

- *Iniciativas organizacionais, investimentos e prioridades:* Decisões a respeito de quais soluções e iniciativas devem ser adotadas pela organização. Essas decisões de investimento são feitas seguindo acordos parecidos àqueles que se aplicam em outras iniciativas de mudança organizacional.

Acordos claros do governo definem as relações e as expectativas entre as decisões colaborativas e organizacionais no que diz respeito ao propósito da comunidade e como ele se encaixa dentro do contexto mais amplo do plano de objetivos e execução estratégica. Os executivos e os responsáveis pela comunidade usam esses acordos ao longo da vida da comunidade para estruturar a tomada de decisões e tomar as atitudes envolvendo a iniciativa das mídias sociais de modo geral.

Expanda a Inovação da Comunidade na Transformação da Empresa

As comunidades colaboram para definir novas soluções, dividir práticas e explorar assuntos. Elas não podem levantar capital, alocar recursos operacionais nem coordenar mudanças no modo de atuação da empresa. Tais funções são reservadas para a liderança da organização e para as estruturas formais de administração. Para realizar a mudança organizacional, uma comunidade precisa se ligar a essas estruturas assim que alcançar seus objetivos para ir além da comunidade em si.

Uma estrutura de autoridade organizacional eficiente estabelece a maneira como a comunidade atua dentro do contexto do restante da organização. Os princípios e estratégias de autoridade devem definir quando a iniciativa de uma comunidade se estende diretamente a uma organização mais ampla. Essa extensão é um momento crítico na operação da comunidade e representa uma grande recompensa à colaboração comunitária da organização.

As comunidades colaborativas existem juntamente com a estrutura formal da organização. Comunidades, como a de combustíveis alternativos da CEMEX, podem trocar informação, dividir padrões de equipamentos e destacar práticas comprovadas. Mas a comunidade por si só não pode ditar as mudanças organizacionais, de planta, operacionais nem estruturais necessárias para alcançar seu objetivo no escopo e escala da organização toda. Para passar das ideias geradas pela comunidade para a ação organizada é preciso ligar as ideias e as recomendações da comu-

210 Mídias Sociais na Organização

nidade aos processos e às autoridades formais da administração. Passar da comunidade para a empresa requer que a liderança e a administração mantenham o interesse da comunidade, o envolvimento e a posse. Os responsáveis e os líderes das comunidades conseguem isso da seguinte maneira:

- Mantendo a relação de cada comunidade com as estruturas e processos formais da organização. Na CEMEX, avaliações trimestrais com o CEO são uma caminho.[10] A Seagate Technology mantém a empresa toda informada publicando seu desempenho por meio de uma wiki comunitária que tem mais assinantes externos que internos.[11]

- Tornando clara a consciência dentro da comunidade de que alcançar seu propósito exigirá fazer mudanças fora da comunidade. Os líderes fazem isso incentivando a comunidade a pensar além de sua associação atual, envolvendo outras partes interessadas, questionando o que é necessário para que os resultados sejam alcançados. A comunidade de TI da Electronic Arts, por exemplo, toma decisões que exigem apoio e coordenação pela organização.

- Envolvendo a comunidade para definir o escopo de uma iniciativa organizacional, incluindo necessidades associadas aos negócios, justificativas de negócios e projeto de alto nível. Isso estende o pensamento da comunidade diretamente para dentro da iniciativa organizacional. A comunidade de combustíveis alternativos dentro da CEMEX, por exemplo, definiu uma estratégia de cinco anos que envolvia a organização toda, não apenas a comunidade em si.[12]

- Adotando processos de mudança estruturada mais formais, ferramentas e técnicas, como as ações iniciativas voltadas para a comunidade para iniciativas voltadas para a organização. As comunidades podem continuar usando as ferramentas colaborativas como parte do processo de mudança. No entanto, ir além das iniciativas da comunidade exigirá processos e estruturas mais formais.

- Incentivando os líderes de comunidade a se tornarem líderes da iniciativa organizacional. Isso liga diretamente a comunidade e a organização de modo profissional e pessoal. Em vez de entregar suas ideias a outros, os líderes de comunidade passam a estruturas mais formais para guiar a mudança organizacional. Essa atitude cria credibilidade com os líderes da ação conforme eles veem as comunidades atuando a favor e não contra a organização.

Os patrocinadores estendem a comunidade para os processos de mudança organizacionais mais do que entregam responsabilidade para a mudança. As iniciativas de estender a comunidade dessa maneira representam um retorno organizacional ao investimento inicial em mídias sociais e em colaboração comunitária. Também representa uma das maneiras com que as comunidades colaborativas demonstram como contribuem diretamente para o desempenho organizacional melhorado.

Em uma organização social, sua tarefa como gerente ou responsável pela orientação das comunidades e o contexto organizacional no qual elas atuam não termina nunca. A menos que as condições dentro das comunidades e o contexto mais amplo estejam corretos, a menos que os fortes elos unam as duas comunidades e o empreendimento, as comunidades terão menos chances de ter sucesso; e, ainda que tenham sucesso regionalmente, o valor que criarem continuará sendo regional, indisponível para toda a organização.

A Autoridade Eficiente Estabelece a Base para a Organização Social

A administração é responsável pela produtividade dos processos dentro da colaboração em massa e é um elemento essencial para se tornar uma organização social. Ela contribui para o sucesso da colaboração em massa em todos os níveis, atuando dentro da comunidade, supervisionando o relacionamento entre a comunidade e seu progresso em relação a seu propósito, e finalmente ligando a comunidade à organização. Todos os três níveis contribuem para a construção das capacidades de colaboração em massa e da confiança executiva em comunidades colaborativas para alcançar resultados valiosos.

Guiar a organização é um processo complexo e constante que se inicia logo no começo – durante os padrões de visão e estratégia. Continua ao longo do ciclo de colaboração, conforme os gerentes se unem e utilizam as funções organizacionais em apoio à colaboração comunitária. Os gerentes ligam a comunidade com a empresa, o que não apenas fortalece a comunidade, mas também valida a eficiência da colaboração em massa quando as melhorias da comunidade se tornam virais por toda organização e base de clientes.

Os gerentes que não podem fazer essa conexão ainda podem criar valor significativo dentro da comunidade em si. No entanto, esse valor será limitado à comunidade. Tornar a organização segura para a colaboração em massa define a diferença entre uma única iniciativa bem-sucedida e o uso constante da colaboração em massa. Essa diferença é a essência de como a administração e a colaboração em massa podem se unir para criar a organização social.

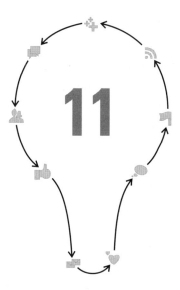

O Caminho para se Tornar uma Organização Social

EM UM FUTURO PRÓXIMO, todas as empresas e organizações precisarão aceitar o fenômeno das mídias sociais. Funcionários, clientes e outros *stakeholders* esperarão e exigirão que isso aconteça. Essa tecnologia disruptiva – e estamos apenas começando a descobrir como ela é disruptiva – promete trazer mudanças que ainda só podem ser vistas com pouca clareza.

Esperamos tê-lo convencido de que mais será exigido do que a prática agora comum de oferecer e rezar, pela qual as organizações simplesmente tornam as mídias sociais disponíveis com a expectativa de que coisas boas aconteçam de modo espontâneo. Na maioria das vezes, elas não acontecem, a menos que se comece entendendo e aceitando quatro fatores fundamentais para o sucesso:

- **Colaboração em massa:** A colaboração em massa é o que torna as mídias sociais únicas e transformadoras. Ela exige a combinação de três componentes: mídias sociais, comunidade e propósito. É algo que vai além da tecnologia.

- **Fazer o propósito ter importância:** A colaboração em massa raramente acontece sozinha. É por isso que simplesmente oferecer a tecnologia quase sempre dá errado. A tecnologia não atrai participantes – e sem a participação e a contribuição, não existe comunidade. Se uma comunidade se formar por acaso, ela raramente fará algo útil para a organização patrocinadora. Deve-se manter ativamente a colaboração em massa ao redor de um propósito atraente que seja significativo para os participantes e produza valor para o empreendimento.

- **Adote os seis princípios:** Um grupo que colabora, por maior que seja, não necessariamente significa colaboração em massa. Para ser colaborativa, de fato, uma comunidade deve ter seis características ou princípios: *participação, coletividade, transparência, independência, persistência e emergência.* Se uma dessas características sair de cena, a atividade deixa de ser colaboração em massa.

- **Envolva-se em sua organização:** A colaboração em massa não deve ser tratada como outra ferramenta organizacional, mas sim como uma competência principal envolvida na essência – processos, cultura, sistemas e práticas – de sua empresa. O objetivo é tornar-se uma organização social para que, ao enfrentar qualquer problema ou oportunidade, você e seus colegas de toda a empresa perguntem: "Uma comunidade seria uma maneira melhor de lidar com isto?". Se a resposta for sim, você será capaz de usar a colaboração em massa para usar o conhecimento, a experiência, a criatividade e o interesse de todos os envolvidos.

E lembre-se: as organizações sociais se desenvolvem ao longo do tempo. Uma comunidade de colaboração bem-sucedida não basta. A maioria das empresas mostradas neste livro não acertou da primeira vez.

Sabemos, por meio das empresas que estudamos, que a capacidade de alcançar o conhecimento criativo de clientes e funcionários repetidas vezes vem da atitude e da habilidade de usar as mídias sociais corretas.

As tecnologias que permitem a colaboração em massa exigem uma abordagem proativa forte se você espera realizá-la com todo o potencial. É preciso mais do que adicionar uma página no Facebook ou uma conta de Twitter a seus canais de comunicação ou instalar uma equipe de mídia social em sua organização de marketing. É preciso mais do que formular um novo conjunto de políticas para abordar o comportamento das mídias sociais. O que se exige é muito mais básico: uma organização social opera de modo diferente porque ela pensa de modo diferente e vê o mundo de maneira diferente. Comprometer-se com essa abordagem proativa mudará sua organização de modo fundamental.

Indo de um Ponto a Outro

Na maior parte deste livro descrevemos as capacidades de uma organização social e por que é importante se tornar uma. Mas como chegar lá? Para fazer progresso, é preciso começar reconhecendo onde se está no momento.

No Capítulo 4, apresentamos o sistema dos 6 Fs de classificação das atitudes organizacionais em relação às mídias sociais: insensatez (folly), temor (fearful), irreverência (flippant), formuladora (formulating), desenvolvedora (forging) e fusão (fusing). Essas características definem o caminho para se tornar uma organização social. No entanto, elas não representam uma transgressão linear. As organizações em qualquer um dos três primeiros estágios – insensato, temeroso ou irreverente – devem ir diretamente para o estágio de formulação. A partir de então, elas passam da formulação para o desenvolvimento, por último, para a fusão. O que está envolvido nesses três pontos principais é uma evolução sequencial que combina ganho de atitude, desenvolvimento de práticas bem-sucedidas, cultura em mudança e operações alteradas que ocorrerão apenas com esforço diligente, tempo e experiência (veja a Figura 11.1). Uma organização é social quando a fusão começa. Para chegar lá, determine a posição atual de sua empresa nessa progressão e então planeje seu caminho para o avanço.

O caminho para se tornar uma organização social começa quando se obtém uma atitude de formulação e vai além de ver as mídias sociais com medo, irreverência ou insensatez. Cada atitude reflete um conhecimento limitado das mídias sociais e das ferramentas de administração necessárias para satisfazer seu potencial. Liderar uma iniciativa de mídia social começa com corrigir essas atitudes e estabelecer a plataforma para a colaboração em massa.

Sua Organização Vê as Mídias Sociais como um Mal?

As organizações em um estágio da insensatez veem as mídias sociais como fonte de entretenimento, com pouco ou nenhum valor de negócio. Os líderes com essa atitude costumam ignorar as mídias sociais dizendo que elas não se aplicam aos negócios ou não são relevantes para o setor ou para o modelo de negócios. Se sua organização vê as mídias sociais como modismo, algo que não tem lugar, uma perda de tempo, então você está no estágio da insensatez. Analise as seguintes maneiras de ajudar sua empresa a ver o potencial das mídias sociais e comece a tirá-la desse estágio para chegar à formulação:

- Analise o quanto a organização já está usando as mídias sociais. A extensão do uso atual provavelmente abrirá alguns olhos e chamará atenção. Analise o número de funcionários no Facebook, Twitter, LinkedIn e sites parecidos. Veja quantas páginas não oficiais de empresas, grupos de Facebook, grupos do LinkedIn, contas de Twitter, artigos da Wikipédia e coisas assim já estão funcionando. É possível que sua empresa já tenha uma forte presença na Web, independentemente de você saber disso. Descubra o tamanho. Analise como as pessoas estão usando essas comunidades diretamente relevantes e por quê. Avalie se o uso atual é bom ou ruim para a comunidade e como é possível transformá-las em um bem mais valioso.

FIGURA 11-1

Um Caminho de Progressão para se Torna uma Organização Social

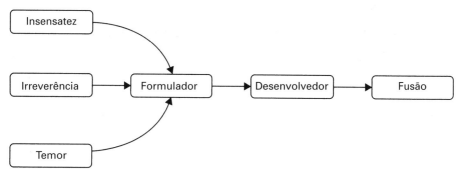

Fonte: Anthony J. Bradley, "The Business Impact of Social Computing on Company Governance", Gartner Inc., 11 de setembro de 2008.

- Investigue as razões da concorrência para procurar a colaboração comunitária. Explore o que seus concorrentes estão fazendo e como os novos membros de seu setor estão competindo. Não se surpreenda se alguns deles estiverem começando a usar as mídias sociais para se diferenciarem. Identifique maneiras pelas quais as mídias sociais podem oferecer vantagem competitiva ou criar uma necessidade competitiva em seus negócios.

- Analise as oportunidades para aplicar a colaboração comunitária em alguns dos desafios mais importantes em seu negócio (veja o Capítulo 4). Se sua organização não reconhece o valor dos negócios das mídias sociais, é essencial identificar oportunidades que sejam facilmente justificadas em termos de negócios e que têm ma chance relativamente alta de sucesso. Para seguir adiante nessas áreas, você precisará de uma justificativa de negócio interessante, clara e mensurável.

- Faça a informação desenvolvida nos passos acima chegar ao ouvido dos líderes de negócios para convencê-los de que a organização precisa de uma abordagem estratégica para a colaboração comunitária.

- Não se desgaste demais. Concentre-se em obter sucesso com um ou dois esforços de colaboração comunitária e crie força com os primeiros sucessos.

Lembre-se, você derrota a insensatez substituindo-a por fatos. Os executivos não podem apoiar o que não entendem. Você terá mais chance de ser bem-sucedido se aproximar-se deles não como um defensor ou um fanático pelas mídias sociais, mas, sim, como alguém cuja principal preocupação é a saúde e o sucesso da empresa.

Sua Organização É Temerosa?

Onde o medo das mídias sociais predomina, os líderes o veem como uma ameaça à produtividade, ao capital intelectual, à segurança, à privacidade, à autoridade de administração ou ao acordo regulatório. As organizações com essa atitude sabem que as mídias sociais têm potencial, mas estão convencidas de que os riscos são maiores do que os benefícios. Normalmente, conseguem forças com o departamento jurídico, de segurança, ou de regulação que, devido ao que são pagos para fazer, compreensivelmente relutam em aceitar as mídias sociais.

Nesse estágio, a organização desestimula de modo ativo e até proíbe explicitamente o uso das mídias sociais. Ela ergue barreiras às novas tecnologias que variam de limitação de acesso a sites de mídia social a uma proibição completa de seu uso. Se sua organização ignora as mídias sociais e limita ou proíbe seu uso – e justifica tais ações apontando todos os possíveis riscos e obstáculos e citando grandes fracassos ou exemplos de mau comportamento – então, ela teme as mídias sociais.

Para substituir o medo por uma nova fórmula de colaboração em massa, tome as seguintes atitudes:

- Encontre oportunidades de aplicar a colaboração comunitária aos desafios dos negócios onde os riscos são mínimos e o valor é claro. Em organizações temerosas, a segurança excede o valor dos negócios, por isso escolha risco baixo e não alto valor dos negócios, principalmente no começo.

- As atitudes podem variar nas organizações, portanto procure oportunidades em áreas nas quais os líderes sejam menos temerosos. Descubra quem, na administração e na liderança, está resistindo ao uso das mídias sociais, avalie a influência dessas pessoas nas oportunidades que deseja perseguir e crie um plano para abordar suas preocupações ao longo do esforço.

- Complete uma análise de risco *versus* recompensa para escolher. As organizações temerosas têm consciência dos riscos das mídias sociais, e é muito provável que sejam menos conscientes dos possíveis benefícios. E reconhecem ainda menos os riscos de *não* aceitar as mídias sociais. Reúna todos os elementos de risco e recompensa para uma visão mais balanceada e uma tomada de decisão mais bem informada. Acima de tudo, não ignore nem minimize os riscos. Em vez disso, reconheça-os e encare-os de frente.

- Você precisará passar pelo estágio temeroso; então, assim como no estágio da insensatez, veja o que os concorrentes estão fazendo – ou não fazendo – e analise as oportunidades competitivas e as ameaças.

- E assim como quando lidar com a insensatez, não tente fazer coisas demais. Mude sua cultura aos poucos, com o tempo. Não busque um grande esforço que mudará a opinião de todos. Comece com coisas pequenas e ganhe força, aos poucos. Algumas organizações propositalmente começam com a colaboração comunitária voltada para a força de trabalho para mitigar o risco de fracasso com as mídias sociais e os comportamentos inadequados.

Verdade e experiência são as maneiras mais eficientes de afastar o medo. As ações descritas anteriormente começam esse processo. De fato, ele começa com você como um pioneiro que demonstra as vantagens de se usar as mídias sociais. Assim tem sido a experiência de Mark Brewer na Seagate Technology. Ele foi o primeiro executivo a usar blogues e Wikis para publicar e realizar discussões a respeito do desempenho de seu

220 Mídias Sociais na Organização

grupo. Brewer foi capaz de demonstrar que o uso das mídias sociais não produzia confusão social.

Sua Organização É Irreverente em Relação às Mídias Sociais?

Uma organização irreverente não mais ignora nem teme as mídias sociais, mas não as leva muito a sério, tampouco. Normalmente, isso não atrapalha nem ajuda as mídias sociais. Simplesmente torna a tecnologia disponível com pouco direcionamento sobre como usá-la, oferecendo, talvez, apenas um pouco de orientação política básica, na esperança de que as comunidades produtivas se formem espontaneamente e ofereçam valor à organização. Esse estágio é onde a prática de oferecer e rezar sofre, produzindo um fracasso generalizado.

Uma organização irreverente normalmente começa com o marketing, onde tenta lucrar nas redes sociais como outro canal de comunicação. Fala sobre páginas do Facebook, contas do Twitter, canais do YouTube e coisas assim como uma maneira de expandir sua comunicação na Web. Esses passos não são ruins, desde que a empresa perceba que está explorando apenas superficialmente essa nova capacidade. A empresa nunca será uma organização social se usar as mídias sociais apenas para as comunicações de marketing. Sua organização de TI pode implementar novas ferramentas de mídia social como parte da estrutura, mas não sem um propósito claro e definido. Esse foco na tecnologia atrapalhará e poderá até comprometer o progresso da empresa.

Para ir além do estágio irreverente, uma organização deve deixar de ver as mídias sociais como plataforma de tecnologia e passar a vê-las como uma solução de negócios. Deve sair dos passos reativos e passar para a estratégia planejada e proativa. Entre os passos essenciais para essa atitude, estão:

- Procurar, examinar, reconhecer publicamente e aceitar qualquer sucesso que surja. Mas reconheça e posicione esses sucessos como exceções em um mar de resultados ruins e mostre que uma abordagem estratégica pode oferecer sucesso mais consistente. Pense em estimar o custo dos fracassos, mas tome o cuidado de não colocar a colaboração comunitária em uma posição desfavorável.

O Caminho para se Tornar uma Organização Social **221**

- Acima de tudo, não calcule o custo dos fracassos, a menos que tenha grandes exemplos de sucesso. O ponto principal a expor com tato é que as mídias sociais podem oferecer valor real aos negócios, mas que a empresa está sem potencial porque não tem visão e estratégia.

- Encontre uma unidade de negócios disposta e alcance sucessos inéditos. As empresas que não se importam com as mídias sociais não se apressam em apoiar um esforço, mas não colocam grandes empecilhos. Esse é um grande benefício comparado com os estágios de insensatez ou medo. Então, ainda que não consiga convencer a liderança acerca de uma visão e estratégia organizacional, atue de modo estratégico em níveis inferiores e comece a pavimentar um caminho.

- Assim como na insensatez e no medo, você precisará se esforçar para sair do estágio de irreverência. Então, analise o que os concorrentes estão fazendo e converse em termos de vantagem concorrente e competitiva. Mas diferentemente da insensatez e do medo, onde o progresso exigirá uma mudança importante de ponto de vista, convencer os líderes a ultrapassarem a insensatez deve ser mais fácil. Concentre-se nas capacidades que já desenvolveu, e também nos sucessos até então, e passe para o estágio de formulação, que é o próximo passo em um progresso natural.

Combater uma atitude insensata exige uma série de provas e paciência. Os passos anteriores o ajudarão a educar sua organização a respeito das realidades das mídias sociais e de seu papel na colaboração em massa. É preciso criar provas por meio de uma aplicação bem-sucedida, mas não basta para mudar uma atitude insensata. Apenas quando os outros virem os benefícios de uma abordagem proativa às mídias sociais com os próprios olhos sua organização vai passar a formular as atitudes necessárias em uma organização social.

Sua Organização se Tornou Formuladora?

Uma atitude formuladora é o primeiro passo para se tornar uma organização social. Uma organização nesse estágio reconhece o potencial que as mídias sociais têm de abordar necessidades estratégicas e gerar mudança durável. Os líderes da organização demonstram esse reconhecimento aprovando e participando ativamente dos passos que descrevemos neste livro. Eles contribuem para uma visão organizacional e uma estratégia para as mídias sociais. Fundam uma plataforma de mídia social e reconhecem a necessidade de integrar a colaboração comunitária em outras atividades.

A Xilinx e a Electronic Arts usam cada colaboração comunitária para conseguir os objetivos estratégicos. A Xilinx criou uma comunidade de clientes e engenheiros para trabalhar com os clientes, alavancar o conhecimento de engenharia e captar informação não estruturada para aumentar a produtividade e melhorar a qualidade dos projetos customizados. A Electronic Arts estabeleceu comunidades por toda a empresa que oferecem os benefícios da tomada de decisão coordenada e mantém a independência exigida para a criatividade e a inovação.

O que separa uma atitude formuladora do próximo passo de desenvolvimento é que a organização formuladora ainda não desenvolveu as capacidades necessárias para o sucesso consistente e repetido. A aplicação, as práticas e o sucesso dos negócios com as mídias sociais varia, geralmente de modo significativo, de uma unidade e departamento de negócios para outra. Para progredir, uma organização formuladora deve aumentar o sucesso dos esforços de colaboração individual para desenvolver as habilidades organizacionais necessárias para esforços maiores, tomando as seguintes atitudes:

- Dissecar os sucessos e fracassos das mídias sociais e catalogar por que obteve tais resultados. Transforme o que você aprender em um conjunto de práticas a serem repetidas ou evitadas. Use esses princípios como base para melhorar o desempenho da empresa com a colaboração comunitária.

- Promova, publicamente, os sucessos da comunidade, e reconheça e recompense os colaboradores individuais que fizeram esforços e contribuições enormes. Depois de uma série de sucessos, reavalie a visão da colaboração comunitária para aumentar o índice com que busca os projetos de colaboração da comunidade. Além disso, avalie quantos esforços básicos de começo estão ocorrendo e incentive mais, se preciso.

- Crie um novo conjunto de medidas de sucesso para as mídias sociais. Melhore sua habilidade de captar e comunicar o real valor aos negócios produzido pela colaboração comunitária.

- Melhore e expanda as estruturas organizacionais que apoiam a colaboração. Coloque um líder mais experiente a cargo dessas estruturas. Crie uma comunidade e um conselho para identificar e compartilhar as melhores práticas. Crie um centro para aumentar a competência de colaboração em toda a organização.

- Crie um esforço formal que procure maneiras de mudar a organização por meio da participação mais ampla na colaboração comunitária.

- Cuide para que todos os líderes e gerentes da organização estejam totalmente informados acerca da colaboração da comunidade, incluindo os benefícios que ela já esteja oferecendo e seu potencial futuro. Essas atitudes levam a colaboração em massa para os processos executivo e de administração, o que dará à comunidade a capacidade de aumentar o desempenho no empreendimento.

Você Está Desenvolvendo a Capacidade de Usar a Colaboração em Massa Estrategicamente?

As organizações com uma atitude desenvolvedora apoiam e incentivam o uso de colaboração comunitária no trabalho do dia a dia das pessoas de toda a organização. Desenvolver requer um apoio executivo amplo.

Mais importante do que isso, só terá raiz em uma organização na qual as pessoas se sintam seguras para colaborar em comunidade. Em uma organização desenvolvedora, todos acreditam que a colaboração em massa é mais do que possível – é a maneira preferível de abordar os desafios e as oportunidades organizacionais.

A CEMEX oferece um bom exemplo. Por meio de sua iniciativa SHIFT, a empresa opera diversas comunidades que se concentram em propósitos derivados de sua estratégia corporativa. A equipe executiva tem envolvido a colaboração em massa – desenvolvendo e compartilhando ideias inovadoras em toda a empresa em todo o mundo para – como a maneira de perseguir a estratégia e derrubar as barreiras organizacionais. Essas abordagens são características de uma organização desenvolvedora, e também importantes fontes dos resultados que a CEMEX está realizando.

Uma organização desenvolvedora está no caminho para se tornar uma organização social. Ela possui as capacidades da colaboração em massa, além de apoio administrativo para aplicar tais capacidades no empreendimento. Tem diversos sucessos de colaboração comunitária em seu passado, e as melhores práticas são amplamente compartilhadas. Os líderes confiam que as comunidades irão em busca de um propósito significativo. Eles compreendem que as mídias sociais podem ser aplicadas de modos diferentes em situações específicas. Permitem e incentivam uma variedade de esforços colaborativos, desde grandes comunidades a centros básicos menores de interesse. A CEMEX, por exemplo, por meio do SHIFT, apoia duas comunidades que buscam estratégias corporativas e, além disso, centenas de comunidades básicas.

O sucesso de colaboração repetido em uma organização desenvolvedora tem produzido o apoio amplo de líderes e gerentes. Apenas um passo resta antes de ela poder avançar para o estágio da fusão, onde se torna verdadeiramente uma organização social. É preciso envolver uma mentalidade de colaboração comunitária em suas organizações de apoio corporativo, como RH, IT, jurídico e finanças.

O Caminho para se Tornar uma Organização Social **225**

Para alcançar esse passo, tome as seguintes atitudes:

- Documente os obstáculos corporativos encontrados na busca pela colaboração comunitária, como processos, sistemas, práticas de administração, políticas, prática-padrão e assim por diante. Avalie como elas impedem um sucesso maior. E então, mude-as.

- Incorpore os princípios de colaboração em massa em processos de desenvolvimento de produtos e sistemas – torne seus *produtos* e seus *serviços* mais sociais – para atrair e envolver a próxima geração de clientes.

- Avalia as relações de trabalho entre os esforços de colaboração comunitária e as funções dos negócios, como finanças, TI, RH e jurídico. Tome atitudes específicas para melhorar essas relações.

- Acrescente aos seus critérios de contratação, em todas as partes do empreendimento, uma afinidade pelas mídias sociais e pela colaboração comunitária. Faça isso especialmente com líderes e gerentes.

- Cuide para que a maneira como avalia e compensa todos os funcionários leve em conta a participação nas comunidades colaborativas. Procure, em especial, pela disposição de compartilhar conhecimento e ideias e não escondê-los. Passe a cultura corporativa para um nível onde seja compreendido que o valor de todos os funcionários para a empresa é mais do que eles sabem. É a partir daí que eles começarão a compartilhar.

- Desenvolva maneiras que liguem a inovação e as ideias que surgem de uma colaboração comunitária com os processos de mudança organizacional. Isso é essencial se você quer alavancar a inovação em toda a empresa.

Sua Organização Está se Fundindo – em uma Organização Social?

Uma organização em fusão é aquela na qual a colaboração em massa está envolvida na maneira como os líderes lideram e a organização toda pensa

226 Mídias Sociais na Organização

e funciona. Estudamos muitas organizações que estão começando a desenvolver uma atitude de fusão, mas não vimos uma que tenha fundido totalmente a colaboração em massa em seu DNA organizacional.

As organizações fundidas tratam a colaboração em massa como parte integrante de seu trabalho. É simplesmente como eles fazem as coisas. Essa atitude é tão forte que em uma verdadeira organização social, a necessidade por uma visão explícita de colaboração comunitária e estratégica perde a força. Toda estratégia e execução de negócios já inclui a colaboração comunitária onde é adequado.

Todo o Mundo Está se Tornando Social, Inclusive Você

Nosso objetivo é ajudá-lo a fortalecer esses conceitos básicos e tornar sua empresa uma organização social. Isso exige começar pequeno e aumentar o sucesso progressivamente, desenvolvendo, ao longo do caminho, as habilidades e culturas organizacionais necessárias. Talvez você já tenha começado a percorrer esse caminho, superando preocupações e esforços iniciais. Siga em frente. Talvez você esteja se recuperando dos resultados de uma abordagem oferecer e rezar. Melhore. Tente imaginar como ir além dos sucessos iniciais. Mantenha o rumo.

O que você não pode fazer é desistir, pelo simples motivo de que *todo o mundo* participa de atividades sociais. Ignorar as mídias sociais é como prender a respiração; por fim, será preciso respirar para não morrer.

Se sua empresa pode desenvolver as capacidades que descrevemos em uma competência essencial repetida, ela se tornará uma organização social. Isso quer dizer que você será capaz de utilizar as vastas fontes de conhecimento, criatividade, experiência e paixão de todas as pessoas que seu negócio englobar. Usar as mídias sociais para colher o gênio coletivo dos clientes e funcionários diversas vezes dará a sua empresa uma dimensão maior, que se perdeu enquanto a empresa crescia em tamanho e em complexidade. Nenhuma empresa, depois de crescida, pode retornar fisicamente à criatividade e energia da empresa iniciante que descrevemos na primeira página deste livro. Mas a colaboração em massa oferece o potencial de obter um pouco da inovação, criatividade, paixão e envolvimento de uma iniciante colaborativa para abordar desafios estratégicos, competitivos e operacionais.

Se sua empresa não estiver aprendendo a construir a colaboração em massa da maneira que dá certo – se não está se tornando uma organização social – como se manterá ao lado dos concorrentes que abraçam essa oportunidade disruptiva? Você e todos os outros gerentes hoje devem se perguntar: O que acontece quando empresas cada vez mais tradicionais desvendam o código da colaboração em massa e começam a demonstrar as capacidades superiores de uma organização social?

Se ainda não acreditar, leia mais. No epílogo, descrevemos algumas maneiras como essa nova capacidade pode se desenvolver e a maneira como as pessoas estão começando a usá-la. Você está preparado para um mundo onde as linhas organizacionais dentro das empresas começam a se confundir e desaparecer? Está pronto para um mundo onde as linhas entre a organização e o mundo lá fora começam a se confundir? É para esse caminho que o futuro se dirige.

Comece a conversar agora, envolva seus funcionários, e esteja preparado para a energia e o comprometimento deles.

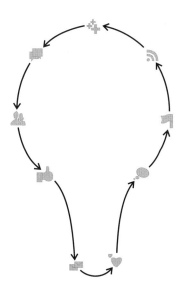

Epílogo
O Futuro Social

Bob Tobin, gerente sênior de uma grande agência do governo norte-americano, estava jogando *Lord of the Rings* com seu filho. O objetivo é acumular pontos. Na vez de Bob, seu filho começou a dar instruções para que o pai vencesse o jogo. A resposta inicial de Bob foi: "Você não pode me ajudar. Isso é roubar". O filho pareceu confuso.

Depois, eles conversaram sobre isso. O filho explicou que, quando jogava com os amigos, eles sempre o orientavam com dicas e o guiavam. Eles eram oponentes no jogo, não estavam um contra os outros para conseguir a mais alta pontuação. E por causa disso, Bob percebeu que eles terminavam o jogo muito mais rápido que ele, e mais depressa do que qualquer um deles conseguiria sozinho. Aquela era uma mentalidade diferente a respeito da competição.

Seu outro filho joga *Call of Duty*, um grande jogo de RPG. Começou a jogar online com pessoas da Irlanda, Alemanha e África do Sul. A princípio, os outros davam dicas ao menino americano, mas logo perceberam que ele era muito bom e pediram a ele para que se unisse a sua equipe para competirem contra outras equipes internacionais. Por ser adolescente, disse Bob, seu filho estava colaborando internacionalmente para satisfazer desafios compartilhados.[1]

Para Tobin, o jogo de seus filhos foi uma epifania que o levou a se preocupar com o fato de que sua agência federal – o mundo todo dos

230 Mídias Sociais na Organização

> negócios, na verdade – está despreparado para se beneficiar do potencial que essa nova geração de pessoas e tecnologias sociais oferecem. Agora, ele está atuando para garantir que a agência fique preparada.

Você está pronto? O mundo está avançando rapidamente em seu nível de sofisticação social. Se você e seus colegas estão trabalhando para criar uma organização social, estará bem posicionado para tirar vantagem e aproveitar essas mudanças.

Comece analisando um possível futuro, no qual as interações sociais em uma escala nunca antes possível possam mudar o mundo profissional como o conhecemos. Ao analisar esse futuro altamente plausível, pense em como uma organização social *versus* uma empresa tradicional funcionariam nesse ambiente.

Sindicatos Sociais

O PatientsLikeMe.com é dedicado a ajudar pacientes diagnosticados com doenças que colocam em risco a vida. O site está criando um novo sistema de medicina para os pacientes pelos próprios pacientes. No site, está escrito: "Estamos aqui para dar aos pacientes o poder de controlar sua doença e dividir o que aprendem uns com os outros. Para isso, criamos uma plataforma para reunir e dividir dados reais, com base no resultado".[2] A PatientesLikeMe.com agora dá apoio a quinze comunidades e tem mais de 60 mil pacientes-membros. Mais de 40 mil visitantes entram no site todos os meses. E o número de membros, visitas e doenças cobertas está crescendo de modo constante. É difícil imaginar uma causa que as pessoas defendam com mais força do que uma doença grave.

Cada vez mais pessoas estão se unindo na Web, reunindo-se em interesses e objetivos comuns. Mas elas não estão muito organizadas... por enquanto. E se, com o tempo, elas se organizarem de modo mais formal e começarem a ganhar mais poder? E se as comunidades colaborativas se tornarem organizações virtuais e assumirem algumas características de organizações mais tradicionais? Como você reagirá se seus membros se "unirem em sindicatos" e começarem a utilizar seu poder coletivo e influência sobre sua organização?

Chamamos isso de comunidade colaborativa, aquela que usa de modo ativo seu poder coletivo para causar mudança social e econômica – um *sindicato social*.

Imagine que a PatientsLikeMe.com cresça para abranger mais de 70% de todas as pessoas com doenças graves nos Estados Unidos e uma grande parte de pacientes nas Américas e na Europa. Imagine também que eles comecem a dar apoio a médicos, hospitais, farmácias, planos de saúde e coisas assim. Imagine que comecem a defender as mudanças no sistema de saúde pública e a reforçar e contribuir financeiramente com candidatos políticos. Poderia, vencer o poderoso *lobby* do setor de saúde? Como eleitor, você se tornaria mais compreensivo em relação à posição da PatientesLikeMe.com ou com a Pharmaceutical Research and Manufacturers of America, uma grande empresa norte-americana de *lobby*?

A PatientsLikeMe é apenas um exemplo retirado do universo em rápida expansão das comunidades colaborativas na Web. Imagine sindicatos, como Mães de Jogadores de Futebol, Mães de Primeira Viagem, Pais de Filhos com Doenças Mentais, Empreiteiros, Compradores de eletrônicos da Europa, Norte-americanos em Busca de Melhor Educação, Grupo Atento à Responsabilidade Social Corporativa... e assim por diante.

Agora, vá além e imagine que os sindicatos sociais se formem dentro de sua organização. A lei de emprego norte-americana garante o direito de os funcionários se reunirem e discutirem a empresa. Quais são os assuntos e os problemas com sua empresa que podem levar as pessoas a formarem sindicatos sociais e pressionar pela mudança? E se esses sentimentos derrubassem os muros de sua organização e se tornassem públicos ao mundo? Isso afetaria a habilidade de sua empresa de ser bem-sucedida?

No momento, a rede social está muito desorganizada. Mas ainda é muito nova. O que acontecerá se ela se desenvolver e a nova geração que os filhos de Bob representam entrar de cabeça na economia? Mais pessoas se unirão em comunidades, que se combinarão e se fundirão. Algumas desaparecerão conforme seus membros se mudarem para

232 Mídias Sociais na Organização

outras com mais força (lembre-se de como o MySpace, Friendster e outras abriram caminho para o Facebook). É muito possível que a Web termine com menos comunidades, mas elas terão massa crítica suficiente
para se tornarem sindicatos capazes de exercer enorme influência – nas
organizações, nos governos, na sociedade e no mundo.

Você está preparado para esses sindicatos sociais? Precisará do apoio
deles para vender seu produto? Venderá para comunidades em vez de
para clientes? Contratará uma comunidade e não um funcionário? Está
se preparando para pensar e agir em termos de sindicatos sociais em vez
de indivíduos, mercados e constituintes?

As organizações sociais reconhecem o poder das comunidades e
assume uma abordagem estratégica para a colaboração em massa. Elas
mantêm uma consciência de como as mídias sociais estão mudando e as
integram em planos para desenvolver a empresa. Ao trabalharem com
suas próprias comunidades colaborativas, elas já desenvolveram a capacidade de reagir aos sindicatos sociais. Podem, na verdade, já estarem se
formando. Pela natureza que têm, as organizações sociais são mais vigi-
lantes e mais bem preparadas para as oportunidades e ameaças que estão
começando a surgir no ambiente social. Podem reagir de modo bem mais
rápido e com impacto muito maior. Elas sabem que se não reagirem depressa, podem não reagir de modo algum.

Grupos Sociais

Diferentemente dos sindicatos sociais, que são mais organizados e duram
mais tempo, os *grupos sociais* se formam rapidamente com preocupações
efêmeras e então se dissipam deixando poucos vestígios.

Um exemplo dessa tendência crescente é o Groupon, um site de
"oferta do dia". O Groupon oferece uma visão do potencial dos enxames
sociais, especialmente aqueles que surgem no mundo virtual e no físico.
Lançado em 2008, o Groupon combina elementos de mídia social com
vendas online para virar o modelo tradicional de eBusiness de cabeça
para baixo. Os modelos de eBusiness se baseiam na Internet e têm capacidade de conectar grandes grupos de pessoas de forma barata a uma fonte

integrada – pense na Amazon. Mesmo com sua capacidade de revenda e avaliações, ela continua sendo uma loja online, basicamente.

O Groupon, por outro lado, usa ofertas especiais de negócios locais para criar um grupo de pessoas ao redor daquela oferta do dia. O poder dessa abordagem é a capacidade de entrar em micromercados combinando a colaboração em massa com o interesse local, uma característica aparentemente paradoxal. O Groupon vê sua capacidade de criar, de modo proativo, grupos sociais como sua fonte de vantagem competitiva.

No Capítulo 2, apresentamos a ideia de comportamento coletivo com base na colaboração em massa. Um exemplo que citamos ocorreu no mundo físico – a estação de trem de Liverpool – e o outro – @motrinmoms no Twitter – aconteceu apenas no mundo virtual. Esses tipos de ocorrências são apenas o começo. Os grupos sociais se tornarão mais prevalentes e mais poderosos.

O recente movimento no Oriente Médio e no norte da África oferece uma visão das possibilidades aqui. A imprensa está certa em apontar a facilidade com que a mídia social permite movimentos em massa e transparência. Esses acontecimentos teriam sido impossíveis sem que Facebook, Twitter e outros sites de mídia social localizar em pessoas, levarem-nas a uma causa e coordenarem suas ações.

Nosso estudo sobre a colaboração em massa e seu papel na criação de grupos sociais indica que a sociedade está apenas no começo de um modelo com base em valores humanos universais, necessidades e direitos – liberdade de pensamento, expressão e associação; reconhecimento justo e compensação pelo resultado do trabalho de alguém; proteção e segurança; e autodeterminação. Estas são as maiores causas pelas quais as pessoas disputam e entram em uma nova cultura de grupo social.

Você precisará ser rápido para reagir aos grupos. Eles podem criar ou atrapalhar o lançamento de seu novo produto, decidir a eleição da região, derrubar regras pendentes. Podem até derrubar seu governo. As organizações sociais com colaboração em massa como parte essencial de sua cultura não apenas valorizarão os grupos sociais, mas, também, os experimentarão dentro e fora de suas organizações. Elas não temerão os grupos. Em muitos casos, os *criarão*.

O Empreendimento Estendido

Depois de apenas 18 meses, o Facebook possui e administra 5 milhões de usuários ativos, seus "clientes" com um grupo de apenas 40 funcionários. Depois desses 18 meses, o Facebook teve um valor de mercado estimado – com base em investimentos no site, pela Microsoft – de mais de US$15 bilhões, mais do que a GM ou a Ford. O valor do Facebook no momento em que escrevemos este livro é de US$50 milhões, estima-se.[3] Ainda que esse número seja exagerado, o valor continua sendo significativo, no mínimo.

A Craigslist, com seus classificados, é um exemplo do tipo de alavancagem que é possível agora. Um site com conteúdo gerado pelo usuário e 5 milhões de visitantes por mês, o Craigslist tem mudado de modo significativo o modelo de negócios da maioria dos jornais norte-americanos, que dependem muito dos classificados, e fez isso com um grupo de funcionários total de menos de 25 pessoas.[4]

Um novo campeão de alavancagem é um negócio chamado PlentyOfFish – um site de namoro que acredita na ideia de que "Há muitos peixes no mar". Esse serviço começou em British Columbia e se espalhou para os Estados Unidos. Em 2008, atraiu mais de 1,4 milhão de visitantes por mês e estava gerando mais de US$10 milhões de dólares por ano.[5] Adivinhe quantos funcionários foram necessários para isso? Um e meio. O fundador trabalhava meio período e tinha um funcionário em período integral.

Como essas organizações sociais conseguem criar uma alavancagem de valor aos funcionários? Colocam a comunidade para fazer o trabalho por elas. A comunidade oferece e gerencia os perfis, conteúdo e interações. A empresa facilita o trabalho, que é o que as organizações sociais fazem. Estende suas capacidades por meio das comunidades. Seu negócio pode competir com o modelo cada vez mais comum? Não, se não envolver a comunidade e conseguir que ela faça um pouco do trabalho para você.

É fácil dizer que esses exemplos são superficiais. Muitos líderes de negócios dizem: "Bem, é apenas a Web" ou "Nossos negócios são diferentes". Mas faça isso a seu próprio risco – porque, como mostramos, cada vez mais organizações tradicionais estão encontrando modos inovadores de aplicar esse modelo de alavancar a comunidade para aumentar seus negócios e conseguir resultados que até então eram vistos como impossíveis.

Já está acontecendo e é apenas o começo. O que acontece quando seu concorrente consegue transformar sua base de clientes em uma extensão dos vendedores? Poderia transformar seus clientes em concorrentes.

As mídias sociais têm revivido e reenergizado o movimento de cocriação no qual as empresas envolvem seus clientes de modo ativo no projeto e na entrega de produtos e serviços. A lógica é interessante: as pessoas costumam comprar e recomendar aos amigos algo que elas criaram.

O que um concorrente que dominou as habilidades de cocriação pode fazer a seu negócio? Se você acompanha as mídias sociais, certamente já ouviu falar do Thredless.com, a loja online de camisetas. É uma comunidade muito citada de negócios com base na colaboração, na qual é possível criar modelos, escolher e comprar camisetas antes de a Threadless.com fazê-las e entregá-las. O objetivo é que toda camiseta criada dê dinheiro. Se você digitar "Threadless" no Google, obterá mais de um milhão de ocorrências.

A Threadless também é um bom exemplo do que chamamos de *concorrente limpo*. Uma empresa assim evita a bagagem de um negócio que, ainda que tenha sido bem-sucedido no passado, possa inibir a mudança necessária para manter o passo com a socialização dos negócios. Os concorrentes limpos não se importam com ideias de legado, de processos inflexíveis ou tecnologia ultrapassada e onerosa. Eles podem ganhar com as novas tecnologias e abordagens como a colaboração em massa e computação em nuvem para competir de formas novas. Está atento aos concorrentes limpos? Como vai competir com eles?

Está procurando novas maneiras para a comunidade estender as capacidades de sua organização? A Agência Norte-americana de Proteção Ambiental (EPA) tem desenvolvido uma visão para um sistema de geração que a ajudará a monitorar a saúde da terra. Sua visão é: se a Nike pode criar um tênis de corrida com sensores que analisam a passada do corredor, por que a EPA não pode colocar um sensor de GPS nesse tênis

236 Mídias Sociais na Organização

para medir os níveis de chumbo no solo?[6] Assim, por que não produzimos telefones celulares com sensor que meça a qualidade do ar e botas de pescaria que avaliem a água dos rios e lagos?

Ao acrescentar a colaboração social nessa capacidade de percepção – deixando as pessoas acrescentarem contexto local e até uma análise em seus dados ambientais – a EPA pode aumentar muito a quantidade de dados disponíveis para localizar tendências e soluções possíveis. Com essa visão, todo entusiasta de atividades esportivas externas se tornaria um pesquisador da EPA, parte de um sensor humano e rede de analista que se espalha pelo país todo. Ou talvez uma empresa como a REI ou L.L.Bean possa participar e expandir seus negócios tornando-se uma força ambiental no mundo. E, se negócios existentes não fizerem isso, um novo concorrente pode aparecer e fazê-lo para conseguir diferenciação competitiva.

Em resumo, as organizações sociais são capazes de fazer mais com menos. Ao lucrar com as comunidades, elas podem gozar de maior impacto de mercado com menos recursos e investimento, e isso produzirá maior lucro e abrirá novas oportunidades.

Novos Mercados e Modelos

A Fliesandfins.com, uma comunidade de pescaria iniciada por Jeremy Cameron, um autodeclarado viciado em pescaria, recebe mais de 20 mil visitantes por mês. Cameron começou a comunidade por diversão. Ao mesmo tempo, ele estava ajudando a loja de equipamentos para pesca, caça e produtos esportivos Orvis com seus esforços de marketing digital. Conforme a comunidade cresceu, atraiu a atenção da Orvis. Orvis e Cameron começaram a conversar. Orvis queria comprar a comunidade? Queria formar uma parceria? Se fosse o caso, que tipo de parceria?[7] Lowe está em uma situação parecida com a RedAprons.com, uma comunidade criada por um ex-funcionário da Lowe, na qual os funcionários atuais podem discutir todas as coisas relacionadas à empresa. A mesma coisa aconteceu com a UPS e o browncafe.com.

Estamos começando a ver um novo mercado surgir por compra, venda e parceria com comunidades colaborativas de propósito específicos menores. Não se trata de grandes empresas da Internet ou da mídia comprando grandes participantes de plataforma Web, como MySpace, YouTube ou Twitter. Trata-se de empresas tradicionais comprando ou entrando em parceria com comunidades colaborativas de propósito específicos menores. Você está levando isso em conta em sua estratégia de aquisição? Faz parte de sua estratégia de crescimento? O oposto poderia acontecer? Podem surgir novos concorrentes de empresas que constroem as comunidades e as integra? Se o fliesandfins.com crescer o suficiente, pode comprar a Orvis?

Uma organização social com visão e estratégia procura essas oportunidades e ameaças. Analisando o potencial de seus negócios para criar a colaboração comunitária, ela ganha conhecimento a respeito do que é possível em seu setor. Sabe o que procurar e a que mirar. Encontrar uma comunidade colaborativa para comprar, aliar-se a ou da qual participar pode ser tão eficiente e menos arriscado e oneroso do que tentar construir a sua própria desde o começo.

Um novo modelo de negócios para a colaboração comunitária está surgindo. Todos somos familiarizados com o modelo voltado para a propaganda da mídia social, como o Facebook; o modelo com base em doações, como a Wikipédia; e o modelo com base em inscrições. Um novo modelo que emerge é a comunidade com base no patrocínio.

O Atlantic Media Company, em Washington, D.C., lançou um site de *networking* chamado 3121, no qual apenas membros do Congresso e seus funcionários podem se comunicar e colaborar. O nome vem de um canal de televisão – 3121 – do Capitólio. A Atlantic Media pré-populou o ambiente com dez mil perfis, esperando que os participantes assumissem seus perfis e começassem a fazer *networking* e colaboração.[8]

Este é um modelo que vale a pena destacar – porque a 3121 é um ambiente de colaboração voltado aos funcionários do congresso norte--americano que é construído, gerenciado e pago por uma empresa de mídia privada, não pelo governo. É um modelo de financiamento indireto – um modelo de *patrocínio*. Esse exemplo representa uma oportunidade para governos, organizações sem fins lucrativos e ONGs criar comunidades colaborativas sem ter de fazer os investimentos. Também mostra uma mudança no setor da mídia. Onde você pode encontrar um parceiro ou outro *stakeholder* importante para patrocinar uma comunidade para sua organização?

Alguns empresários estão começando a pensar que a mídia social está perto de perder seu prestígio. "A última coisa de que o mundo precisa", eles acreditam, "é de outra *start-up* de mídia social". Acreditamos que essa atitude é perigosa. A inovação significativa na colaboração comunitária continuará de diversas direções diferentes. Talvez o burburinho termine, mas estamos vendo apenas a ponta do iceberg para a inovação e mudança das mídias sociais.

Essas e outras mudanças no mercado pegarão você desprevenido? Sua empresa se tornará uma organização social ou será "vencida" por uma?

A Era da Transparência em Massa

Quando a esposa de Anthony engravidou do primeiro filho do casal, entregou ao marido uma lista de itens essenciais de que precisaria quando o bebê nascesse. Para sua surpresa e susto, Anthony viu nada menos do que nove cadeiras diferentes. Uma era alta, a outra era baixa, uma era para o carro, uma balançava, uma se mexia de um lado a outro, outra ia para a frente e para trás, duas eram de balanço e uma rolava. Quando conseguiu falar, disse: "Acho que precisamos ir à loja "Babies 'R' Us". "Não, ainda não", ela disse. Sua esposa não é uma *geek*, mas não compraria nenhuma daquelas cadeiras se não entrasse na Internet para ler as experiências de outros pais com aqueles produtos. Ela ficava frustrada quando não encontrava avaliação de algum produto. "Vocês esperam que eu compre seu produto", dizia ela ao site da loja, "mas não conseguem encontrar ninguém que diga coisas boas sobre ele?!".

As pessoas, atualmente, esperam descobrir tudo sobre qualquer coisa com um clique de mouse ou com o toque dos dedos. Estamos na era da transparência em massa. As avaliações de produtos na Web certamente não são novas, mas ainda são rudimentares. Serviços como Yelp, SocialYell, e Yahoo! Local estão tentando se tornar a fonte preferida de informação para avaliar empresas e produtos. Mas e se quase tudo – pessoas, lugares, organizações, produtos, serviços, acontecimentos – se tornar um ponto principal para a simples colaboração em massa? E se cada uma dessas entidades tivesse um perfil online e mantido pelas massas?

Atualmente, essa informação social é dispersa, deslocada e difícil de usar. Mas, com o tempo, isso mudará. Nos Estados Unidos, estamos todos familiarizados com as principais agências de avaliação de crédito – FICO, Experian, Equifax, e TransUnion – que criam nossos pontos de créditos. As instituições financeiras usam esses pontos para determinar se emprestarão dinheiro e a qual taxa de juros. Imagine serviços parecidos, muito organizados e abrangentes que usem informações das massas para dar às organizações um tipo de "pontuação" geral que ajude a determinar se são merecedores de seus negócios. Essa pontuação geral pode consistir de pontos de subcategoria, como pontuação da qualidade do produto, pontuação do serviço ao consumidor, uma boa pontuação no que diz respeito ao meio ambiente, às questões jurídicas, à obediência às leis e à ética. E se as massas ajudassem a acumular e organizar informações sobre seus produtos e serviços, seus funcionários, as atividades jurídicas, registros de responsabilidade social, e até de você pessoalmente e das decisões de negócios que toma?

E imagine que esses pontos sejam onipresentes na Web, nos equipamentos móveis, e nas prateleiras, de modo que as pessoas possam avaliar e mudar o mundo em cada compra. Como você e sua empresa veriam esses pontos? Como você reagiria a essa transparência? Emitiria um *press release* ou mobilizaria uma comunidade? Uma organização social poderia mobilizar uma comunidade. Uma organização social terá não apenas uma mentalidade e cultura de colaboração comunitária, mas um verdadeiro portfólio de comunidades que podem ser valiosos para moldar como a organização é vista no mundo. E a maneira como você é percebido pelo mundo está se tornando cada vez mais importante conforme as pessoas avaliam e contribuem para sua reputação.

O mundo está sempre mudando, mas esse é um grande ponto de transformação. Você se lembra da produção em massa, da distribuição em massa e do marketing de massa? A colaboração em massa é a próxima grande evolução nas operações de negócios. As organizações sociais que acreditam e atuam em termos de colaboração comunitária continuarão nesse ambiente. Sua empresa será uma organização social? Ou será concorrente delas? Nos próximos dez anos, sua capacidade de se transformar em uma organização social pode determinar se sua empresa se esforçará, sobreviverá ou desaparecerá.

Anexo
Orientações para Participação nas Mídias Sociais

I. Descrição e Definições

Uma descrição do contexto e do raciocínio por trás das orientações.

II. Propósito e Aplicação dessas Orientações

Defina o motivo para a política, sendo claro sobre como elas complementam códigos existentes de conduta e profissionalismo.

III. Resumo das Orientações para a Participação nas Mídias Sociais

Uma lista de orientações e uma breve descrição, permitindo que o leitor veja as orientações retiradas da política de mídia da Gartner, incluem:

Pense antes de postar: Use bom senso e pense nas reações que suas postagens provocarão antes de divulgá-las.

Proteja informações confidenciais: Proteja as informações sobre seus clientes e seu negócio. Se tiver dúvida, obtenha aprovação para compartilhar a informação nos sites de mídia social.

Proteja e melhore o valor da marca: Apresente a empresa de modo verdadeiro e com base em fatos. Evite realizar comentários ruins a respeito da empresa, seus produtos, serviços, funcionários ou sistemas.

Tenha consciência de quem é sua empresa online: Saiba quando está representando a empresa e, assim, quando deve participar como profissional em um ambiente de mídia social. Se tiver dúvidas a respeito de quando está representando a empresa, pense que está representando.

IV. Descrição Detalhada de Cada Orientação

Com base no resumo, ofereça os detalhes necessários para transmitir a intenção da orientação. Por exemplo:

Pense antes de postar: use o bom senso e pense nas reações a sua postagem antes de divulgá-la. Lembre-se de que o que postar poderá ficar anos na Web, mesmo depois de deletar sua cópia do conteúdo. Evite postar no calor da hora, principalmente em uma discussão que esteja se transformando em "guerra".

V. Execução

Descreva as abordagens de execução para essas orientações. É um bom momento para lembrar os participantes que as contribuições deles serão monitoradas e removidas se violarem as regras, se forem vistas por outros como abusiva ou se não contribuírem para o ambiente colaborativo positivo. Os membros que são funcionários da empresa podem ser despedidos, pois a violação dessas regras tem o mesmo peso de se violar outras políticas da empresa.

Os membros que não forem funcionários e violem a política podem ser bloqueados ou ter suas contribuições removidas do site.

VI. Definição de Permissões, Direitos e Uso Justo do Conteúdo do Site

É uma boa prática lembrar os participantes da natureza e do uso justo do conteúdo gerado nos sites de mídia social. É prática comum que os dados criados em um site, como Facebook ou Amazon, se tornem propriedade desse site. Exemplos incluem:

Comentários ou opiniões expressados neste blogue são de contribuidores individuais apenas, e não necessariamente representam a visão da (empresa), ou de sua administração. Os leitores podem copiar e redistribuir postagens de blogues e de outros locais, para propósitos particulares, não comerciais ou jornalísticos. Este conteúdo não pode ser usado para qualquer outro propósito e em nenhum outro formado ou mídia. O conteúdo deste blogue é fornecido como está aqui apresentado. A (empresa) não pode ser responsabilizada por nenhum dado que surja do conteúdo ou uso deste site.

GLOSSÁRIO

Análise da rede social: Técnica para analisar padrões de relacionamentos entre pessoas em grupos. Serve para avaliar a estrutura social e as interdependências de indivíduos ou organizações. Envolve reunir dados de diversas fontes (como pesquisas, e-mails, blogues, e outros artefatos eletrônicos), analisando os dados para identificar relações, e estudá-los para obter mais informações, como a qualidade ou eficiência da relação.

Blogue: Website em que os autores criam entradas em ordem cronológica e os leitores fazem comentários sobre determinadas entradas.

Derivado do termo *weblog*, as entradas do blogue são apresentadas em ordem cronológica reversa (a mais recente vem antes) e costumam ser arquivadas em períodos. Os blogues, originalmente, eram usados para expressar opiniões a respeito de acontecimentos relacionados a um tema, como esportes, música, moda ou política, mas surgiram como canais es-

246 Mídias Sociais na Organização

tabelecidos de comunicação para os negócios e também para indivíduos. Veja *microblogging*.

Colaboração comunitária: Quando um grupo de pessoas forma um relacionamento indireto (ou seja, uma comunidade) umas com as outras por meio do apoio a uma propósito comum.

A colaboração comunitária é um subconjunto de colaboração em massa no qual os membros têm conhecimento explícito de que estão colaborando com outros na busca por um objetivo comum. No entanto, com a mídia social, essa nuance é um pouco insignificante, uma vez que a maior parte da colaboração em massa é comunitária. Neste texto, os dois termos costumam ser intercambiáveis.

Colaboração em massa: Habilidade para que muitas pessoas contribuam de modo rápido e eficiente para o desenvolvimento ou evolução de uma ideia, artefato, processo, plano, ação etc.

No contexto do *software* social, a colaboração em massa inclui a participação de pessoas que podem não ter uma relação preexistente. Entre os exemplos de colaboração em massa estão o *social networking*, *social tagging/folksonomies*, *crowdsourcing* e os mecanismos de ideias.

Coletivo: Como substantivo, esse termo reflete as uniões de pessoas envolvidas em uma atividade compartilhada. Podem não ter relação direta nem mesmo conhecimento umas das outras, mas se associam por meio de ações acerca de uma causa ou preocupação comuns.

Computação social: Abordagem à TI na qual os indivíduos moldam as tecnologia colaborativas com base nas informações para apoiar as interações com grupos relativamente grandes e normalmente mal definidos. A computação social é um termo abrangente de participação em atividades em grupos (que pode estar na execução de atividades relacionadas ao trabalho). A computação social se estende à abrangência, escopo e número de relações nas quais os indivíduos podem se envolver e amplifica a voz de cada indivíduo para que ele possa alcançar públicos e comunidades globais. É fundamentalmente diferente da computação de empreendimento, que tem uma arquitetura planejada, comandada e controlada feita para satisfazer as necessidades funcionais específicas de um empreendimento na busca de atividades de negócios (ou de uma organização de setor público na entrega de serviços). Também é diferente da computação pessoal, que se concentra nos indivíduos que usam tecnologias de computação para a produtividade individual *versus* as atividades em grupo.

Comunidade básica: Tipo de comunidade colaborativa que surge sozinha, dentro ou fora das ferramentas colaborativas da organização. As comunidades básicas representam uma abordagem de baixo para cima, para a colaboração com base na comunidade. Conforme se forma, a organização aplica o modelo de decisão Não, Ir, Crescer para determinar o nível apropriado de apoio e investimento organizacionais.

Comunidade colaborativa: Grupo de pessoas que atuam de modo coletivo em busca de um propósito comum. Uma comunidade colaborativa costuma ser um grupo variado de pessoas, ligadas por uma causa comum, de dentro e de fora de uma organização e também de qualquer nível organizacional.

CRM social: Aplicações sociais com propósito de organizações de vendas, marketing e atendimento a clientes para envolver os clientes em qualquer processo de CRM. O CRM social é usado para envolver os clientes em uma série de atividades colaborativas, incluindo codesenvolvimento de novos produtos ou serviços, gerando consciência de marca, oferecendo comparações de preço, cuidando do processo de venda ou ligando-se com atividades pós-venda (como serviço ao cliente), além de apoio de marketing para divergências pós-compra.

Crowdsourcing, **ou massificação:** Processo para encontrar uma tarefa ou desafio a um conjunto amplo e distribuído de colaboradores que usa a Web e técnicas de colaboração social.

O *crowdsourcing* está sendo aplicado de modo bem-sucedido para definir tarefas, desafios ou simplesmente atrair ideias. Também pode ser usado interna ou externamente e, em qualquer caso, pode estar aberto a qualquer participante ou limitado a um grupo de especialistas. Originalmente, o termo *crowdsourcing* era limitado a uma relação de "pagar por desempenho", mas se desenvolveu e se transformou em uma aplicabilidade mais ampla.

Distintivo social: É um ícone entregue a um participante das mídias sociais em reconhecimento de algum comportamento ou conquista. Os distintivos podem ser por comportamento positivo ou negativo e podem servir como recompensa ou desestímulo. Os distintivos costumam acompanhar "níveis" de participação atingidos.

Emergência: Princípio de emergência engloba o reconhecimento de que não se pode prever, moldar, criar e controlar as interações de massa colaborativa e otimizá-las como você faria em um processo fixo de negócios. Em vez disso, esse princípio reconhece que um benefício importante do ambiente de mídia social é permitir que as estruturas sociais surjam espontaneamente. Essas estruturas podem ser organizacionais latentes ou escondidas, comunidades de usuários, conhecimento, processos de trabalho, organização de conteúdo, informações taxonômicas e assim por diante.

Enterprise 2.0: Uso de ler/escrever (ou tecnologia de Web 2.0) por negócios para um propósito de negócio.

O termo *enterprise 2.0* foi cunhado por Andrew McAfee no livro *Enterprise 2.0: New Collaborative Tools for Your Organization's Toughest Challenges* (Boston: Harvard Business School Press, 2009).

Estruturas emergentes: Estruturas conhecidas ou não planejadas antes das interações sociais, mas que surgem e se desenvolvem conforme a atividade se desenrola.

As estruturas emergentes podem ser processos, categorização de conteúdo, redes organizacionais e equipes virtuais escondidas. As estruturas emergentes são usadas para se ter uma melhor compreensão da real "natureza das coisas" para se organizar, gerenciar ou interagir com uma comunidade ou otimizar seus esforços.

Feedback social: Habilidade dos participantes de um ambiente de mídia social de acrescentar suas opiniões a respeito da qualidade ou relevância do conteúdo.

Exemplos comuns de *feedback* social são gostei/não gostei sinais positivos ou negativos, avaliações com estrelas, comentários, marcação (ou categorização em massa), sinalização e títulos.

Folksonomy: *Veja Social tagging.*

Fórum de discussão: Ambiente no qual os participantes podem expor assuntos para discussão e responder a qualquer contribuição, criando, assim, discussões em tópicos.

As discussões em tópico podem gerar uma *árvore* de discussão na qual seus galhos se espalhem por muitas direções e subcategorias. Os participantes controlam o conteúdo, o que difere do blogue, no qual os comentários do leitor se limitam a um único tópico subserviente à postagem do blogue e onde os participantes não podem criar uma subcategoria que surja de um comentário à postagem original.

Gamification: É a aplicação da teoria e mecânica de jogos a atividades não relacionadas aos jogos para motivar comportamentos desejados.

Independência: Característica da colaboração em massa que permite a participação em qualquer momento, lugar ou por qualquer membro. O princípio de independência capta a exigência para as comunidades colaborativas de escolherem uma maneira de trabalho que se encaixe melhor com o propósito e com o fato de as mídias sociais não exigirem mecanismos de fluxo de trabalho que podem atrapalhar a colaboração.

250   Mídias Sociais na Organização

Localização de especialidade: Identificar o conhecimento humano, determinar o *status* desse recurso, e integrar a pessoa ou especialidade no processo de interação. É usada para manter representações profundas de habilidades, localizações geográficas, disponibilidade e outros parâmetros relevantes ao uso da especialidade.

Mecanismo de ideia: Ambiente social no qual os participantes podem colocar uma ideia para validação e contribuição social.

Outros participantes podem apoiar e desenvolver a ideia, ignorá-la ou recusá-la. Como os mercados de resposta, os motores de ideias são feitos especificamente para permitir a colaboração em massa ao redor de ideias de modo que as melhores, mais apoiadas e viáveis sejam verificadas com antecedência pelo coletivo. Em alguns casos, os mecanismos de ideias funcionam como um mercado de ações, no qual os participantes podem investir em ideias e recebem retorno daquele investimento se uma ideia for adiante no processo de verificação.

Mercado de previsão: Mecanismo que pode prever resultados de questões constantes de contenção ou resultados incertos, com base na análise de conteúdo ou ações tomadas pelo coletivo. Os mercados de previsão dependem do *crowdsourcing*. Eles também podem ser usados para priorizar ideias (os usuários apostam em quais ideias têm mais chance de sucesso) e avaliam o risco (os usuários apostam em quais caminhos têm menos riscos).

Mercado de resposta: Ambiente social no qual um participante pode fazer uma pergunta e outros participantes podem ajudar e refinar as respostas.[1]

Ainda que os mercados de respostas sejam possíveis em qualquer ambiente de mídia social, eles são especialmente feitos para facilitar a atividade com estruturas que permitem a troca de valor, como dinheiro ou pontos. Por exemplo, os participantes que fazem uma pergunta podem oferecer remuneração para uma resposta, e quem oferece a resposta pode cobrar um "preço" por seu conhecimento. As duas partes podem oferecer e contraoferecer. Quem pergunta pode avaliar diversas trocas e títulos e escolher os mais desejados. O processo pode ser público ou privado (o que quer dizer que o anonimato é gerenciado como parte do processo de mercado). Os resultados da interação também podem ser públicos ou privados.

Microblogging: Forma reduzida de blogue. Iniciado pelo site de rede social Twitter, os usuários do *microblogging* publicam mensagens muito curtas, normalmente de uma linha, a seus contatos, que especificamente escolheram seguir as atividades daquele usuário. É uma abordagem *one to many* para as comunicações curtas, na qual os "muitos" escolhem a quem seguir, diferente das comunicações curtas *one to one* ou *one to few*, como em textos, nos quais os destinatários são escolhidos por quem envia.

Mídias sociais: Ambiente online aberto para os propósitos de colaboração em massa no qual todos os participantes convidados podem criar, postar, avaliar, melhorar, descobrir, consumir e dividir conteúdo sem um intermediário direto.

Modelo de decisão Não, Ir, Crescer: Maneira sistemática de determinar se e como um esforço de colaboração comunitária deve continuar. A estrutura de decisão é aplicada durante o desenvolvimento da estratégia de colaboração e também sempre que a organização precisa fazer uma determinação a respeito das comunidades básicas.

Mundo virtual: É um ambiente de comunidade online 3D de tempo real, no qual os usuários criam avatares para interagir uns com os outros e colaborar para usar e criar uma série de objetos simulados.

Networking social: Ato de estabelecer conexões humanas online entre várias pessoas, para compartilhar informação com a rede ou subgrupos. Apesar de as conexões individuais serem possíveis em sites de rede social, a preponderância de atividade envolve um grupo maior de participantes em qualquer rede.

O termo *mídia* nesse contexto é um ambiente de colaboração caracterizado pelo arquivamento e transmissão de mensagens a respeito de um conteúdo, enquanto o termo *social* descreve a maneira distinta como essas mensagens se propagam rapidamente entre os parceiros. A colaboração em massa é capacitada e realizada por meio da mídia social.

Organização social: É uma organização com uma competência em colaboração em massa estrategicamente aplicada a desafios e oportunidades de negócios. Uma organização se torna social ao usar as mídias sociais para formar comunidades colaborativas que ofereçam grande valor aos negócios.

Participação: Um dos seis princípios da colaboração em massa. O princípio da participação reconhece a importância de gerar as mídias sociais.

Perfil social: Descrição das principais características do indivíduo que o identifica em um site social ou aplicativo de colaboração. Os perfis descrevem diversas características a respeito do indivíduo, como interesses, especialidade, objetivos profissionais, *status*, atividades recentes e localização geográfica. Os indivíduos também podem usar seu perfil social para determinar privacidade, acesso e outras preferências para a atividade social.

Persistência: Com as mídias sociais, as contribuições dos participantes são captadas e organizadas para que outros as vejam, compartilhem, comentem e desenvolvam. A persistência diferencia as mídias sociais de interações sincronizadas, nas quais grande parte da informação trocada se perde ou é captada apenas em parte, como uma atividade extra de escrita ou gravação.

Plano de objetivos: Conjunto de propósitos relacionados e sequenciados que define como a colaboração da comunidade pode começar, crescer e se desenvolver. O plano de objetivos é, predominantemente, uma ferramenta de planejamento que oferece uma maneira de avaliar o progresso da comunidade e influenciar suas atividades e prioridades.

Presença: Tecnologia de base que oferece indícios do *status* e da disponibilidade dos contatos. A presença mostra se o participante está online, e pode oferecer uma descrição do *status* dessa pessoa. Apesar de a presença ser usada por aplicativos em ambientes não sociais (por exemplo, em e--mail e mensagens instantâneas), ela é cada vez mais usada por soluções sociais para mostrar o *status* atual dos participantes de uma comunidade.

Propósito: Motivo específico e significativo para a colaboração que move os membros de uma comunidade a interagir e contribuir. O propósito é o motivo pelo qual os indivíduos escolhem se unir a uma comunidade colaborativa e por que a organização tem interesse em apoiar a colaboração em massa.

Publicação social: Capacidade de as massas acumularem seu conteúdo individualmente desenvolvido (*versus* desenvolvimento compartilhado por meio de uma Wiki) em um repositório usável e ambiente compartilhado para *feedback* e uso social. O conteúdo individualmente desenvolvido é diferente do conteúdo desenvolvido de modo colaborativo, como em uma Wiki. Exemplos comuns são fotografias e vídeo.

Redes Sociais: Universo de oportunidades disponíveis para as pessoas (o público geral) para participar ativamente em atividades de grupos abertos na Web. A Web social costuma ser considerada o aspecto humano social da Web 2.0.

Social bookmarking: É a funcionalidade das mídias sociais permitindo que os usuários compartilhem, avaliem, comentem, organizem, busquem e administrem *links* de recursos da *web*.

Social tagging: Metadados definidos pelo usuário que podem servir para organizar conteúdo socialmente contribuído.

254 Mídias Sociais na Organização

Também conhecido como *folksonomies*, o *social tagging* se desenvolve quando muitos usuários identificam sua classificação de um determinado elemento de conteúdo. As *tag clouds* apontam diversos identificadores e a frequência de uso em um site de *folksonomy*. Esse tipo de classificação de comunidade básica é um exemplo de inteligência coletiva oferecendo estrutura emergente para um conteúdo socialmente acumulado.

Software social: *Software* que possibilita, capta e organiza a interação entre os participantes em um site ou solução social.

A habilidade de o *software* social capacitar a colaboração em massa o diferencia de outras tecnologias de colaboração. Entre os exemplos de *software* social, blogues, Wikis, fóruns de discussão, localização de especialidade e muitas outras tecnologias.

Tecnologias sociais: Qualquer tecnologia que facilite as interações sociais e seja capacitada pela comunicação, como a Internet ou um dispositivo móvel. Exemplos de tecnologias sociais são *software* social (por exemplo, Wikis, blogues, redes sociais) e capacidades de comunicação (por exemplo, conferência pela web) que são voltadas e possibilitam as interações sociais.

Transparência: Qualidade de todos os participantes, de uma comunidade colaborativa, verem as contribuições uns dos outros. Um dos seis princípios da colaboração em massa – a transparência – dá à comunidade a informação necessária para se auto-organizar, autocomandar, autocorrigir e se desenvolver.

Web 2.0: A evolução da Web de uma coleção de páginas de conteúdo relacionadas para uma plataforma de colaboração humana, desenvolvimento e distribuição de sistema.

Entre as tecnologias que permitem a Web 2.0, estão Ajax e Really Simple Syndication (RSS), além de conceitos gerais, como mídia social, plataformas de Web e arquitetura orientada à Web.

Wiki: Sistema colaborativo para criar e manter relacionados grupos de páginas da Web. Uma Wiki permite que os usuários acrescentem ou mudem páginas em um navegador na Web sem se preocupar a respeito de onde e como o conteúdo é arquivado. As Wikis permitem a autoria em massa – potencialmente milhões de pessoas podem colaborar para gerar novo conteúdo.

Notas

Capítulo 1

1. Anthony J. Bradley, "Five Major Challenges Organizations Face Regarding Social Software," Gartner Inc., 15 de fevereiro de 2008.

2. Kevin Cooney e Chris Wire, Xilinx Inc., conversas por telefone com Mark P. McDonald no dia 5 de fevereiro de 2010 e 14 de outubro de 2010.

3. FICO e myFICO são marcas registradas da Fair Isaac Corporation nos Estados Unidos e em outros países.

4. Adam Sarner, "The Business Impact of Social Computing: Real-World Results for Marketing", Gartner Inc., 13 de novembro de 2009.

5. Mark P. McDonald e Dave Aron, "Reimagining IT: The 2011 CIO Agenda", Gartner Inc., 1º de janeiro de 2011.

6. Todd Nissen, Ford Motor Company, e-mails com Anthony J. Bradley, 19-30 de maio de 2011.

7. Anthony J. Bradley, "The Business Impact of Social Computing: Real-World Results for Customer Engagement", Gartner Inc., 4 de novembro de 2009.

8. Miguel Lozano, CEMEX Inc., conversas por telefone com Mark P. McDonald, 27 de setembro de 2010 e 5 de janeiro de 2011.

258 Mídias Sociais na Organização

9. Gilberto Garcia, CEMEX Inc., conversas por telefone com Mark P. McDonald em 27 de setembro de 2010 e 5 de janeiro de 2011.

10. Miguel Lozano, CEMEX Inc., conversas por telefone com Mark P. McDonald no dia 27 de setembro de 2010 e 5 de janeiro de 2011.

Capítulo 2

1. Os termos *mídias sociais, comunidade,* e *propósito* são usados de muitas maneiras diferentes por diversos autores a respeito das mídias sociais. Definimos esses termos especificamente pelo que queremos dizer com eles no contexto deste livro (veja o Glossário deste livro).

2. Nicholas Carlson, "At Last – The Full Story of How Facebook Was Founded", *Business Insider,* 5 de março de 2010.

3. Joe Wrighter, "How Craigslist Started," *Helium,* 22 de março de 2007, http://www.helium.com/items/225319-how-craigslist-started.

4. Nisan Gabbay, "MySpace Case Study: Not a Purely Viral Start," *Startup Review,* 10 de setembro de 2006, http://www.startup-review.com/blog/myspacecase-study-not-a-purely-viral-start.php.

5. Anthony J. Bradley, "The Six Core Principles of Social-Media-Based Collaboration", Gartner Inc., 10 de dezembro de 2009.

6. Miguel Lozano e Gilberto Garcia, CEMEX Inc., conversa por telefone com Mark P. McDonald em 29 de setembro de 2010.

7. Anthony J. Bradley, "Employing Social Media for Business Impact: Key Collective Behavior Patterns", Gartner Inc., 3 de fevereiro de 2011.

8. Carol Rozwell, "Five Case Study Examples of Social Network Analysis", Gartner Inc., 27 de agosto de 2008.

9. Estatísticas de tráfego em: compete.com, 20 de maio de 2011.

10. http://bookclubs.barnesandnoble.com/t5/help/faqpage/faq-categoryid/participation#participation.

11. Bill Marriot, "Marriot on the Move," 22 de fevereiro de 2011, http://www.blogs.marriott.com/.

12. Miguel Lozano, CEMEX Inc., conversa por telefone com Mark P. McDonald em 29 de setembro de 2010.

Capítulo 4

1. NASA MSFC Social Media Strategy Workshop, patrocinado por Jonathan Pettus, NASA MSFC CIO, facilitado por Anthony J. Bradley, Gartner Inc., 29 de julho de 2009.

2. Jonathan Pettus, NASA MSFC, conversa ao telefone com Anthony J. Bradley, 11 de maio de 2011.

3. Anthony J. Bradley, "How to Assess the Suitability of Social Media for Enterprise Collaboration Scenarios", Gartner, Inc., 9 de outubro de 2009.

4. Anthony J. Bradley, "An Examination of 200 Successful Social Media Implementations", Gartner, Inc., 15 de junho de 2011.

5. Michael Smith, "The Gartner Business Value Model: A Framework for Measuring Business Performance", Gartner Inc., 26 de março de 2010.

6. Anthony J. Bradley, "The Business Impact of Social Computing on Company Governance", Gartner, Inc., 11 de setembro de 2008.

7. NASA MSFC Social Media Strategy Workshop.

Capítulo 5

1. U.S. Environmental Protection Agency, "Watershed Central Community", 8 de abril de 2011, http://www.epa.gov/watershedcentral/.

2. Anthony J. Bradley e Nikos Drakos, "Seven Key Characteristics of a Good Purpose for Social Software", Gartner Inc., 24 de julho de 2008.

3. Anthony J. Bradley, "Use a Gartner Governance Model to More Safely Empower Grassroots Social Media Efforts", Gartner Inc., 9 de outubro de 2009.

4. Anthony J. Bradley, "12 Criteria to Assess Grassroots Risk and Potential in Social Media Solutions", Gartner Inc., 9 de outubro de 2009.

5. Mary Brandel, "The New Employee Connection: Social Networking Behind the Firewall", *Computerworld*, 11 de agosto de 2008.

6. Procter & Gamble, "BeingGirl: for Girls by Girls", http://www.beinggirl.com.

7. Massimo Calabresi, "Wikipédia for Spies: The CIA Discovers Web 2.0", *Time*, 8 de abril de 2009.

Capítulo 6

1. Anthony J. Bradley, "Toolkit: Employing a Purpose Road Map to Build and Execute a Social-Media Strategy", Gartner Inc., 4 de novembro de 2009.

2. BlueCross BlueShield of Tennessee é um licenciado independente do Blue-Cross BlueShield Association.

3. BCBST Social Media Strategy Workshop, patrocinado por Trevin Bernarding, Diretor, eBusiness Development, BCBST, facilitada em 22 de março de 2010, de Anthony J. Bradley, Gartner Inc.

4. Trevin Bernarding, BCBST, conversa ao telefone com Anthony J. Bradley em 2 de maio de 2011.

5. Barry Paperno e Lynn Johnson, FICO Inc., conversa ao telefone com Anthony J. Bradley em 5 de maio de 2011.

Capítulo 7

1. Peer Connect Workshop, patrocinado por Nir Polonsky, Gartner Inc., facilitado por Anthony J. Bradley, 15 de setembro de 2010.

2. Anthony J. Bradley, "Ten Primary Design Considerations for Delivering Social Software Solutions: The PLANT SEEDS Framework", Gartner Inc., 13 de julho de 2009.

3. Paul Price, Acosta, conversa ao telefone com Anthony J. Bradley em 5 de maio de 2011.

4. Acosta Social Media Strategy Workshop, patrocinado por Paul Price, Vice-presidente executivo, Marketing Services, Acosta, facilitado por Anthony J. Bradley, Gartner Inc., em 17 de agosto de 2010.

5. Nisan Gabbay, "MySpace Case Study: Not a Purely Viral Start", *Startup Review*, 10 de setembro de 2006, http://www.startup-review.com/blog/myspacecase-study-not-a-purely-viral-start.php.

6. Charles Arthur, "What Is the 1% rule?", *The Guardian*, 20 de julho de 2006.

7. Malcolm Gladwell, *The Tipping Point: How Little Things Make a Big Difference* (Boston: Little, Brown and Company, 2000).

Capítulo 8

1. Denis Self e Michael Cuthrell, Electronic Arts Inc., conversas ao telefone com Mark P. McDonald no dia 12 de outubro de 2009, em 7 de março de 2011.

2. Mark Brewer, Seagate Technologies, conversa ao telefone com Mark P. McDonald em 30 de novembro de 2010.

3. Kevin Cooney e Chris Wire, Xilinx Inc., conversas ao telefone com Mark P. McDonald em 5 de fevereiro de 2010 e 14 de outubro de 2010.

4. Miguel Lozano, CEMEX Inc., conversas ao telefone com Mark P. McDonald em 5 de janeiro de 2011, e 23 de março de 2011.

5. Denis Self e Michael Cuthrell, Electronic Arts., conversas ao telefone com Mark P. McDonald no dia 12 de outubro de 2009 e 7 de março de 2011.

Capítulo 9

1. Gilberto Garcia e Miguel Lozano, CEMEX Inc., conversa ao telefone com Mark P. McDonald no dia 23 de março de 2011.

2. Paul Kay, Univita, conversa ao telefone com Mark P. McDonald e Anthony Bradley em 23 de novembro de 2010.

3. Gilberto Garcia e Miguel Lozano, CEMEX Inc., conversa ao telefone ao Mark P. McDonald, 23 de março de 2011.

4. Mitch Steward, e-mail enviado a incentivadores no dia 13 de novembro de 2011.

Capítulo 10

1. Susan Malish, Loyola University Chicago, conversa ao telefone e e-mails com Mark P. McDonald em 7 de abril de 2011; Mark P. McDonald, "Loyola University Chicago: Creating the Foundation of Committed Communities", Gartner Inc., 26 de março de 2010.

2. Gilberto Garcia e Miguel Lozano, CEMEX Inc., conversas ao telefone com Mark P. McDonald em 27 de setembro de 2010, 5 de janeiro de 2011 e 23 de março de 2011.

262   Mídias Sociais na Organização

3. Gilberto Garcia e Miguel Lozano, CEMEX Inc., conversas ao telefone com Mark P. McDonald, 27 de setembro de 2010.

4. http://www.nbcconnecticut.com/news/local/Facebook-Posts-Cost -Windsor-Locks-Superintendent-His-Job-103014819.html.

5. Eric Frazier, "Facebook Post Costs Waitress Her Job", *Charlotte Observer*, 17 de maio de 2010, http://www.charlotteobserver.com/2010/05/ 17/1440447/ facebookpost-costs-waitress-her.html.

6. Evann Gastaldo, "3 Teachers Fired for Flirting with Students on Facebook", *Newser*, 18 de outubro de 2010, http://www.newser.com/ story/103180/3-teachers-fired-for-flirting-with-students-on-facebook.html.

7. http://www.facebook.com/group.php?gid=63470796208.

8. Você pode acessar um compêndio interessante de documentos sobre as políticas das mídias sociais publicamente disponíveis em inglês em http://socialmediagovernance.com/policies.php; Veja também orientações sobre as mídias sociais, de coautoria de Anthony J. Bradley e Nick Gall, que a empresa torna disponível em sua rede de blogs em www. blogs/gartner.com.

9. Kevin Cooney e Chris Wire, Xilinx, conversas ao telefone com Mark P. McDonald em 5 de fevereiro de 2010 e 14 de outubro de 2010; e Mark P. McDonald, "Xilinx: Consumerization, Community and Capability Using Web 2.0", Gartner Inc., 24 de fevereiro de 2010.

10. Gilberto Garcia e Miguel Lozano, CEMEX Inc., conversas ao telefone com Mark P. McDonald no dia 5 de janeiro de 2011, e 23 de março de 2011.

11. Mark Brewer, Seagate Technologies, conversa ao telefone com Mark P. McDonald no dia 30 de novembro de 2010.

12. Gilberto Garcia e Miguel Lozano, CEMEX Inc., conversas ao telefone com Mark P. McDonald no dia 5 de janeiro de 2011 e 23 de março de 2011.

Epílogo

1. Bob Tobin, reunião com Anthony J. Bradley em 24 de março de 2009.

2. http://www.patientslikeme.com/about.

3. Susanne Craig e Andrew Ross Sorkin, "Goldman Offering Clients a Chance to Invest in Facebook", *New York Times*, 2 de janeiro de 2011.

4. Del Jones, "Can Small Businesses Help Win the War?", *USAToday*, 1º de janeiro de 2007.

5. Randall Stross, "From 10 Hours a Week, $10 Million a Year", *New York Times*, 13 de janeiro de 2008.

6. U.S. Environmental Protection Agency, "Global Earth Observation System of Systems (GEOSS)", http://www.epa.gov/geoss/ami/.

7. Jeremy Cameron, meeting with Anthony J. Bradley em 8 de março de 2011.

8. Anthony J. Bradley, "A New Model for Funding Social Media", rede de blogues Gartner, 29 de setembro de 2009.

Glossário

1. Esse glossário tem base no livro de Susan Landry e Anthony J. Bradley, *Social Simplified: Gartner's Glossary of Social Technologies and Terms* (Stamford, CT: Gartner Inc., 2010).

Índice

Nota: o número das páginas seguido pela letra *f* refere-se às figuras e seguido pela letra *t* refere-se às tabelas.

abordagem estratégica à colaboração comunitária, 60, 77-100
    Abordagem de administração de portfólio para decisões e estratégia e investimento, 79
    Abordagem dupla a, 78-9
    administração e, 79, 98-100
    atividades de construção, 79
    autoridade e, 208-09
    comunidades básicas e, 77-8
    descrição de, 79
    envolvimento de executivos e líderes em, 192
    Iniciativas de cima para baixo, 78
    modelo de decisão Não, Ir, Crescer em, 83-97, 85*f*
    potfólio de colaboração comunitária
    Propósito e, 79-83

Acosta, 128-9

Adaptando uma organização para a colaboração da comunidade, 187-212

Avaliação de desempenho e recompensas do RH e, 199-203
Customização de ferramentas de TI e, 203-205
Estruturas de liderança interligadas e, 191-5
Loyola University exemplo de, 187-8
orientações e políticas de RH para uso da mídia social e, 198-9, 241-3
Problemas de segurança e, 206-207
Relações entre comunidade e processos de organização, 206-8
suporte de finanças para comunidades colaborativas e, 195-7
Tornando a organização segura para a colaboração e, 188-91

adequação da comunidade colaboração, 61-4, 62*f*

modelo de decisão Não, Ir, Crescer para determinar, 84-96, 85f, 97f

administração da empresa e do relacionamento de clientes, 20-1

Administração da reputação da Web 64

Administração de portfólio de colaboração em comunidade, 98-100

Administração de portfólio. *Veja* colaboração comunitária definição de mercados de previsão, 250 Estruturas emergentes e, 37-8

Administração sênior. *Veja* executivos; contratempos dos líderes, recuperando-se de, 185

Afirmações de propósito Declarações de oportunidade de colaboração comunitária parecidas a, 81-3, 111, 113*t* Exemplos de declarações bem formadas, 82-3

Afirmações,

Alavancagem de relacionamento e colaboração em massa, 39, 67

Alimentando o ambiente colaborativo, para imediato valor de participante, 136-7

Alvos para massa crítica, ao lançar comunidades colaborativas, 127, 127f, 142-4

Como objetivo de virada, 145, 146

Amazon.com, 233, 243

Ambiente colaborativo do Peer Connect, da Gartner, e, 126 Abordagem de oferecer e rezar, 44-5, 69-70, 87 Abordagem proativa para usar, 214-5 Colaboração em massa e, 27, 213, 214, 215-6 Experiência do participante e uso de, 128, 129 Lançando e selecionando comunidades colaborativas, 127, 127f, 138-42, 139f Opções de fonte para, 138 Organização de TI e, 203-04 Segurança e, 205-07 Successo de comunidades básicas e, 91

Ambiente colaborativo Peer Connect, Gartner Inc., 130 Comportamentos colaborativo desejados definidos para, 137 Ecossistema integrado em, 134-5 Mapa de propósito para, 125-6 Novo trabalho para funcionários de, 196

Ambiente colaborativos Alimentando o valor imediato do participante, 136-8 Definição de princípio coletivo, 246 Descoberta de informações e, 135-7

Exigências para, 130-41

História de justificativa para a colaboração em massa usando, 121*f*, 121-2, 123*f*

Integração no ecossistema de, 134-6

Inteligência coletiva em colaboração em massa, 48-9, 66-7

Lançando e criando comunidades colaborativas, 127, 127*f*, 130-41

Orientação de administração exigida para, 167-9, 169*t*

Técnicas de experiência de usuário e abordagens em design, 130

Ambiente de colaboração em comunidade

Ambiente de marketing colaborativo relacionado a sistemas para, 135

Alcançando o ponto de virada da comunidade usando, 145

Atitude impertinente em relação à mídia social em, 219

Colaboração em massa e, 21-2

Mídia social como um canal para, 19

Ambiente para colaboração. *Veja* executivos de ambiente colaborativo com atitudes em relação às mídias sociais e, 223-4

Análise de rede social
definição de, 251
Estruturas emergentes e, 38

Análise risco versus lucro, 218

Análise social e estruturas emergentes, 38

atitude em relação à mídia social. *Veja* modelo de seis Fs de atitudes organizacionais

Atlantic Media Company, 237

Avaliação de performance de funcionários,

Avaliação de produtividade em relação a mapas de propósito, 174-5

Atitude temerosa em relação à mídia social e, 69

Características de, 175

Colaboração em massa e, 26, 41

Customização de ferramentas de TI e, 204

Avaliação, 174-6

Avaliações de produto, 238-9

Barnes & Noble, 38-9

Benefícios das mídias sociais, 19

benefícios dos negócios, em história de justificativa para uma comunidade colaborativa, 120, 121*f*, 121, 122, 123*f*

Bernarding, Trevin, 110

Best Buy, 91

blogues
definição de, 245

268 Mídias Sociais na Organização

funcionalidade e escolha 139
inteligência coletiva e, 37
política de, linguagem de, 243
uso das mídias sociais de, 27
uso do CEO de, 19
uso do nivelador de
relacionamento, 39

Blue Shirt Nation, Best Buy, 91

BlueCross BlueShield of Tennessee
(BCBST), 107-10, 111-2, 113, 114,
116f

Bookmarking social
definição de, 253
Estruturas emergentes e, 38
Uso das mídias sociais, 27

Brewer, Mark, 150, 219

browncafe.com, 236

busca, e descoberta de informação,
135-6

Cameron, Jeremy, 236

Caminho para se tornar uma
organização social, 213-27, 217f

Capacidades das tecnologias sociais,
137-40, 139f

CEMEX
Avaliação formal trimestral de
cada uma das comunidades
colaborativas, 164, 192, 210
Ciclo de colaboração em massa
para iniciativas estratégicas
em, 34-6, 43

Círculos sociais dentro de
comunidades, 176
Colaboração em massa em, 63-4,
209
Como exemplo de uso de mídia
social, 21-4
Comunidade de combustíveis
alternativos em, 34, 41, 161,
176-7, 209-10, 211
Comunidades spin-off em, 178-9
Conselhos e objetivos em
comunidades, 161-2
liderança cruzada para
comunidades, 192
Mudança organizacional e
comunidades em, 209-10
Ready Mix operação na China da,
172
SHIFT programa de, 23, 171, 192,
224
Sucesso das mídias sociais em, 20,
21-3
Tempo para a formação de
comunidades em, 156

Ciclo de avaliação em colaboração
em massa, 32-4, 33f, 151, 151f

Ciclo de colaboração de comunidade,
33f, 52, 52f, 103, 105f, 150-2, 151f

Ciclo de cultivo da comunidade, 32-5,
47f, 51-3, 53f, 96-7, 103, 104, 105f

cinco Ss da descoberta de
informação, 135-6

CIOs
Criando uma visão e, 71-2

Customização de ferramentas de TI e, 204-5

Círculos de cuidados, 177-8

Círculos sociais, 174, 176-8
CEMEX exemplo de, 176
Descrição de, 176
Univita exemplo de, 176-7

Colaboração em comunidade
adaptando o contexto organizacional para, 47*f*, 52*f*, 54-6
Adequação de, 61-4, 62*f*
Alvos para massa crítica, 142-4
Atitudes em relação à mídia social e, 68-71
Colaboração de equipe combinada com, 63-4
Definição de, 247
Diferenciação competitiva e, 55-7, 217-8
Estratégia de organização para, 47*f*, 50-2
Modelo de decisão Não, Ir, Crescer para, 84-97, 85*f*
Padrões em uso de, 64-7
Ponto de virada em, 127, 127*f*, 144-7, 145*f*
Valor estratégico de, 69-70
Visão necessária para, 47*f*, 49-50, 60

colaboração em comunidade e, 65-6

Colaboração em equipe, comunidade
Colaboração combinada com, 63-4

colaboração em massa e, 21-2

Colaboração em massa em, 29-31, 214

Colaboração em massa, 25-41
Análise dos membros de comunidade em, 32-4, 33*f*
Aspectos transformacionais de, 18, 21, 67
CEMEX exemplo de uso bem-sucedido de, 21-3, 34-6
Ciclo de ações básicas ou estágios de, 32-4, 33*f*, 105*f*
Como principal competência das organizações, 214
Componentes de, 26-8, 26*f*, 213-4
Comunidade como principal componente de, 26*f*, 27, 28
Contribuições dos membros da comunidade em, 32, 33*f*
definição de, 249
Fracasso de iniciativa de mídia social devido à falta de conhecimento, 45
Inteligência coletiva em, 37
Iterações de, 34-7
Mídia social como principal componente de, 25, 26-7, 26*f*, 28
Organização social e, 40-1
Padrões no uso de, 35-9
Princípios de, 28-31, 167-8, 169*t*, 214
Propósito como componente-chave de, 26, 26*f*, 27-8, 173
Tarefas realizadas usando, 35-7
Tecnologias capacitantes, 27, 215-6

colaboração. *Veja também* formação da comunidade de colaboração em massa e, 88-9

colmeias sociais, 232-3

Compartilhamento da mídia e inteligência coletiva, 37

compra, e experiência do participante, 128-9

Comprometimento do tempo de funcionários, para comunidades colaborativas, 196

Computação em nuvem, 134, 139-40, 205, 235

Computação social
Criando organização usando, 71
definição de, 246

Comunidade "Demitidos pelo Facebook", 197

Comunidade de combustíveis alternativos, CEMEX, 35, 42, 161, 177, 210, 211

Comunidade Next Stop, Loyola University, 187-8, 203-4

comunidade-alvo
plano de objetivos para identificar, Recuperando-se de contratempos e, 185

Comunidades colaborativas
Características indicando o sucesso de, 87-8
Ciclo de colaboração, estágios em, 32-4, 33*f*, 150-2, 151*f*

Colaboração em massa e, 25
Definição de, 245-6
Diferenciação competitiva e, 56-7, 217
Estratégia organizacional para, 47*f*, 50-3
Finanças e apoio de 195-7
lançamento, 47*f*, 52-4, 52*f*, 125-47
Mudanças organizacionais e, 54-6
Novo mercado emergindo para comprar ou estabelecer parceria, 236-8
orientação, 47*f*, 52*f*, 53-4, 149-69
Reduzindo a competição potencial e o conflito entre as organizações e, 190-1

comunidades de clientes usando participação em, 163

Comunidades de orientação colaborativa, 47*f*, 149-69
A partir do meio, 154
Avaliando a disposição de, 166-7
Ciclo de colaboração em comunidade e, 32-3, 33*f*, 52, 52*f*, 150-1, 150*f*, 153
Criando transparência para, 165-6
Estruturas interconectadas e, 191-5
Mantendo a comunidade conectada à organização em, 164-5, 209-10
Mantendo a segurança, 161-3
Mantendo a visibilidade da comunidade e, 165-7

Papel dos gerentes em, 149-54, 211-12

Princípios das organizações sociais em, 168-9, 169*t*

Reconhecendo a necessidade para ajudar o propósito em, 174

Comunidades *spin-off*, 178-9

CEMEX exemplo de, 178-9

Modelo de decisão Não, Ir, Crescer, 178, 179

comunidades, 91-3

Concordância regulatória

Atitude temerosa em relação à mídia social e, 69, 218

Mídia social e riscos envolvendo, 19

concursos, para participação em comunidade orientadas à força de trabalho, 203

Congresso norte-americano e site de networking 3121, 237

Conselhos de comunidade, 161-2, 176-7

conselhos, 161, 176

Contribuição de conteúdo, 142-4

Contribuição de conteúdo. *Veja contribuição de conteúdo*

Cooney, Kevin, 204

Coordenação de massa e colaboração em massa, 39, 66

Craigslist, 233

Conteúdo de participação e gerado pelo usuário, 29-30

Propósito para começar, 28

Redirecionando as comunidades para servir, 183

Crescimento do lucro, na história de justificativa, 121*f*, 122, 123*f*

Criação de valor

Mídia social e, 64-6

Organizações sociais e, 21, 23

Propósito e, 28

Redirecionando comunidades e, 183

Criação, 71-5

CRM social, definição de, 247

crowdsourcing

comunidades de cultura e, 88

comunidades de orientação e, 186

definição de, 247

localização de especialidade e, 37

mapas de propósito para compreensão, 106

modelo de seis Fs para atitudes organizacionais em relação às mídias sociais e, 68-71, 215

visão para a colaboração em comunidade e, 49-50, 61, 67

Cultivo de interesse

Colaboração em massa e, 37-9, 67

História de justificativa, 121*f*, 121-2, 122, 123*f*

curva de aprendizado, para ambiente colaborativo, 131, 127-33

272 Mídias Sociais na Organização

Customização de ferramentas de TI
 para, 205
 Facilidade de uso e, 134
 Regra 1-9-90 ("regra 1 por cento")
  para, 142-3

customização de mídia social
 como opção para selecionar
  tecnologia, 137, 140
 Estratégias em, 140
 exemplo de tecnologia CEMEX,
  204
 Exemplo Xilinx de, 204-5
 organização TI e, 203-5

Custos dos negócios
 Departamento de finanças e, 195-6
 Em história de justificativa para
  uma comunidade colaborativa,
  120, 121f, 121-3

Cuthrell, Michael, 150

Daffron, Justin, 187

Declarações e, 50, 73-5

Departamento de finança
 Compreensão da colaboração em
  massa dentro da organização
  por, 188, 189, 191
 Suporte para comunidades
  colaborativas de, 195-7, 225

Departamentos de TI
 Atitude irreverente em relação à
  mídia social, 69-70
 Capacidades colaborativas e, 190,
  191, 205-6

Colaboração em massa e, 199-200
Construindo uma organização
 social e o envolvimento de,
 48-9
Criando uma visão e
 envolvimento de, 71-2
Customizando as ferramentas de
 uma comunidade, 203-5
Esforços de colaboração da
 comunidade e, 225

Descoberta da busca por
 empreendimento e informação,
 135-6

Descoberta da informação, 135-6

desenvolvimento, 50-1, 73-5
 frases de propósito parecidas com,
  81-3, 111-2, 113t

Discussões em fóruns
 Definição de, 249
 Fóruns de discussão e, 249

Drupal, 140

E participação nas comunidades
 orientadas pela força de trabalho,
 199-205

eficiência de vendas, em história de
 justificativa, 121f, 121, 122, 123f

Electronic Arts (EA)
 Campeão de comunidade para
  esforços colaborativos gerais,
  164
 Círculos sociais dentro de
  comunidades, 176

Colaboração em massa por, 63-4, 146

Comitê de direcionamento da comunidade para as comunidades em, 164

Comunidades de empresas para tomada de decisão coordenada, 221-2

Conselhos e estabelecimento de objetivos em comunidades, 161-2, 176

Estrutura de administração flexível para rede de trabalho em, 164

Mudança organizacional e comunidades em, 209-10

Objetivo de comunidades colaborativas internas, 149

Objetivos estratégicos e uso da colaboração em comunidade, 221-2

Patrocínio de cada comunidade em, 192

Posições dentro de cada comunidade, 164-5

Enganos a respeito depois mídia social, 19

Enterprise 2.0 (McAfee), 248

Entrega de ecossistema, e comunidades colaborativas de lançamento, 127, 127, 134-6

Environmental Protection Agency (EPA), 235-6

Envolvimento da comunidade, 127, 127f, 141-2, 163-4

Envolvimento de executivos e líderes em, 192

Estrutura de comunidades colaborativas
Ambiente colaborativo e, 131-2, 152-3, 222-3
Atividades promovidas por, 132
Comunidades de orientação e, 185-6
Exemplo de selecionar quantidade de, 131-2
Facilidade de uso e, 133-4
Lançando comunidades colaborativas e nível exigido, 127, 127f, 131-4
Papel da administração e, 151, 186

estruturas emergentes
Colaboração em massa e, 37-8, 66
definição de 248

Executivos
Administração e, 209
Compreensão das comunidades colaborativas de, 188-90
Estruturas interconectadas de liderança com, 191-5

experiência de participantes enquanto faz compras e, 128-9

Experiência de usuário
Customização de ferramentas de TI para, 205
Descoberta de informação e, 135-6

Experiência do participante
Descrição de, 222

274 Mídias Sociais na Organização

Determinar o que os participantes querem e valorizam em, 128

Exemplo de experiência de compra no Acosta e, 128-9

Gartner's Peer Connect ambiente colaborativo de mapa de propósito e, 125-6

Lançando comunidades colaborativas e explorando e definindo, 127, 127*f*, 128-30

Técnicas de experiência do usuário e abordagens em design, 130

Facebook

abordagem proativa dentro de empresas que usam, 215

Comportamento coletivo e coordenação em massa, 39, 233

conteúdo de participação e conteúdo gerado pelo usuário, 29-30

Esforço coletivo e, 29

flash mobbing usando, 39

interface simples usada por, 133-4

medidas de segurança para uso da Marinha, 120

Modelo de propaganda usado no, 237

movimentos em massa no Oriente Médio e norte da África, 233

número de usuários e valor de mercado, 234

opção de construir sua própria rede social ou entrar para, 139

políticas de trabalho e padrões de conduta profissional para uso de funcionários, 198

propósito para começar, 28

quadros de discussão de alunos na Loyola, 188

sair das primeiras comunidades para, 232

tecnologia de rede social usada por, 26

Uso do funcionário fora da organização, 78, 197, 198, 216

uso do marketing, 19, 219

Uso justo de conteúdo gerado em, linguagem de amostra, 242

Facilidade de uso

Abordagem "menos é mais" e, 133-5

Ambiente colaborativo e, 133-5

Customização de ferramentas de TI para, 205

Fase de alimentação, de plano de ponto de virada, 145-6

Fase de blitz, de plano de virada, 146

Feedback social

definição de, 249

Descoberta de informação e, 243

Experiência do participante e, 129

Uso da mídia social, 27

Ferramenta de debate de ideias "Pessoas-Preocupações-Pessoas", 71, 74*f*

FICO, 20, 118, 121, 122, 239

flash mobbing, 39

fliesandfins.com, 139, 236, 237

Ford Motor Company, 20

Formação e propósitos da
comunidade, 79-83, 111-14
Colaboração em massa e, 40-1,
227
Comunidades colaborativas
de vantagem competitiva e
competição e, 55-7
Uso das mídias sociais e, 20-1,
140-1, 217-8, 218, 220, 240

fornecedores
colaboração comunitária e, 65
envolvendo a participação, 163
organizações sociais e
participação de, 21-2

fóruns myFICO, 20, 118-9, 121-2,
123*f*

fracasso, recuperar-se de, 185

Friendster, 232

funcionários
Ambiente colaborativo
relacionado a sistemas para,
135
Avaliação de desempenho e
recompensas e participação
nas comunidades voltadas para
a força de trabalho, 199-203
Colaboração em massa e, 21
Compromisso de tempo com as
comunidades colaborativas,
196

Comunidades colaborativas para
o envolvimento de, 25, 65-6
Organizações sociais e
participação de, 21-2
Orientações de RH e política para
participação de mídia social
por, 198-9, 241-3
Uso da mídia social fora da
organização, 78, 197, 198, 216

gamification
definição de 249
Design de ambiente de mídias
sociais, 130

Garcia, Gilberto, 22, 196

Gartner Inc., 18
Ambiente colaborativo na Peer
Connect, 125-6, 130, 134-5

Gladwell, Malcolm, 146

Google, 133, 135

Governança
Colaboração em massa e, 208-09
Decisões de administração de
investimento e, 207, 209-10
Mapas de propósito de, 108
Segurança de organização para a
colaboração em massa e, 188

Groupon, 232-3

groupthink, 162, 169*t*

História de justificativa para uma
comunidade colaborativa, 119-22,
121*f*, 123*f*

Elementos usados em, 120, 121*f*
exemplo myFICO de, 121-2, 122*f*
Rastreabilidade de, 119, 121*f*, 121, 123*f*

Ilhas sociais e, 134
Alinhamentos de objetivos e, 92-3
Atitudes de comunidade em relação à mídia social e, 68, 71
Características indicando o sucesso de, 87-8
Definição de, 249
Envolvimento da administração e, 92-5, 153
Modelo de decisão Não, Ir, Crescer, 84, 86-7, 96-7

Ilhas sociais, 54, 55, 134

Impacto dos negócios, em história de justificativa, 120, 121*f*, 122, 123*f*

implementação. *Veja* comunidades colaborativas de incentivo para comunidades, 89, 90, 96
Para participação em comunidades orientadas para a força de trabalho, 202-4

Incentivos sociais, para a participação em comunidades orientadas pela força de trabalho, 202-3

Indústrias, e padrões de comunidade e adoção de colaboração, 64-5

Infraestrutura de TI, exigências de conteúdo e, 91-3

Administração e decisões a respeito de, 207-8
Exigências de integração de sistema e, 91-2
Facilidade de uso de, 133
Necessidades de investimento e exigências de, 91
Sucesso das comunidades ilhas sociais e, 91

inovação
Comunidades de colaboração e, 225
Customização das ferramentas de TI para, 206
Fracasso de iniciativas da mídia social, 45
Patrocinadores e gerentes como conduítes para, 193
Princípio de emergência e, 31-2
Uso da transformação na empresa, 209-11

Intermix, 141-2

Jive *Software*, 140

Justificativa de negócios
análise do valor de negócios em, 117
construindo
Departamento de finanças e, 195-6
Estratégia organizacional para a colaboração da comunidade e, 52
FICO exemplo de, 118

História de justificativa de, 120-3, 121*f*, 123*f*

Mapas de propósito e, 120

Modelo com, 100

Não, Ir, Crescer decisão

Necessidade de, 117

Retorno sobre investimento (ROI) e, 117, 119

Uso do propósito de refinamento, 103

Justificativa, negócios. *Veja* justificativa de negócios

Lançando comunidades colaborativas, 125-46

Alvos de massa essenciais em, 127, 127*f*, 142-4

Ciclo de colaboração da comunidade e, 51-2, 52*f*, 103, 105*f*

Criando o valor imediato do participante, 136-8

Descoberta de informação em, 135-6

Descrição de, 47*f*, 53, 52*f*

Entrega de ecossistema em, 127, 127*f*, 134-6

Experiência do participante em, 127, 127*f*, 128-30

Facilidade de uso em, 133-4

Fluxo de atividades de lançamento em, 127, 127*f*

Ponto de virada da participação em, 127, 127*f*, 144-6, 145*f*

Seleção de tecnologia de mídia social, 127, 127*f*, 138-40, 139*f*

Lei de Gall, 103

líderes

associando comunidades colaborativas específicas com, 192

criando uma visão e envolvimento de, 71-2

estruturas cruzadas para gerentes e, 191-5

ferramentas de influência usadas por, 169

participação em comunidades externas por, 163

relacionamento da comunidade com a organização e, 209-11

segurança da organização para a colaboração em massa e, 188, 191

sucesso das comunidades ilhas sociais e, 91

LinkedIn

Opção de formar sua rede social ou de se unir a uma, 139-40

Participação e conteúdo gerado pelo usuário em, 29

Políticas de ambiente de trabalho e padrões de conduta profissional para o uso do funcionário, 198

Uso do funcionário de fora da organização, 78, 216

Livemocha.com, 139

localização de especialidade
  Colaboração em massa e, 37, 66
  definição de, 250
  História de justificativa, 121*f*, 121, 122, 123*f*

Lowe's, 236

Loyola University, comunidade Next Stop, 187-8, 203

Lozano, Miguel, 22, 23, 41, 178-9

Magnetismo de propósitos
  Descrição de, 83, 111, 114
  Facilidade de uso e, 133

mantendo a segurança de, 161-3

marcação social
  definição de, 253
  estruturas emergentes e, 37
  uso das mídias sociais, 27

marcação. *Veja* marcação social

March of Dimes, 182

Marine Corps, e medidas de segurança para uso do Facebook, 119-20

Marriot Hotels and Resorts, 39

Marriot, Bill, 39

Marshall Space Flight Center (MSFC), NASA
  Afirmações da comunidade desenvolvidas pela colaboração da comunidade no, 73-5

Colaboração da comunidade para aumentar a consciência de, 59-60
"Pessoas-Preocupações-Pessoas" Ferramenta de debate de ideias usada por, 71, 74*f*

massively multiplayer online role playing game (MMORPG), 229

McAfee, Andrew, 248

mecanismos de ideia
  Definição de 250
  Estruturas emergentes e 37-8
  Uso da mídia social e, 27

Medida de propósitos, 83, 111, 114

microblogging
  definição, 251
  Uso das mídias sociais de, 27

Microsoft, 234

Mídias sociais
  Abordagem de oferecer e rezar para, 44-5, 69-70, 87
  Benefícios de usar, 19
  CEMEX exemplo de uso bem-sucedido de, 21-3
  Colaboração em massa possibilitada por, 25, 213-4
  Como componentes-chave da colaboração em massa, 26-7, 26*f*, 28
  Definição de, 247
  Enganos sobre, 19
  Esforços em. Veja colaboração comunitária

Exemplos de criação de valor de negócios, 20

Facilidade de uso essencial para, 133

Fracasso de iniciativas usando, 18-9

Funcionalidade e seleção, 137-41, 139f

Modelo de seis Fs de atitudes organizacionais em relação a, 67-71, 215

Padrões em uso de, 64-6

Política para participação em, 198-9, 241-3

Razões para o fracasso de, 45-6

Tecnologia usada com, 19, 26-7

Uso pelo funcionário fora da organização, 78, 197, 198, 216

Moeda virtual, na *gamification*, 130

Mundos virtuais
definição de, 251
uso das mídias sociais, 27

MySpace, 141-2, 232
Participação e conteúdo gerado pelo usuário, 29-30
Propósito para começar, 28

Não, Ir, Crescer modelo de decisão, 83-96, 85f
Abordagem estratégica à colaboração comunitária usando, 84-97, 85f
Administração de portfólio da colaboração comunitária e, 96-7, 100

Administração e, 207

Assumindo um novo propósito e, 182

Comunidades *spin-off* e, 178, 179

definição de, 247

Progredindo do processo de decisão para o portfólio em, 96, 97f

Restabelecendo o propósito e, 180

NASA Marshall Space Flight Center (MSFC) exemplo de desenvolvimento 59-60, 71-3, 74f

Compreendendo quando a colaboração comunitária é adequada e desenvolvimento, 61-4, 62f

Objetivos e cultura da organização e, 66-7

Passos em desenvolvimento, 61

Planos de objetivos e, 107

Propósitos de, 60-1

Redirecionando uma comunidade e, 183-4

NASA Marshall Space Flight Center (MSFC)
"Pessoas-Preocupações-Pessoas" Ferramenta de debate de ideias usada por, 71, 74f

Afirmações de oportunidade desenvolvidas pela colaboração da comunidade em, 73-4

Colaboração da comunidade para aumentar a consciência de, 59-60

Necessidades de investimento

Administração e decisões em, 207, 209-10

Administração e decisões em, 79, 98-9, 100

Comunidades de redirecionamento, 183

Exigências de criação de conteúdo e, 91-2

Exigências de infraestrutura de TI, 91-2

portfólio de comunidade de colaboração

Sucesso de comunidades ilhas sociais, 87, 90-3, 95-6

Nike, 235*f*

novo trabalho para funcionários envolvidos em, 196-7

tecnologia SYNC na Ford Motor

nuvens, 27

Obama, Barack, 180

Opções de fonte, para tecnologias sociais, 137, 138

Oportunidade de colaboração comunitária

Oportunidade de colaboração em comunidade

organização social, 43-57

abordagem para tornar-se, 46-9, 47*f*

Administração de portfólio como competência essencial de, 100

Caminho para se tornar, 213-27, 217*f*

CEMEX como exemplo de, 21-3

Ciclo de aprendizado na construção, 48-9

Ciclo de colaboração em massa e, 34

Colaboração comunitária

Comunidades básicas e, 87

definição de, 253

Descrição de, 21

Diferenciação competitiva e, 55-7, 217

Processo de se tornar, 41

Tempo para desenvolver, 214

Visão necessária para se tornar, 49-50

organizações sociais e participação de, 21

colaboração da comunidade de serviço ao cliente e, 65-6

mídias sociais e riscos envolvidos, 19-20

Organizing for America, 180, 181

orientações para participação nas mídias sociais, 198-9, 241-3

Orvis, 236, 237

Paperno, Barry, 118-9

participação (princípio de participação)

Administração e patrocínio, promoção de, 157-8

alvos críticos e, 127, 127f, 142-4
avaliando a saúde da comunidade
  pelo tom, 175
Comunidades de orientação e, 186
definição de, 251
Envolvimento da comunidade e,
  127, 127f, 141-2, 163
Orientação de administração
  exigida para, 168-9, 171t
Papel da administração em, 153

PatientsLikeMe.com
Crescimento em número de
  comunidades e membros de,
  230, 231
Opção de construir sua rede
  social ou se unir, 138

Patrocinadores
Autoridade e, 209
Avaliação de desempenho
  e recompensas pela
  participação de funcionário
  em comunidades orientadas à
  força de trabalho e, 199-204
Como buffers entre a comunidade
  e a administração, 193-5
Customização por departamentos
  de TI e, 204, 205
Departamento de finanças e,
  195-7
Incentivando a natureza
  emergente de comunidades
  colaborativas, 160-63
Mantendo as comunidades
  externas envolvidas e, 163-4
Políticas de RH e, 202

Relacionamento da comunidade
  com a organização e, 210-11
Avaliação de desempenho
  de comunidades contra
  propósitos, 173-4
Promovendo a participação
  produtiva na comunidade,
  157-8
Desenvolvimento do plano de
  objetivos e, 111
Propósito usado para guiar a
  comunidade para, 172-4
Redirecionando uma comunidade
  e, 183-5
Reduzindo a possível competição
  e o conflito entre a
  organização e as comunidades
  colaborativas, 190-1
Comunidades spin-off e, 178-9
Restabelecendo o propósito e,
  179-85
Segurança mantida por, 161-3,
  188-91
Trabalhando com executivos
  para formar a compreensão
  a respeito das comunidades
  colaborativas, 188-9

Perfis sociais
3121 site de social *networking*
  com, 237
Administração da comunidade
  de, 234
definição de, 247
Propósito e uso de, 81
Regra de Recursos Humanos a
  respeito do uso de, 199

282 Mídias Sociais na Organização

Perfis
  3121 social networking site com, 237
  Administração de perfis de comunidade, 234
  definição de, 252
  Propósito e uso de, 81-2
  Regras de RH a respeito do uso de, 199

Pettus, Jonathan, 59-60

pilotos, 145

planejamento, mapas de propósito para, 104, 106, 107-8

Planos de objetivos, 101-122
  Atividades para desenvolver, 109-111
  Avaliando a vitalidade e a produtividade contra, 174-6
  BlueCross BlueShield of Tennessee (BCBST) exemplo de, 107-09, 110-11, 113, 114, 116f
  Como ferramentas de planejamento, 104, 107
  Definição de, 252-3
  Definindo a comunidade e os subgrupos em, 109-10, 110-2
  Descrição de, 51, 104
  Desenvolvendo e expandindo o ambiente de mídia social ao longo do tempo usando, 106
  Exemplo de ambiente colaborativo da Peer Connect, da Gartner, 125-6
  Justificativa dos negócios e, 119-20
  Preparação para, 109, 110

Propósitos do debate de ideias para, 108, 109, 111-3
Razões para criar, 104-7
Refinir o propósito criando, 51-3, 103
Responsabilidade da comunidade para alcançar seu propósito e, 156

PlentyOfFish, 233

Política
  Administração e decisões em, 207-8
  Apoio para a colaboração em massa e, 191
  Atitudes em relação à mídia social e, 69-70
  Avaliação de desempenho e recompensas para a participação de funcionários nas comunidades voltadas para a força de trabalho e, 199-203
  Mapas de propósito e, 107
  Participação da mídia social coberta por, 198-9, 241-3
  Profissionais de RH e, 198-9
  Resolvendo informações conflitantes no uso da colaboração comunitária, 63-4
  Sites de terceiros e, 198
  Successo das comunidades básicas e, 87, 93-4

Polonsky, Nir, 126

Ponto de virada
  Envolvimento da comunidade e, 141-2

Fases de, 145

Levando a comunidade a, 127, 127*f*, 144-6, 145*f*

Massa crítica como objetivo, 145-6, 146

Plano para alcançar, 53-4, 144-5, 146

Relação a acontecimento externo, 146

Tipos de pessoas relevantes para, 146

Ponto de Virada, O (Gladwell), 146

Preço, e experiência do participante, 128, 129

Price, Paul, 128, 129

Princípio de emergência

Colaboração em massa e, 31, 214

História de justificativa, 121*f*, 122, 123*f*

Incentivando diretor a fase de orientação, 160-3

Orientação de administração exigida para, 168-9, 171*t*

princípio de independência,

Colaboração em massa e, 30-2, 214

definição de 249

Orientação de administração exigida para, 168, 169*t*

Princípio de persistência, orientação de administração exigida para, 167-8, 169*t*

Colaboração em massa e, 31-2, 214

Princípios sociais, na história de justificativa, 120, 121*f*, 121

Procter & Gamble (P&G), 93-4

Produtividade da comunidade e, 175-6

Programa SHIFT, CEMEX, 22-3, 171, 192, 224

propósito, 172-80

ajuste, 174-5

atividades para refinar, 103-4

Avaliação da performance em relação a, 173-4

avaliando a vitalidade e a produtividade em relação à, 174-6

Características de, 82-3, 111, 114

CEMEX exemplo de, 171-2

Ciclo de colaboração comunitária e refinamento, 51, 52*f*, 103, 105*f*

Círculos sociais para aspectos específicos de, 176, 177

Como componentes-chave da colaboração em massa, 26, 26*f*, 27-8, 173, 213-4

Comunidades e, 27

construindo e mantendo a comunidade colaborativa refinando, 47*f*, 51-3, 53*f*, 103-4

Controle e, 208

criando um novo propósito, 180-1

Definição de, 252

Envolvimento da comunidade e, 142

Escolha da tecnologia de mídia social com base em, 140-1

284 Mídias Sociais na Organização

Estratégia de colaboração comunitária e, 79-84

Estruturas de liderança para apoiar, 191

Exemplos da importância de, 80-1

Formação da comunidade e, 88

Fracasso das iniciativas da mídia social devido à falta de foco em, 45, 55-6

Guiando a comunidade usando, 172-3

Justificativa dos negócios para refinar. *Veja* justificativa de negócios

Oferecendo o conteúdo para imediato valor de para trás e, 136, 137

Papel da administração de concentrar-se e seguir adiante, 153-4

Participação e, 79-81, 90-1, 96

Plano de objetivos para refinar. Veja planos de objetivos

Quatro perguntas básicas respondidas por, 81

Reconhecendo a necessidade de ajustar

Usando o modelo de decisão Não, Ir, Crescer, 85*f*, 86, 87

protótipo, 145

provas de conceito, 145

publicação social
cultivo do interesse e, 37
definição de, 252

Questões de privacidade
Atitude temerosa em relação à mídia social e, 68-9
Facebook e, 64

Really Simple Syndication (RSS), 136, 255

recompensas, e participação em comunidades orientadas pela força de trabalho, 201-3

Recursos humanos (HR)
Abordagens de monitoramento na participação de mídia social e, 199-200
Apoio para as comunidades colaborativas de, 197-9, 225
Avaliação de desempenho e recompensas para a participação em comunidades orientadas para a força de trabalho e, 199-204
Compreensão da colaboração em massa dentro da organização, 65, 188, 191
Política para participação da mídia social e, 198-9, 241-3

RedAprons.com, 236

Rede de valor, e colaboração em massa, 25, 40

redirecionando um propósito de uma comunidade, 183-4

Regra 1-9-90 ("regra do 1%") para a participação da comunidade, 142

Afirmações de oportunidade, em desenvolvimento de colaboração comunitária, 50, 73-5

Afirmações de propósito parecidas, 81-2, 111, 113t

regras. *Veja também* política

resolvendo informação conflitante em colaboração comunitária usando, 63-5

Responder aos mercados escolhendo *software* de tecnologia social, 140
Definição de, 246
Estruturas emergentes e, 38
Uso das mídias sociais de, 27

Retorno de investimento (ROI) de mídia social, 117, 118, 195

Riccitiello, John, 149

Roberts, Paul, 188

Roosevelt, Franklin, 181

RSS (Really Simple Syndication), 136, 255

SaaS (software as a service), 78, 91, 138, 205

Schwab Trading Community, 20-1

Seagate Technology, 159, 209, 219

Segurança
Atitude temerosa em relação à mídia social e, 218

Customização de ferramentas de TI e, 205-6
Mídia social e os riscos envolvidos, 19-20
Monitorando comportamentos e padrões de comunicação para, 206
Papel de manter a colaboração da administração, 161-3
Senso de responsabilidade e, 205-7
Sucesso de comunidades básicas e, 87, 93
Tecnologia para, 205-7
Tensão entre abertura e, 205-7
Transparência e, 162, 206

Seis atitudes do modelo F de organização em relação à mídia social, 67-71, 215

Sindicato Americans for Better Education, 231

Sindicato Corporate Social Responsibilities

Sindicatos sociais, 230-2

sistemas (CRM) de administração de relacionamento de clientes, 91-2
movimento de cocriação de clientes para criar produtos com, 235

Sistemas de administração de conhecimento, 134

Sistemas de administração de conteúdo, 91-2, 134, 140

286 Mídias Sociais na Organização

Site 3121, networking social, Congresso dos Estados Unidos, 237

Site de avaliação de produtos Yahoo!, 238

Site de avaliação de produtos Yelp, 238

Site do Congresso e da rede social 3121. *Veja* U.S. Congress, e conteúdo do site de rede social 3121
Criação de ambiente colaborativo e, 130-1
Criando valor de participante imediato, 136-7
Descoberta simples de, 135-6
Esforço coletivo e, 29-30
Inteligência coletiva e, 37
Participação e, 29
Persistência e, 31-2
Princípio de emergência e, 31-2
Transparência e, 30

social networking inteligência coletiva mantida por, 37
alavancagem de relacionamento e, 39
definição de, 251
uso da mídia social, 26, 27
uso do Facebook de, 26

SocialText, 140

software as a service (SaaS), 78, 91, 138, 205

software social
definição de, 254

escala de colaboração e, 18
uso pelo funcionário fora da organização, 134

software. *Veja* software social

stakeholders
chamando a participação, 163-4
organizações sociais e participação de, 21

status, e *gamification*, 130

tecnologia SYNC, 20

Tecnologia. *Veja também* tecnologias sociais
Colaboração em massa e, 27, 213, 214, 215-6
Segurança e, 205-07
Uso de mídia social, 19, 26, 27

tecnologias sociais
ambiente colaborativo e customização de, 140, 203-55
definição de, 254
escolha de, 131
formação de comunidade e necessidade para, 88
fracasso das iniciativas de mídia social de se focarem em, 45, 46, 55
funcionalidade e capacidades de, 137-9, 139f
Gartner's Peer Connect

teoria do jogo, 130

Threadless.com, 235

Títulos sociais
Como incentios, 203
definição de, 253-4
Experiência do participante e, 130

títulos
como incentivos, 203-204
definição de, 253
experiência do participante e, 130

Tobin, Bob, 229-30

transformação
Colaboração em massa e, 18, 21
Comunidades básicas e, 87
inovação da comunidade e, 209-11

transparência (princípio de transparência)
Ambiente e, 162, 206
Colaboração em massa e, 30, 214
definição de, 254
guiando comunidades colaborativas e, 165-6
história de justificativa usando, 121*f*, 121, 123*f*
Organizações sociais e, 48
Orientação de administração exigida para, 167-9,171
Segurança de colaboração

Transparência e qualidade de, 165

Twitter
Abordagem proativa dentro de empresas para usar, 215-6
Comportamento coletivo e coordenação em massa usando, 39, 233

Movimentos em massa no Oriente Médio e norte da África e, 233
Participação dos líderes em comunidades externas usando, 163
Uso do funcionário fora da organização, 216
Uso do marketing de, 19, 219-20

U.S. Environmental Protection Agency (EPA), 235-6

U.S. Marine Corps, e medidas de segurança para o uso do Facebook, 120

Univita, 176-7

UPS, 236

Uso da mídia social, 27

vendas
ambiente colaborativo relacionado aos sistemas para, 135
colaboração em massa e, 21-2

visão, 59-75
atitudes para a mídia social e, 67-71
atividades em desenvolvimento, 49-50
construindo uma organização social e, 47*f*, 49-50
Crença na colaboração comunitária dita em, 49, 60-1
debate de ideias sobre desenvolvimento, 61

288 Mídias Sociais na Organização

Vitalidade da comunidade
colaborativa,

Web 2.0, definição de, 254-5

Web social
Definição de, 253
Sindicatos sociais e, 231-2

Wikipédia
Comportamento de navegação
dentro, 136
Esforço coletivo e, 29-30
Interface simples usada por, 133
Modelo com base em doação
usado por, 237
Opção de construir sua rede
social ou de se unir a, 138
Participação e conteúdo gerado
pelo usuário, 29
Princípio de emergência e, 31-2
Propósito de, 26-7, 28
Regras para resolver informação
conflitante e ajustar fatos
usados por, 63-4
Tecnologia Wiki usada por, 26,
138
Uso pelo funcionário fora da
organização, 216

wikis e tecnologia wiki inteligência
coletiva e, 37
definição de, 255
funcionalidade e seleção, 138-9
Independência e, 30-1
Uso da mídia social, 26, 27

Windsor Locks, Connecticut, Board
of Education, 197-8
Atitude ruim em relação à mídia
social e, 219-20
avaliação de desempenho e
recompensas e participação
em, 199-203
Comunidades orientadas pela
força de trabalho
Envolvimento do tempo do
funcionário em,
Estabalecer objetivos em, 161
gerentes e propósito de, 153
orientar, 157-8

Worldwide Watch Group social, 231
Criando conteúdo para valor de
participante imediato e, 137
Custos de departamento
financeiro e colaboração com
base em mídia social, 195-6
História de justificativa e, 120,
121f, 121-3

Xilinx, 161, 203, 204
Objetivos estratégicos e uso da
colaboração comunitária por,
221
Sucesso da mídia social em, 20

YouTube
Coordenação em massa usando, 39
Esforço coletivo e, 29
Opção de construir sua própria
rede social ou unir-se a, 139

Participação e conteúdo gerado pelo usuário de, 29-30

Políticas de força de trabalho e padrões de conduta profissional para uso do funcionário, 198

Propósito para começar, 28

Regras para questões de copyright, 64

Uso do marketing de, 19, 219

AGRADECIMENTOS

Este livro teve início como dois projetos distintos. Um deles, voltado para uma abordagem para as organizações criarem a colaboração em massa usando as mídias sociais, e o outro concentrado no impacto delas na administração. Imediatamente ficou claro que a importância e o impacto das mídias sociais nas organizações era maior, e rapidamente percebemos que um livro com um foco duplo – tanto na organização quanto na administração – apresentaria uma abordagem prática e abrangente para gerentes tentando maximizar o sucesso com as mídias sociais.

Este livro não teria se tornado realidade sem o talento e a contribuição de Kent Lineback e Heather Pemberton Levy, essenciais na ajuda para organizarmos nossos pensamentos enquanto escrevíamos o livro. Kent, queremos agradecer por sua ajuda valiosa, foco constante no leitor e por nos ajudar a trazer a visão de um gerente ao que muitos consideram um problema de tecnologia. Este livro não seria o que é sem sua dedicação e visão. Heather, obrigada por guiar este projeto durante os processos de criação e publicação e por seu apoio e orientação constantes. Também agradecemos a Peter Sondergaard e a Dale Kutnick pela ajuda e por reconhecerem, desde o começo, o potencial deste livro, por sua crença no projeto, e por perceberem a flexibilidade de que nós dois precisávamos para levá-lo adiante. Também queremos reconhecer a ajuda de Andrew Spender, que encabeçou este projeto e seus objetivos ambiciosos. Finalmente, queremos expressar nossa gratidão a Jeff Kehoe e Kathleen Carr, da Harvard Business Review Press, pelo valioso apoio e conhecimento editorial.

Um livro sobre mídias sociais não é nada sem as experiências compartilhadas das organizações e líderes que encabeçam a colaboração da comunidade em suas empresas. Apesar de muitos serem citados neste livro, queremos agradecer especificamente às seguintes pessoas por terem dedicado tempo e energia para compartilhar suas experiências de mídia social conosco: Paul Price, da Acosta, Trevin Bernarding, da BCBST, Miguel Angel Lozano Martinez e Jesus Gilberto Garcia, da CEMEX, Dennis Self e Michael Cuthrell, da Electronic Arts, Robert Tobin, da Federal Aviation Administration, Barry Paperno, da FICO, Nir Polonsky, da Gartner, Susan Malisch, da Loyola University Chicago, Jonathan Pettus, da NASA MSFC, Jeremy Cameron, da Simple Solutions, Mark Brewer, da Seagate Technology, Paul Kay, da Univita Health, e Kevin Cooney e Chris Wire, da Xilinx.

— Anthony J. Bradley e Mark P. McDonald

Quero agradecer minha esposa Renee pelas muitas noites e fins de semana que ela passou tendo de cuidar das crianças e da casa sem minha ajuda. Também quero agradecer a Robert Deshaies e Susan Landry por terem me ajudado a revisar os primeiros rascunhos. O *feedback* dos dois foi muito valioso. A Gartner tem uma equipe forte de analistas cobrindo as mídias sociais, e minha pesquisa na área nos últimos quatro anos, incluindo muitos dos conceitos deste livro, foi muito beneficiada pelas orientações deles. Agradecimentos especiais a Tom Austin, Nikos Drakos, Jeff Mann, Carol Rozwell e Adam Sarner.

Finalmente, como este pode ser meu primeiro e último livro, quero expressar minha gratidão a Valentin Sribar, Dale Kutnick e Nick Gall pela influência positiva que tiveram em minha carreira e crescimento profissional.

— Anthony J. Bradley, San Antonio, Texas

É preciso ter uma rede social para escrever um livro sobre mídias sociais, e apesar de haver muitas pessoas que precisam ser citadas e muitas de quem sem dúvida esquecerei, gostaria de agradecer a poucas pessoas em especial, que contribuíram para o desenvolvimento das ideias deste volume. Obrigado a minha família – Carolyn, Brian, e Sarah – que ofereceram apoio e comentários pertinentes sempre. Agradeço também a meus colegas na Gartner, cujo interesse e diálogo lapidaram essas ideias; em especial, Richard Hunter, que incentivou este projeto. Peter Keen, você perceberá a transição de uma rede de valor para uma rede social neste livro – obrigado por seu apoio constante. Agradeço também a Peter Weil, Jeanne Ross, e Stephanie Woerner, do MIT CISR, pela contínua troca livre de ideias, e Jeannie Harris por compartilhar suas opiniões. Obrigado a meus colegas dos Programas Executivos da Gartner, pela honra de dividir as ideias novas com seus membros. Por fim, meu agradecimento aos executivos que são membros de nosos Programas Executivos; trabalhar com vocês tem sido um privilégio constante, e vocês têm a minha profunda admiração por compartilharem problema e experiências. A disposição que vocês têm de fazer algo diferente é uma inspiração para todos nós.

– Mark McDonald, St. Charles, Illinois

SOBRE OS AUTORES

Anthony J. Bradley é vice-presidente do grupo Gartner, Inc. e analista pioneiro de mídias sociais e de Web 2.0. Ele encabeçou a criação e agora lidera a blogosfera de análise da Gartner. Também participou do design da comunidade de mídia social Peer Connect, da Gartner. Tem formado e pesquisado sobre a colaboração em massa há mais de quinze anos. Antes de entrar para a Gartner, como cofundador e chefe de tecnologia da Appergy Inc., ele desenvolveu diversos produtos de colaboração em massa. Anthony liderou a divisão de produtos digitais do Grupo META, responsável por oferecer soluções colaborativas para clientes executarem iniciativas de mudança, usando o conteúdo do META Group. Com Booz Allen Hamilton, Anthony trabalhou em diversos projetos de mídia social, incluindo uma alternativa de projeto do Army Knowledge Online (AKO). Tem MBA em tecnologia da informação pela Merage School of Business, da University of California, Irvine, e diploma pela Academia Naval dos Estados Unidos. É possível continuar acompanhando seus textos sobre mídias sociais em: blogs.gartner.com/anthony_bradley.

Mark P. McDonald é vice-presidente do grupo Gartner, Inc., onde trabalha com equipes executivas aplicando tecnologia social e outras para conseguir resultados nos negócios. Antes de trabalhar para a Gartner, ele foi parceiro da Accenture, responsável pelo Center for Process Excellence. Tem doutorado em administração e políticas de tecnologia pela TU Delft, Holanda, e é bacharel em economia e finanças internacionais pela Trinity College, em Hartford, Connecticut. É coautor, juntamente com Peter Keen, do livro *The eProcess Edge*. É blogueiro ativo e já teve textos e entrevistas publicados pelo *Wall Street Journal*, *Forbes Online*, *Financial Times* e CNBC.

É possível continuar acompanhando os textos de Mark a respeito de mídias sociais e tecnologia em: blogs.gartner.com/mark_mcdonald.